# 中华人民共和国
# 宪 法
# 注解与配套

### 第六版

中国法制出版社
CHINA LEGAL PUBLISHING HOUSE

# 出版说明

中国法制出版社一直致力于出版适合大众需求的法律图书。为了帮助读者准确理解与适用法律，我社于2008年9月推出"法律注解与配套丛书"，深受广大读者的认同与喜爱，此后推出的第二、三、四、五版也持续热销。为了更好地服务读者，及时反映国家最新立法动态及法律文件的多次清理结果，我社决定推出"法律注解与配套丛书"（第六版）。

本丛书具有以下特点：

1. 由相关领域的具有丰富实践经验和学术素养的法律专业人士撰写适用导引，对相关法律领域作提纲挈领的说明，重点提示立法动态及适用重点、难点。

2. 对主体法中的重点法条及专业术语进行注解，帮助读者把握立法精神，理解条文含义。

3. 根据司法实践提炼疑难问题，由相关专家运用法律规定及原理进行权威解答。

4. 在主体法律文件之后择要收录与其实施相关的配套规定，便于读者查找、应用。

此外，为了凸显丛书简约、实用的特色，分册根据需要附上实用图表、办事流程等，方便读者查阅使用。

真诚希望本丛书的出版能给您在法律的应用上带来帮助和便利，同时也恳请广大读者对书中存在的不足之处提出批评和建议。

中国法制出版社
2023年9月

# 适 用 导 引

宪法是国家的根本大法，我国现行《宪法》是根据党的十一届三中全会确定的路线方针政策，总结新中国成立以来建设社会主义的长期实践经验，于1982年12月4日由第五届全国人民代表大会第五次会议通过。

1982年《宪法》在实施过程中，已经过五次部分修改，通过了52条宪法修正案。分别是：（1）1988年4月12日第七届全国人民代表大会第一次会议通过了两条宪法修正案；（2）1993年3月29日第八届全国人民代表大会第一次会议通过了第3条至第11条宪法修正案；（3）1999年3月15日第九届全国人民代表大会第二次会议通过了第12条至第17条宪法修正案；（4）2004年3月14日第十届全国人民代表大会第二次会议通过了第18条至第31条宪法修正案；（5）2018年3月11日第十三届全国人民代表大会第一次会议通过了第32条至第52条宪法修正案。这五个宪法修正案，及时确认了改革开放和社会主义现代化建设过程中取得的成果和经验，增强了宪法的适应性和生命力，从而使宪法更加符合发展变化了的社会关系和改革开放的新需要。1982年《宪法》既保持了稳定，又在实践中与时俱进、不断完善，为我国进行改革开放和社会主义现代化建设，发展社会主义民主政治，推进依法治国、建设社会主义法治国家进程，维护最广大人民的根本利益，发挥了重要作用。

《宪法》共四章，规定了我国的基本政治经济制度，公民的基本权利与义务，国家机构，国旗、国歌、国徽、首都。

《宪法》第一章"总纲"规定了我国的国体、政体、基本政治经济制度。中华人民共和国是工人阶级领导的、以工农联盟为基础的人民民主专政的社会主义国家。社会主义制度是中华人民共和国的根本制度。中国共产党领导是中国特色社会主义最本质的特征。禁止任何组织或者个人破坏社会主义制度。中华人民共和国的一切权力属于人民。人民行使国家权力的机关是全国人民代表大会和地方各级人民代表大会。中华人民共和国的社会主义经济制度的基础是生产资料的社会主义公有制，即全民所有制和劳动群众集体所有制。社会主义公有制消灭人剥削人的制度，实行各尽所能、按劳分配的原则。国家在社会主义初级阶段，坚持公有制为主体、多种所有制经济共同发展的基本经济制度，坚持按劳分配为主体、多种分配方式并存的分配制度。

《宪法》第二章"公民的基本权利和义务"规定了我国公民的基本权利和基本义务。我国公民的基本权利主要包括：（1）公民参与政治生活方面的权利，主要有平等权，选举权和被选举权，政治自由，批评、建议、申诉、控告或者检举的权利；（2）公民的人身自由和信仰自由，主要是指国家保护公民的身体和住宅不受侵犯，保护公民的通信自由和宗教信仰自由；（3）公民的社会、经济、教育和文化方面的权利，主要包括公民的劳动权、劳动者的休息权、物质帮助权、受教育权以及科学文化方面的权利；（4）特定人的权利，主要是指保障妇女、退休人员、军烈属、儿童、老人、青少年、华侨等的权利。我国公民的基本义务主要有：（1）维护国家统一和各民族团结；（2）遵守宪法和法律，保守国家秘密，爱护公共财产，遵守劳动纪律，遵守公共秩序，尊重社会公德；（3）维护祖国的安全、荣誉和利益；（4）保卫祖国、依法服兵役和参加民兵组织；（5）依法纳税；（6）其他方面的义务，如我国公民在家庭生活方面应尽的重要义务。

《宪法》第三章"国家机构"规定了全国人民代表大会、中华人民共和国主席、国务院、中央军事委员会、地方各级人民代表大会和地方各级人民政府、民族自治地方的自治机关、监察委员会、人民法院和人民检察院等国家机构的组成和权限。

《宪法》第四章为"国旗、国歌、国徽、首都"。

《宪法》是我国的根本大法,具有最高的法律效力,在中国特色社会主义法律体系中居核心地位、起统帅作用,一切法律、行政法规、监察法规和地方性法规都不得同宪法相抵触。《宪法》是治国安邦的总章程,是国家稳定和发展的基石,必须得到严格遵守和执行。

正因为《宪法》是根本法,维护宪法的稳定,就是维护国家根本制度的稳定,维护国家的长治久安。因此,维护《宪法》的权威是每个公民的责任。一切国家机关和武装力量、各政党和各社会团体、各企业事业组织都必须遵守宪法和法律。一切违反宪法和法律的行为,必须予以追究。

# 目 录

适用导引 ·················································· 1

## 中华人民共和国宪法

序　　言 ·················································· 2

### 第一章　总　　纲

第一条　【国体】 ········································ 5
 1. 中国共产党领导是中国特色社会主义最本质的特征 ········ 6
第二条　【政体】 ········································ 6
 2. 人民代表大会制度是我国人民当家作主的根本途径
  和最高实现形式 ·································· 7
第三条　【民主集中制原则】 ···························· 8
第四条　【民族政策】 ·································· 9
 3. 诉讼过程中保护少数民族当事人使用本民族语言的
  自由 ············································ 10
第五条　【法治原则】 ·································· 10
第六条　【经济制度与分配制度】 ······················ 12
第七条　【国有经济】 ·································· 13
第八条　【集体经济】 ·································· 13
 4. 家庭承包经营为基础、统分结合的双层经营体制具
  有哪些特点 ······································ 14

1

5. 如何理解承包地"三权"分置制度 ……………………… 14
第 九 条 【自然资源】 …………………………………… 14
6. 国家所有的自然资源 …………………………………… 15
第 十 条 【土地制度】 …………………………………… 15
7. 国家在什么条件下可以对土地进行征收或者征用 …… 16
第 十 一 条 【非公有制经济】 …………………………… 17
第 十 二 条 【公共财产不可侵犯】 ……………………… 18
第 十 三 条 【保护私有财产】 …………………………… 18
第 十 四 条 【发展生产与社会保障】 …………………… 19
8. 社会保障制度一般包括哪些内容 ……………………… 19
第 十 五 条 【市场经济】 ………………………………… 20
第 十 六 条 【国有企业】 ………………………………… 20
第 十 七 条 【集体经济组织】 …………………………… 21
第 十 八 条 【外资经济】 ………………………………… 21
第 十 九 条 【教育事业】 ………………………………… 21
9. 国家发展社会主义的教育事业主要体现在哪些方面 … 22
第 二 十 条 【科技事业】 ………………………………… 22
第二十一条 【医疗、卫生与体育事业】 ………………… 22
第二十二条 【文化事业】 ………………………………… 23
第二十三条 【人才培养】 ………………………………… 23
第二十四条 【精神文明建设】 …………………………… 23
第二十五条 【计划生育】 ………………………………… 24
第二十六条 【环境保护】 ………………………………… 24
第二十七条 【国家机关工作原则】 ……………………… 25
10. 如何理解工作责任制 …………………………………… 26
第二十八条 【维护社会秩序】 …………………………… 26
第二十九条 【武装力量】 ………………………………… 26
11. 我国武装力量的组成部分 ……………………………… 26

| 第 三 十 条　　【行政区划】 | 27 |
| 第三十一条　　【特别行政区】 | 28 |
| 第三十二条　　【对外国人的保护】 | 28 |

## 第二章　公民的基本权利和义务

| 第三十三条　　【公民权】 | 29 |
| 12. 国籍的取得 | 30 |
| 13. 国籍的丧失 | 30 |
| 第三十四条　　【选举权和被选举权】 | 30 |
| 14. 精神病人是否享有选举权 | 31 |
| 15. 服刑人员、被羁押人员、受拘留处罚的人员是否享有选举权 | 31 |
| 第三十五条　　【基本政治自由】 | 32 |
| 16. 成立出版单位的条件 | 33 |
| 17. 申请集会、游行、示威许可的程序 | 33 |
| 第三十六条　　【宗教信仰自由】 | 34 |
| 18. 国家机关工作人员非法剥夺公民宗教信仰自由的法律责任 | 34 |
| 第三十七条　　【人身自由】 | 35 |
| 19. 非法搜查身体的法律责任 | 35 |
| 20. 非法拘禁或以其他手段非法限制人身自由的法律责任 | 36 |
| 第三十八条　　【人格尊严及保护】 | 36 |
| 第三十九条　　【住宅权】 | 37 |
| 21. 非法搜查或非法侵入公民住宅的法律责任 | 37 |
| 第 四 十 条　　【通信自由和秘密权】 | 38 |
| 22. 可以依法检查公民通信的主体 | 38 |
| 23. 侵犯公民通信自由和通信秘密的法律责任 | 39 |

第四十一条 【公民的监督权和取得赔偿权】 ················ 39
　24. 公民有权依法取得国家赔偿的情形 ················ 41
　25. 提出国家赔偿的程序 ··························· 42
第四十二条 【劳动权利和义务】 ······················· 42
第四十三条 【劳动者的休息权】 ······················· 43
第四十四条 【退休制度】 ····························· 44
第四十五条 【获得救济的权利】 ······················· 44
第四十六条 【受教育的权利和义务】 ··················· 45
　26. 如何理解受教育既是公民的一项权利，又是公民
　　　的一项义务 ································· 46
第四十七条 【文化活动自由】 ························· 47
第四十八条 【男女平等】 ····························· 47
第四十九条 【婚姻家庭制度】 ························· 48
第 五 十 条 【华侨、归侨的权益保障】 ················· 49
第五十一条 【公民自由和权利的限度】 ················· 49
第五十二条 【维护国家统一和民族团结的义务】 ········· 49
第五十三条 【遵纪守法的义务】 ······················· 50
第五十四条 【维护祖国的安全、荣誉和利益的义务】 ····· 51
　27. 公民和组织应当履行哪些维护国家安全的义务 ····· 51
第五十五条 【保卫国家和服兵役的义务】 ··············· 52
　28. 免服兵役的情形 ····························· 52
　29. 不得服兵役的情形 ··························· 52
　30. 兵役的征集 ································· 52
　31. 兵役的缓征、不征集 ························· 53
第五十六条 【纳税的义务】 ··························· 53
　32. 为什么公民纳税的事项必须由法律作出规定 ······· 53

# 第三章 国家机构

## 第一节 全国人民代表大会

第五十七条 【全国人大的性质及常设机关】 …………… 54
 33. 全国人大是国家最高权力机关，体现在哪些方面 ……… 54
第五十八条 【国家立法权的行使主体】 ………………… 54
 34. 全国人大及其常委会的专属立法权范围 ……………… 55
第五十九条 【全国人大的组成及选举】 ………………… 55
第 六 十 条 【全国人大的任期】 …………………………… 56
 35. 全国人大代表任期起讫时间的计算 …………………… 56
第六十一条 【全国人大的会议制度】 …………………… 57
第六十二条 【全国人大的职权】 ………………………… 57
第六十三条 【全国人大的罢免权】 ……………………… 59
第六十四条 【宪法的修改及法律案的通过】 …………… 59
第六十五条 【全国人大常委会的组成及选举】 ………… 60
 36. 全国人大常委会的产生 ………………………………… 60
第六十六条 【全国人大常委会的任期】 ………………… 61
第六十七条 【全国人大常委会的职权】 ………………… 61
第六十八条 【全国人大常委会的工作分工】 …………… 62
 37. 委员长会议的职责 ……………………………………… 63
第六十九条 【全国人大与其常委会的关系】 …………… 63
第 七 十 条 【全国人大的专门委员会及其职责】 ……… 63
第七十一条 【特定问题的调查委员会】 ………………… 65
第七十二条 【提案权】 …………………………………… 65
第七十三条 【质询权】 …………………………………… 66
 38. 全国人大代表提出质询案 ……………………………… 66
 39. 全国人大常委会成员提出的质询案 …………………… 67

5

第七十四条　【司法豁免权】 …………………………… 67
第七十五条　【言论、表决豁免权】 ………………… 68
　40. 言论、表决豁免权的适用范围 ………………… 68
第七十六条　【全国人大代表的义务】 ……………… 68
　41. 全国人大代表的义务主要包括哪些方面 ……… 69
第七十七条　【对全国人大代表的监督和罢免】 …… 69
　42. 全国人大代表的罢免程序 ……………………… 70
第七十八条　【全国人大及其常委会的组织和工作程序】 … 71

### 第二节　中华人民共和国主席

第七十九条　【主席、副主席的选举及任职】 ……… 71
第 八 十 条　【主席的职权】 ………………………… 71
第八十一条　【主席的外交职权】 …………………… 71
第八十二条　【副主席的职权】 ……………………… 71
第八十三条　【主席、副主席的行使职权期止】 …… 72
第八十四条　【主席、副主席的缺位处理】 ………… 72

### 第三节　国　务　院

第八十五条　【国务院的性质、地位】 ……………… 72
第八十六条　【国务院的组成】 ……………………… 72
　43. 国务院的组成 …………………………………… 73
　44. 总理负责制主要表现在哪些方面 ……………… 73
第八十七条　【国务院的任期】 ……………………… 74
第八十八条　【国务院的工作分工】 ………………… 74
第八十九条　【国务院的职权】 ……………………… 75
第 九 十 条　【各部、委首长负责制】 ……………… 76
第九十一条　【审计机关及其职权】 ………………… 77
第九十二条　【国务院与全国人大及其常委会的关系】 …… 78

### 第四节　中央军事委员会

第九十三条　【中央军委的组成、职责与任期】 …………… 78

第九十四条　【中央军委向全国人大及其常委会负责】 … 79

  45. 中央军委主席对最高国家权力机关负责 …………………… 79

### 第五节　地方各级人民代表大会和地方各级人民政府

第九十五条　【地方人大及政府的设置和组织】 ………… 79

第九十六条　【地方人大的性质及常委会的设置】 ……… 80

第九十七条　【地方人大代表的选举】 …………………… 81

  46. 代表候选人的提出 …………………………………… 81

  47. 代表的选举 …………………………………………… 81

第九十八条　【地方人大的任期】 ………………………… 82

第九十九条　【地方人大的职权】 ………………………… 82

  48. 县级以上地方各级人民代表大会的职权 …………… 82

  49. 乡、民族乡、镇的人民代表大会的职权 …………… 83

第 一 百 条　【地方性法规的制定】 …………………… 84

  50. 制定地方性法规的范围 ……………………………… 84

第一百零一条　【地方人大的选举权】 …………………… 85

  51. 地方各级人大罢免本级国家机关领导人员罢免案的
　　　提出 ……………………………………………………… 85

  52. 地方各级人大对罢免案的表决 ……………………… 86

第一百零二条　【对地方人大代表的监督和罢免】 ……… 86

  53. 对地方人大代表罢免案的提出 ……………………… 87

  54. 对地方人大代表罢免案的表决 ……………………… 87

第一百零三条　【地方人大常委会的组成、地位及产生】 … 87

  55. 地方人大常委会组成人员及其名额 ………………… 88

  56. 地方人大常委会成员的提名和选举 ………………… 88

第一百零四条　【地方人大常委会的职权】 ……………… 89

57. 县级以上的地方各级人民代表大会常务委员会
的职权 ································································· 89
第一百零五条 【地方政府的性质、地位及行政首长
负责制】 ······························································ 91
第一百零六条 【地方政府的任期】 ·························· 91
第一百零七条 【地方政府的职权】 ·························· 92
58. 县级以上的地方各级人民政府的职权 ···················· 92
59. 乡、民族乡、镇的人民政府的职权 ······················ 93
第一百零八条 【地方政府内部及各级政府之间的
关系】 ·································································· 93
第一百零九条 【地方政府审计机关的地位和职权】 ······ 93
第一百一十条 【地方政府与同级人大、上级政府的
关系】 ·································································· 94
第一百一十一条 【居民委员会和村民委员会】 ·········· 95
60. 如何理解基层群众自治组织与基层人民政府的关系 ···· 96

### 第六节 民族自治地方的自治机关

第一百一十二条 【民族自治机关】 ························ 97
第一百一十三条 【自治地方的人大及其常委会的组成】 ··· 97
第一百一十四条 【自治地方政府首长的人选】 ·········· 97
第一百一十五条 【民族自治地方的自治权】 ············ 97
61. 民族自治地方自治机关的自治权主要包含哪些内容 ···· 98
第一百一十六条 【自治条例和单行条例】 ················ 98
第一百一十七条 【财政自治权】 ···························· 99
第一百一十八条 【地方性经济的自主权】 ················ 99
第一百一十九条 【地方文化事业的自主权】 ············ 99
第一百二十条 【民族自治地方的公安部队】 ············ 100
第一百二十一条 【自治机关的公务语言】 ················ 100

第一百二十二条　【国家对民族自治地方的帮助、扶持】… 100

### 第七节　监察委员会

第一百二十三条　【监察机关】…………………… 100
第一百二十四条　【监察委员会】………………… 101
第一百二十五条　【各级监察委员会间的关系】… 101
第一百二十六条　【对监察委员会的监督】……… 102
第一百二十七条　【监察权的行使】……………… 102
62. 监察机关对哪些人员进行监察 ………………… 103

### 第八节　人民法院和人民检察院

第一百二十八条　【审判机关】…………………… 103
第一百二十九条　【人民法院的级别、组织和任期】… 103
第 一 百 三 十 条　【审判公开原则和辩护原则】… 104
第一百三十一条　【依法独立行使审判权】……… 105
第一百三十二条　【各级审判机关间的关系】…… 106
63. 为什么说人民法院上下级之间是监督而不是
　　领导关系 …………………………………………… 106
第一百三十三条　【法院与人大的关系】………… 106
第一百三十四条　【人民检察院的性质】………… 106
第一百三十五条　【检察院的级别、组织和任期】… 106
第一百三十六条　【依法独立行使检察权】……… 107
第一百三十七条　【检察机关间的关系】………… 107
第一百三十八条　【检察院与人大的关系】……… 107
第一百三十九条　【诉讼语言】…………………… 107
第 一 百 四 十 条　【司法机关间的分工与制约原则】… 108
64. 人民法院、人民检察院和公安机关之间的互相
　　配合和制约 ………………………………………… 108

## 第四章 国旗、国歌、国徽、首都

第一百四十一条 【国旗、国歌】 ·············· 108
 65. 哪些场所或机构所在地应当升挂国旗 ·············· 109
 66. 哪些场合应当奏唱国歌 ·············· 109
第一百四十二条 【国徽】 ·············· 110
 67. 哪些机构和场所应当悬挂国徽 ·············· 110
第一百四十三条 【首都】 ·············· 110

# 配 套 法 规

中华人民共和国宪法修正案 ·············· 111
 （1988 年 4 月 12 日）
中华人民共和国宪法修正案 ·············· 111
 （1993 年 3 月 29 日）
中华人民共和国宪法修正案 ·············· 114
 （1999 年 3 月 15 日）
中华人民共和国宪法修正案 ·············· 116
 （2004 年 3 月 14 日）
中华人民共和国宪法修正案 ·············· 119
 （2018 年 3 月 11 日）
中华人民共和国全国人民代表大会组织法 ·············· 126
 （2021 年 3 月 11 日）
中华人民共和国全国人民代表大会和地方各级人民
代表大会代表法（节录） ·············· 136
 （2015 年 8 月 29 日）

中华人民共和国全国人民代表大会和地方各级人民
代表大会选举法 ·················· 143
（2020 年 10 月 17 日）
全国人民代表大会常务委员会关于县级以下人民代
表大会代表直接选举的若干规定 ·········· 158
（1983 年 3 月 5 日）
中华人民共和国立法法 ················ 160
（2023 年 3 月 13 日）
中华人民共和国各级人民代表大会常务委员会监督法 ··· 184
（2006 年 8 月 27 日）
中华人民共和国国务院组织法 ············ 195
（1982 年 12 月 10 日）
中华人民共和国地方各级人民代表大会和地方各级
人民政府组织法 ················· 197
（2022 年 3 月 11 日）
全国人民代表大会常务委员会关于设立国家宪法日
的决定 ···················· 224
（2014 年 11 月 1 日）
全国人民代表大会常务委员会关于实行宪法宣誓制
度的决定 ···················· 225
（2018 年 2 月 24 日）
中华人民共和国香港特别行政区基本法 ········ 227
（1990 年 4 月 4 日）
中华人民共和国澳门特别行政区基本法 ········ 262
（1993 年 3 月 31 日）
中华人民共和国国旗法 ··············· 290
（2020 年 10 月 17 日）

11

中华人民共和国国歌法 ·········································· 296
　（2017 年 9 月 1 日）
中华人民共和国国徽法 ·········································· 301
　（2020 年 10 月 17 日）

# 中华人民共和国宪法

（1982年12月4日第五届全国人民代表大会第五次会议通过 1982年12月4日全国人民代表大会公告公布施行

根据1988年4月12日第七届全国人民代表大会第一次会议通过的《中华人民共和国宪法修正案》、1993年3月29日第八届全国人民代表大会第一次会议通过的《中华人民共和国宪法修正案》、1999年3月15日第九届全国人民代表大会第二次会议通过的《中华人民共和国宪法修正案》、2004年3月14日第十届全国人民代表大会第二次会议通过的《中华人民共和国宪法修正案》和2018年3月11日第十三届全国人民代表大会第一次会议通过的《中华人民共和国宪法修正案》修正）

## 目　　录

序　言
第一章　总　　纲
第二章　公民的基本权利和义务
第三章　国家机构
　第一节　全国人民代表大会
　第二节　中华人民共和国主席
　第三节　国务院
　第四节　中央军事委员会

第五节　地方各级人民代表大会和地方各级人民政府
第六节　民族自治地方的自治机关
第七节　监察委员会
第八节　人民法院和人民检察院
第四章　国旗、国歌、国徽、首都

# 序　　言

中国是世界上历史最悠久的国家之一。中国各族人民共同创造了光辉灿烂的文化，具有光荣的革命传统。

一八四〇年以后，封建的中国逐渐变成半殖民地、半封建的国家。中国人民为国家独立、民族解放和民主自由进行了前仆后继的英勇奋斗。

二十世纪，中国发生了翻天覆地的伟大历史变革。

一九一一年孙中山先生领导的辛亥革命，废除了封建帝制，创立了中华民国。但是，中国人民反对帝国主义和封建主义的历史任务还没有完成。

一九四九年，以毛泽东主席为领袖的中国共产党领导中国各族人民，在经历了长期的艰难曲折的武装斗争和其他形式的斗争以后，终于推翻了帝国主义、封建主义和官僚资本主义的统治，取得了新民主主义革命的伟大胜利，建立了中华人民共和国。从此，中国人民掌握了国家的权力，成为国家的主人。

中华人民共和国成立以后，我国社会逐步实现了由新民主主义到社会主义的过渡。生产资料私有制的社会主义改造已经完成，人剥削人的制度已经消灭，社会主义制度已经确立。工人阶级领导的、以工农联盟为基础的人民民主专政，实质上即无产阶级专政，得到巩固和发展。中国人民和中国人民解放军战胜了帝国主义、霸权主义的侵略、破坏和武装挑衅，维护了国家的独立和安全，增强了国防。经济建设取得了重大的成就，独立的、比较完整的社会主义工业体系已经基本形成，农业生产显著提高。教育、科学、文化等事业有了很大的发展，社会主义思想教育取得了明显的成效。广大人民的生活有了较大的改善。

中国新民主主义革命的胜利和社会主义事业的成就，是中国共产党领导中国各族人民，在马克思列宁主义、毛泽东思想的指引下，坚持真理，修正错误，战胜许多艰难险阻而取得的。我国将长期处于社会主义初级阶段。国家的根本任务是，沿着中国特色社会主义道路，集中力量进行社会主义现代化建设。中国各族人民将继续在中国共产党领导下，在马克思列宁主义、毛泽东思想、邓小平理论、"三个代表"重要思想、科学发展观、习近平新时代中国特色社会主义思想指引下，坚持人民民主专政，坚持社会主义道路，坚持改革开放，不断完善社会主义的各项制度，发展社会主义市场经济，发展社会主义民主，健全社会主义法治，贯彻新发展理念，自力更生，艰苦奋斗，逐步实现工业、农业、国防和科学技术的现代化，推动物质文明、政治文明、精神文明、社会文明、生态文明协调发展，把我国建设成为富强民主文明和谐美丽的社会主义现代化强国，实现中华民族伟大复兴。

在我国，剥削阶级作为阶级已经消灭，但是阶级斗争还将在一定范围内长期存在。中国人民对敌视和破坏我国社会主义制度的国内外的敌对势力和敌对分子，必须进行斗争。

台湾是中华人民共和国的神圣领土的一部分。完成统一祖国的大业是包括台湾同胞在内的全中国人民的神圣职责。

社会主义的建设事业必须依靠工人、农民和知识分子，团结一切可以团结的力量。在长期的革命、建设、改革过程中，已经结成由中国共产党领导的，有各民主党派和各人民团体参加的，包括全体社会主义劳动者、社会主义事业的建设者、拥护社会主义的爱国者、拥护祖国统一和致力于中华民族伟大复兴的爱国者的广泛的爱国统一战线，这个统一战线将继续巩固和发展。中国人民政治协商会议是有广泛代表性的统一战线组织，过去发挥了重要的历史作用，今后在国家政治生活、社会生活和对外友好活动中，在进行社会主义现代化建设、维护国家的统一和团结的斗争中，将进一步发挥它的重要作用。中国共产党领导的多党合作和政治协商制度将长期存在和发展。

中华人民共和国是全国各族人民共同缔造的统一的多民族国家。平等团结互助和谐的社会主义民族关系已经确立，并将继续加强。在维护民族团结的斗争中，要反对大民族主义，主要是大汉族主义，也要反对地方民族主义。国家尽一切努力，促进全国各民族的共同繁荣。

中国革命、建设、改革的成就是同世界人民的支持分不开的。中国的前途是同世界的前途紧密地联系在一起的。中国坚持独立自主的对外政策，坚持互相尊重主权和领土完整、互不侵犯、互不干涉内政、平等互利、和平共处的五项原则，坚持和平发展道路，坚持互利共赢开放战略，发展同各国的外交关系和经济、文化交流，推动构建人类命运共同体；坚持反对帝国主义、霸权主义、殖民主义，加强同世界各国人民的团结，支持被压迫民族和发展中国家争取和维护民族独立、发展民族经济的正义斗争，为维护世界和平和促进人类进步事业而努力。

本宪法以法律的形式确认了中国各族人民奋斗的成果，规定了国家的根本制度和根本任务，是国家的根本法，具有最高的法律效力。全国各族人民、一切国家机关和武装力量、各政党和各社会团体、各企业事业组织，都必须以宪法为根本的活动准则，并且负有维护宪法尊严、保证宪法实施的职责。

# 第一章 总　　纲

**第一条**　【国体】* 中华人民共和国是工人阶级领导的、以工农联盟为基础的人民民主专政的社会主义国家。

社会主义制度是中华人民共和国的根本制度。中国共产党领导是中国特色社会主义最本质的特征。禁止任何组织或者个人破坏社会主义制度。

**注解**

我国是工人阶级领导的、以工农联盟为基础的人民民主专政的社会主义国家。这是关于我国国体的规定。国体是指国家性质或者国家的阶级本质，反映社会各阶级在国家中的地位。工人阶级是我国的领导阶级，这是由工人阶级的阶级性质和它肩负的历史使命决定的。工人阶级是先进生产力的代表，最有远见、大公无私，具有高度的革命性、组织性和纪律性。只有工人阶级才能承担大力发展生产力，建设社会主义物质文明、政治文明和精神文明，实现共产主义的历史使命。工农联盟是指工人阶级和农民阶级的联盟，是我国的政权基础。历史经验表明，农民阶级是工人阶级从事革命和建设最可靠的同盟军。人民民主专政是对我国政权阶级属性的准确描述，是无产阶级专政在我国的具体表现形式。一方面，在最广大的人民内部充分实行民主，发展社会主义民主政治；另一方面，对极少数敌对势力、敌对分子实行专政，制裁犯罪活动，维护社会秩序，确保社会主义现代化建设顺利进行。二者相辅相成、不可分割。社会主义制度是我国的根本制度。我国处于并将长期处于社会主义初级阶段，我国的社会主义制度是与社会主义初级阶段的国情相适应的有中国特色的社会主义制度，并随着现代化建设进程的推进而不断发展完善。中国共产党领导是中国特色社会主义最本质的特征。

---

＊ 条文主旨为编者所加，下同。

**应 用**

**1. 中国共产党领导是中国特色社会主义最本质的特征**

中国共产党领导是中国特色社会主义最本质的特征。没有共产党，就没有新中国，就没有新中国的繁荣富强。2018年3月通过的宪法修正案在《宪法》第一章总纲第1条第2款"社会主义制度是中华人民共和国的根本制度。"后增写一句，内容为："中国共产党领导是中国特色社会主义最本质的特征。"主要考虑是中国共产党是执政党，是国家的最高政治领导力量，中国共产党领导是中国特色社会主义最本质的特征，是中国特色社会主义制度的最大优势。宪法从社会主义制度的本质属性角度，对加强党全面领导进行规定，有利于在全体人民中强化党的领导意识，有效把党的领导落实到国家工作全过程和各方面，确保党和国家事业始终沿着正确方向前进。

党的十九大报告指出，中国特色社会主义最本质的特征是中国共产党领导，中国特色社会主义制度的最大优势是中国共产党领导。马克思主义是严整科学的思想体系，坚持实现人民解放、维护人民利益的立场，以实现人的自由而全面的发展和全人类解放为己任。中国共产党是以马克思主义为指导并武装起来的党，只有坚持党的领导，才能在中国特色社会主义的正确指引下，肩负起为人民谋幸福、为民族谋复兴的重任，实现中华民族伟大复兴的中国梦。习近平新时代中国特色社会主义思想进一步强调了坚持党的领导的重要性和必要性，就是基于坚持和发展中国特色社会主义、实现中华民族伟大复兴中国梦的现实需要。我们党的奋斗史，就是一部推进马克思主义中国化、不断进行理论创新的历史。党高度重视理论建设，秉持实事求是的思想路线、与时俱进的理论品格，创立了毛泽东思想、邓小平理论、"三个代表"重要思想、科学发展观、习近平新时代中国特色社会主义思想一系列理论成果。正是在这些科学理论的指引下，我国取得了革命、建设和改革的伟大胜利。显而易见，夺取中国特色社会主义事业新的伟大胜利，离不开党的领导。

**第二条** 【政体】中华人民共和国的一切权力属于人民。

人民行使国家权力的机关是全国人民代表大会和地方各级人民代表大会。

人民依照法律规定，通过各种途径和形式，管理国家事务，管理经济和文化事业，管理社会事务。

**注解**

全国人民代表大会和地方各级人民代表大会代表依照法律规定选举产生。全国人民代表大会代表是最高国家权力机关组成人员，地方各级人民代表大会代表是地方各级国家权力机关组成人员。全国人民代表大会和地方各级人民代表大会代表，代表人民的利益和意志，依照宪法和法律赋予本级人民代表大会的各项职权，参加行使国家权力。

**应用**

**2. 人民代表大会制度是我国人民当家作主的根本途径和最高实现形式**

人民代表大会制度是我国人民当家作主的根本途径和最高实现形式，是中国共产党在国家政权中充分发扬民主、贯彻群众路线的最好实现形式，是坚持党的领导、人民当家作主、依法治国有机统一的重要制度载体，是中国特色社会主义制度的重要组成部分。具体可以从以下三个方面理解。

（1）人民代表大会制度是我国人民民主专政政权的组织形式。一个国家的性质是这个国家的国体，一个国家的政权组织形式是这个国家的政体。我国的国体是工人阶级领导的、以工农联盟为基础的人民民主专政的社会主义国家，与之相适应的政体是人民代表大会制度。这是历史的选择、人民的意愿和奋斗的结果。在我国，人民当家作主是社会主义民主政治的本质和核心。在人民代表大会制度下，整个国家机构按照一切权力属于人民和民主集中制的原则组建和运转，即按照法定的程序，由选区选民或者选举单位在民主选举的基础上产生各级人大代表，组成各级人民代表大会，即国家权力机关，再由其产生其他国家机关，行使国家权力；各个国家机关以及中央与地方合理地划分职能，在中央统一领导下充分发挥地方的主动性、积极性，使国家权力既避免过分集中，又避免不必要的牵扯，从而保证国家的各项工作有序、高效地进行。

（2）人民代表大会制度是中国共产党领导的人民民主制度。我国人口众多，如何治理国家？只能通过由民主选举产生、对人民负责并受人民监督的全国和地方各级人民代表大会，以及在此基础上形成的人民代表大会制度。

中国共产党作为执政党,坚持人民代表大会制度,并通过人民代表大会制度对国家事务实行领导,积极支持人民当家作主,切实保障人民管理国家事务和社会事务、管理经济和文化事业的权利,保证国家权力最终掌握在全体人民手中。在我国实行人民代表大会制度,是我们党领导人民坚持和发展人民民主长期实践的经验总结。人民代表大会制度体现了我国社会主义制度和国家性质的要求,是中国共产党人把马克思主义中国化的重大政治成果和制度创新。

(3)人民代表大会制度是我国的根本政治制度。我国存在着各项政治制度,如政治协商制度、行政管理制度、选举制度、法律制度、监督制度等,这些制度都只能反映我们政治生活的某一方面。只有人民代表大会制度是我国政治力量的源泉,是我国各种国家制度的源泉。人民代表大会制度是其他各项政治制度赖以建立的前提,反映了我国政治生活的全貌,是具有根本性的政治制度。

**配套**

《全国人民代表大会和地方各级人民代表大会代表法》第2条

**第三条 【民主集中制原则】**中华人民共和国的国家机构实行民主集中制的原则。

全国人民代表大会和地方各级人民代表大会都由民主选举产生,对人民负责,受人民监督。

国家行政机关、监察机关、审判机关、检察机关都由人民代表大会产生,对它负责,受它监督。

中央和地方的国家机构职权的划分,遵循在中央的统一领导下,充分发挥地方的主动性、积极性的原则。

**注解**

民主集中制是我们党的组织和活动原则,也是国家机构的组织和活动原则。民主集中制包括两个方面的内容:一方面是在民主的基础上实行集中,另一方面是在集中的指导下实行民主,二者相互结合,缺一不可。国家机构实行民主集中制,主要体现在两个方面:一是不同的国家机关按照民主集中制的原则组成一套完整的国家机构体系。具体来说，在国家权力机关和人民之间，各级国家权力机关即各级人民代表大会都由人民选举产生，对人民负责，受人民监督；在国家机关之间，国家权力机关居于主导地位，行政机关、监察机关、审判机关、检察机关都由本级人民代表大会产生，对它负责，受它监督；在中央和地方国家机关的权限划分上，遵循在中央统一领导下，充分发挥地方的主动性和积极性原则。二是国家机关内部活动中遵循民主集中制原则，但不同性质的国家机关实行民主集中制的侧重点不同。如《宪法》规定，国务院实行总理负责制。也就是说，国务院主要的工作方式侧重于"集中"。但《国务院组织法》又规定，国务院工作中的重大问题，必须经国务院常务会议或者国务院全体会议讨论决定。这里又强调了在重大问题决策上的"民主"。又如，根据《宪法》《全国人民代表大会组织法》《地方各级人民代表大会和地方各级人民政府组织法》的规定，全国人大及其常委会和地方各级人大及其常委会集体行使职权，侧重于"民主"，实行一人一票，按照多数人的意见作出决定。

**第四条**　**【民族政策】**中华人民共和国各民族一律平等。国家保障各少数民族的合法的权利和利益，维护和发展各民族的平等团结互助和谐关系。禁止对任何民族的歧视和压迫，禁止破坏民族团结和制造民族分裂的行为。

国家根据各少数民族的特点和需要，帮助各少数民族地区加速经济和文化的发展。

各少数民族聚居的地方实行区域自治，设立自治机关，行使自治权。各民族自治地方都是中华人民共和国不可分离的部分。

各民族都有使用和发展自己的语言文字的自由，都有保持或者改革自己的风俗习惯的自由。

> 注解

根据《民族区域自治法》的规定，民族区域自治是在国家统一领导下，各少数民族聚居的地方实行区域自治，设立自治机关，行使自治权。民族自治地方分为自治区、自治州、自治县。民族自治地方设立自治机关，自治机关是国家的一级地方政权机关。民族自治地方的自治机关是自治区、自治州、自治县的人民代表大会和人民政府。民族自治地方的人民代表大会有权依照当地民族的政治、经济和文化的特点，制定自治条例和单行条例。自治区的自治条例和单行条例，报全国人民代表大会常务委员会批准后生效。自治州、自治县的自治条例和单行条例报省、自治区、直辖市的人民代表大会常务委员会批准后生效，并报全国人民代表大会常务委员会和国务院备案。

实行民族区域自治，体现了国家充分尊重和保障各少数民族管理本民族内部事务权利的精神，体现了国家坚持实行各民族平等、团结和共同繁荣的原则。

**应用**

3. 诉讼过程中保护少数民族当事人使用本民族语言的自由

根据《刑事诉讼法》《行政诉讼法》《民事诉讼法》等法律法规的规定，各民族公民都有用本民族语言、文字进行诉讼的权利。在少数民族聚居或者多民族共同居住的地区，人民法院应当用当地民族通用的语言、文字进行审理和发布法律文书。人民法院（在刑事诉讼过程中，还包括人民检察院和公安机关）应当对不通晓当地民族通用的语言、文字的诉讼参与人提供翻译。

**配套**

本法第59条、第三章第六节；《民族区域自治法》序言、第2、3、15、19条；《刑事诉讼法》第9条；《行政诉讼法》第9条；《民事诉讼法》第11条；《诉讼费用交纳办法》第12条；《刑法》第249、250条；《治安管理处罚法》第47条

**第五条** 【法治原则】中华人民共和国实行依法治国，建设社会主义法治国家。

国家维护社会主义法制的统一和尊严。

一切法律、行政法规和地方性法规都不得同宪法相抵触。

一切国家机关和武装力量、各政党和各社会团体、各企业事业组织都必须遵守宪法和法律。一切违反宪法和法律的行为，必

须予以追究。

任何组织或者个人都不得有超越宪法和法律的特权。

**注解**

维护法制统一：第一，宪法具有最高的法律效力，一切法律、行政法规、监察法规、地方性法规、自治条例和单行条例、规章都不得同宪法相抵触；第二，全国人民代表大会有权改变或者撤销它的常务委员会制定的不适当的法律，有权撤销全国人民代表大会常务委员会批准的违背《宪法》和《立法法》第85条第2款规定的自治条例和单行条例；第三，全国人民代表大会常务委员会有权撤销同宪法和法律相抵触的行政法规，有权撤销同宪法、法律和行政法规相抵触的地方性法规，有权撤销省、自治区、直辖市的人民代表大会常务委员会批准的违背《宪法》和《立法法》第85条第2款规定的自治条例和单行条例；第四，国务院有权改变或者撤销不适当的部门规章和地方政府规章；第五，省、自治区、直辖市的人民代表大会有权改变或者撤销它的常务委员会制定的和批准的不适当的地方性法规；第六，地方人民代表大会常务委员会有权撤销本级人民政府制定的不适当的规章；第七，省、自治区的人民政府有权改变或者撤销下一级人民政府制定的不适当的规章；第八，授权机关有权撤销被授权机关制定的超越授权范围或者违背授权目的的法规，必要时可以撤销授权。（参见《立法法》第98、108条）

全国人民代表大会和全国人民代表大会常务委员会根据宪法规定行使国家立法权。全国人民代表大会制定和修改刑事、民事、国家机构的和其他的基本法律。全国人民代表大会常务委员会制定和修改除应当由全国人民代表大会制定的法律以外的其他法律；在全国人民代表大会闭会期间，对全国人民代表大会制定的法律进行部分补充和修改，但是不得同该法律的基本原则相抵触。（参见《立法法》第10条）

下列事项只能制定法律：（1）国家主权的事项；（2）各级人民代表大会、人民政府、监察委员会、人民法院和人民检察院的产生、组织和职权；（3）民族区域自治制度、特别行政区制度、基层群众自治制度；（4）犯罪和刑罚；（5）对公民政治权利的剥夺、限制人身自由的强制措施和处罚；（6）税种的设立、税率的确定和税收征收管理等税收基本制度；（7）对非国有财产的征收、征用；（8）民事基本制度；（9）基本经济制度以及财政、海关、金融和外贸的基本制度；(10) 诉讼制度和仲裁基本制度；(11) 必须由全国人民代表大会及其常务委员会制定法律的其他事项。(参见《立法法》第11条)

国务院根据宪法和法律，制定行政法规。行政法规可以就下列事项作出规定：(1) 为执行法律的规定需要制定行政法规的事项；(2)《宪法》第89条规定的国务院行政管理职权的事项。

应当由全国人民代表大会及其常务委员会制定法律的事项，国务院根据全国人民代表大会及其常务委员会的授权决定先制定的行政法规，经过实践检验，制定法律的条件成熟时，国务院应当及时提请全国人民代表大会及其常务委员会制定法律。(参见《立法法》第72条)

省、自治区、直辖市的人民代表大会及其常务委员会根据本行政区域的具体情况和实际需要，在不同宪法、法律、行政法规相抵触的前提下，可以制定地方性法规。设区的市的人民代表大会及其常务委员会根据本市的具体情况和实际需要，在不同宪法、法律、行政法规和本省、自治区的地方性法规相抵触的前提下，可以对城乡建设与管理、生态文明建设、历史文化保护、基层治理等方面的事项制定地方性法规，法律对设区的市制定地方性法规的事项另有规定的，从其规定。设区的市的地方性法规须报省、自治区的人民代表大会常务委员会批准后施行。省、自治区的人民代表大会常务委员会对报请批准的地方性法规，应当对其合法性进行审查，认为同宪法、法律、行政法规和本省、自治区的地方性法规不抵触的，应当在4个月内予以批准。地方性法规可以就下列事项作出规定：(1) 为执行法律、行政法规的规定，需要根据本行政区域的实际情况作具体规定的事项；(2) 属于地方性事务需要制定地方性法规的事项。除《立法法》第11条规定的事项外，其他事项国家尚未制定法律或者行政法规的，省、自治区、直辖市和设区的市、自治州根据本地方的具体情况和实际需要，可以先制定地方性法规。设区的市、自治州制定地方性法规，限于《立法法》第81条第1款规定的事项。

**配套**

本法第62、67条；《立法法》

**第六条　【经济制度与分配制度】**中华人民共和国的社会主义经济制度的基础是生产资料的社会主义公有制，即全民所有制和劳动群众集体所有制。社会主义公有制消灭人剥削人的制度，实行各尽所能、按劳分配的原则。

国家在社会主义初级阶段，坚持公有制为主体、多种所有制经济共同发展的基本经济制度，坚持按劳分配为主体、多种分配方式并存的分配制度。

**注解**

公有制经济在我国所有制结构中处于主体地位，这是由我国社会主义的国家性质决定的。公有制的主体地位主要体现在两个方面：一是公有资产在社会总资产中占优势地位；二是公有制经济控制国民经济命脉，对国民经济发展起主导作用。但生产力决定生产关系，我国社会主义初级阶段的生产力发展状况，决定了除公有制以外的多种所有制经济应当共同发展。个体经济、私营经济等非公有制经济，也是社会主义市场经济的重要组成部分。党的十八届三中全会通过的《中共中央关于全面深化改革若干重大问题的决定》明确提出，公有制经济和非公有制经济都是我国经济社会发展的重要基础。必须毫不动摇鼓励、支持、引导非公有制经济发展，激发非公有制经济活力和创造力。党的十九大报告更是明确两个毫不动摇：坚持和完善我国社会主义基本经济制度和分配制度，毫不动摇巩固和发展公有制经济，毫不动摇鼓励、支持、引导非公有制经济发展，使市场在资源配置中起决定性作用。构建亲清新型政商关系，促进非公有制经济健康发展和非公有制经济人士健康成长。

**第七条** 【国有经济】国有经济，即社会主义全民所有制经济，是国民经济中的主导力量。国家保障国有经济的巩固和发展。

**第八条** 【集体经济】农村集体经济组织实行家庭承包经营为基础、统分结合的双层经营体制。农村中的生产、供销、信用、消费等各种形式的合作经济，是社会主义劳动群众集体所有制经济。参加农村集体经济组织的劳动者，有权在法律规定的范围内经营自留地、自留山、家庭副业和饲养自留畜。

城镇中的手工业、工业、建筑业、运输业、商业、服务业等行业的各种形式的合作经济，都是社会主义劳动群众集体所有制经济。

国家保护城乡集体经济组织的合法的权利和利益，鼓励、指导和帮助集体经济的发展。

**应用**

**4. 家庭承包经营为基础、统分结合的双层经营体制具有哪些特点**

家庭承包经营为基础、统分结合的双层经营体制具有下列特点：第一，土地归集体所有；第二，农民享有土地承包经营权，即土地使用权；第三，家庭承包经营是基础，集体统一经营为家庭经营提供服务；第四，土地、大型水利设施等主要生产资料归集体所有，由集体统一行使管理权和经营权。

**5. 如何理解承包地"三权"分置制度**

承包地"三权"分置制度，是指完善农村土地所有权、承包权、经营权分置制度，落实集体所有权，稳定农户承包权，放活土地经营权，不断探索农村土地集体所有制的有效实现形式。在坚持和完善最严格的耕地保护制度前提下，赋予农民对承包地占有、使用、收益、流转及承包经营权抵押、担保权能。引导和规范农村集体经营性建设用地入市。完善农村宅基地分配政策，在保障农户宅基地用益物权前提下，试点慎重稳妥推进农民住房财产权抵押、担保、转让。

**配套**

《农村土地承包法》；《民法典》第二编第十一章

**第九条　【自然资源】** 矿藏、水流、森林、山岭、草原、荒地、滩涂等自然资源，都属于国家所有，即全民所有；由法律规定属于集体所有的森林和山岭、草原、荒地、滩涂除外。

国家保障自然资源的合理利用，保护珍贵的动物和植物。禁止任何组织或者个人用任何手段侵占或者破坏自然资源。

> 应用

6. 国家所有的自然资源

（1）矿藏、水流、海域属于国家所有。根据《水法》的规定，水资源属于国家所有，即全民所有；农村集体经济组织所有的水塘和由农村集体经济组织修建管理的水库中的水，归各该农村集体经济组织使用。根据《矿产资源法》，矿产资源属于国家所有，地表或者地下的矿产资源的国家所有权，不因其所依附的土地的所有权或者使用权的不同而改变。

（2）国家所有的土地。根据《土地管理法》第9条的规定，城市市区的土地属于国家所有。农村和城市郊区的土地，除由法律规定属于国家所有的以外，属于农民集体所有；宅基地和自留地、自留山，属于农民集体所有。

（3）森林、山岭、草原、荒地、滩涂等自然资源，属于国家所有，但法律规定属于集体所有的除外。

（4）法律规定属于国家所有的野生动植物资源，属于国家所有。

（5）无线电频谱资源属于国家所有。

> 配套

《民法典》第246~252条；《矿产资源法》；《水法》；《海域使用管理法》；《土地管理法》；《森林法》；《草原法》；《野生动物保护法》；《野生植物保护条例》；《无线电管理条例》；《海岛保护法》

**第十条　【土地制度】**城市的土地属于国家所有。

农村和城市郊区的土地，除由法律规定属于国家所有的以外，属于集体所有；宅基地和自留地、自留山，也属于集体所有。

国家为了公共利益的需要，可以依照法律规定对土地实行征收或者征用并给予补偿。

任何组织或者个人不得侵占、买卖或者以其他形式非法转让土地。土地的使用权可以依照法律的规定转让。

一切使用土地的组织和个人必须合理地利用土地。

15

**注解**

征收是指将土地所有权收归国有，一般是针对集体所有土地而言。征用是指临时征用，不改变土地所有权。对于国有土地，只存在征用问题，不存在征收问题；对于集体所有土地，则既可以征收，也可以征用。

根据《民法典》第243条的规定，为了公共利益的需要，依照法律规定的权限和程序可以征收集体所有的土地和组织、个人的房屋以及其他不动产。征收集体所有的土地，应当依法及时足额支付土地补偿费、安置补助费以及农村村民住宅、其他地上附着物和青苗等的补偿费用，并安排被征地农民的社会保障费用，保障被征地农民的生活，维护被征地农民的合法权益。征收组织、个人的房屋以及其他不动产，应当依法给予征收补偿，维护被征收人的合法权益；征收个人住宅的，还应当保障被征收人的居住条件。任何组织或者个人不得贪污、挪用、私分、截留、拖欠征收补偿费等费用。

根据《民法典》第245条的规定，因抢险救灾、疫情防控等紧急需要，依照法律规定的权限和程序可以征用组织、个人的不动产或者动产。被征用的不动产或者动产使用后，应当返还被征用人。组织、个人的不动产或者动产被征用或者征用后毁损、灭失的，应当给予补偿。

根据《土地管理法》第80条的规定，侵占、挪用被征收土地单位的征地补偿费用和其他有关费用，构成犯罪的，依法追究刑事责任；尚不构成犯罪的，依法给予处分。

**应用**

### 7. 国家在什么条件下可以对土地进行征收或者征用

根据《宪法》《民法典》《土地管理法》等法律的规定，征收或者征用土地应符合下列条件：第一，为了公共利益的需要。这里的公共利益，主要是指国家安全、公共秩序、国民经济和社会发展等，如国防和外交的需要，由政府组织实施的能源、交通、水利等基础设施建设的需要等。第二，应当依照法律规定。征收或者征用土地应当依照法律规定的权限和程序进行。这里的法律是指全国人大及其常委会制定的法律，主要包括《民法典》《土地管理法》等。第三，应当给予补偿。《民法典》《土地管理法》都对征收集体土地的补偿问题作了规定。如《土地管理法》第48条第1款规定："征收土地应当给予公平、合理的补偿，保障被征地农民原有生活水平不降低、长远生计有保障。"该条还详细规定了补偿费用的计算标准。

配套

《民法典》第249、250、260~263、344~365条；《土地管理法》；《土地管理法实施条例》

**第十一条** 【非公有制经济】在法律规定范围内的个体经济、私营经济等非公有制经济，是社会主义市场经济的重要组成部分。

国家保护个体经济、私营经济等非公有制经济的合法的权利和利益。国家鼓励、支持和引导非公有制经济的发展，并对非公有制经济依法实行监督和管理。

注解

所谓鼓励，是指国家通过制定法律、出台政策等方式，大力提倡发展各种形式的非公有制经济。如党的十八届三中全会通过的《中共中央关于全面深化改革若干重大问题的决定》提出，鼓励非公有制企业参与国有企业改革，鼓励发展非公有资本控股的混合所有制企业，鼓励有条件的私营企业建立现代企业制度。

所谓支持，是指国家为个体经济、私营经济等非公有制经济的发展提供财税、信贷、信用担保等多方面的支持和帮助。《中共中央关于全面深化改革若干重大问题的决定》提出，要坚持权利平等、机会平等、规划平等，废除对非公有制经济各种形式的不合理规定，消除各种隐性壁垒。凡是法律法规未明确禁入的行业和领域，都要允许各类市场主体平等进入；凡是向外资开放的行业和领域，都要向民间资本开放；凡是影响市场公平竞争的不合理行为，都要坚决禁止。党的二十大提出，依法保护民营企业产权和企业家权益，促进民营经济发展壮大；完善产权保护、市场准入、公平竞争、社会信用等市场经济基础制度，优化营商环境。

所谓引导，是指国家引导非公有制经济提高自身素质，朝着健康有序的方向发展。如国家引导非公有制企业贯彻执行法律法规和政策规定，完善企业组织制度，提高企业管理人员素质等。

所谓监督和管理,主要是指国家为了确保非公有制经济沿着健康有序的方向发展,采取必要的措施,监督其在法律政策范围内开展经营活动,规范其设立和经营,对日常生产和经营活动依法进行管理和规范。需要指出的是,这里的监督和管理必须严格依法进行,行政主管部门不得以监督和管理为名,干预非公有制经济的正常经济活动。

**第十二条 【公共财产不可侵犯】**社会主义的公共财产神圣不可侵犯。

国家保护社会主义的公共财产。禁止任何组织或者个人用任何手段侵占或者破坏国家的和集体的财产。

**注解**

公共财产,主要是指全民所有的财产和集体所有的财产。公共财产的范围主要包括:国有经济和集体经济所有的财产;国家机关、武装力量和由国家机关划拨给政党和社会团体的财产;公用设施;土地、矿藏、水流、森林、山岭、草原、荒地、滩涂等自然资源。

**第十三条 【保护私有财产】**公民的合法的私有财产不受侵犯。

国家依照法律规定保护公民的私有财产权和继承权。

国家为了公共利益的需要,可以依照法律规定对公民的私有财产实行征收或者征用并给予补偿。

**注解**

公民的合法的私有财产不受侵犯。这一规定主要包含以下内涵:一是私有财产受法律保护,不受侵犯。这里的私有财产主要包括公民的合法收入、储蓄、房屋和其他生活资料,依法归个人、家庭所有的生产资料,个体户和私营企业的合法财产,依法归个人所有的股份、股票、债券和其他财产。二是私有财产须是从合法渠道获得的。如果私有财产是从偷窃、诈骗、走私等非法活动中取得,则不受法律保护。三是禁止非法侵犯私有财产的行为。《民法典》《刑法》等法律都规定了侵犯私有财产行为应承担的民事和刑事责任。但是,对私有财产的保护也不是绝对的。本条同时规定,国家为了公共利益的需要，可以依照法律规定对公民的私有财产实行征收或者征用并给予补偿。据此，国家可以在符合法律规定的条件下，对公民的私有财产实行征收或者征用。

**配套**

《民法典》第266、267条；《国有土地上房屋征收与补偿条例》

**第十四条　【发展生产与社会保障】** 国家通过提高劳动者的积极性和技术水平，推广先进的科学技术，完善经济管理体制和企业经营管理制度，实行各种形式的社会主义责任制，改进劳动组织，以不断提高劳动生产率和经济效益，发展社会生产力。

国家厉行节约，反对浪费。

国家合理安排积累和消费，兼顾国家、集体和个人的利益，在发展生产的基础上，逐步改善人民的物质生活和文化生活。

国家建立健全同经济发展水平相适应的社会保障制度。

**应用**

8. 社会保障制度一般包括哪些内容

社会保障制度一般包括以下内容：一是社会救助。社会救助是一项基础性保障制度，由财政负责提供专款，面向低收入或者贫困阶层，为符合条件者提供生活救助、灾害救助及其他专项救助。二是社会保险。社会保险是面向劳动者的基本保障制度，它建立在劳资分责、政府支持的基础上，负责解除劳动者在养老、医疗、工伤、失业等方面的后顾之忧。三是社会福利。主要面向特定群体提供福利津贴、福利设施与社会服务，如老年人福利包括老年津贴、老年设施、老年服务等，残疾人福利包括残疾人津贴、康复、特殊教育等。社会福利是需要政府主导、社会参与的保障系统。四是补充保障。补充保障是借助市场机制和社会力量举办的保障性项目，用于弥补法定的基本保障制度的不足，通常包括职业福利、商业保险、慈善事业、社会互助等。我国目前制定了《劳动法》《劳动合同法》《社会保险法》《劳动争议调解仲裁法》《就业促进法》《残疾人保障法》《慈善法》等法律，初步形成了社会保障法律体系。

**配套**

本法第45条；《劳动法》；《劳动合同法》；《社会保险法》；《工伤保险条例》；《失业保险条例》

**第十五条 【市场经济】**国家实行社会主义市场经济。

国家加强经济立法，完善宏观调控。

国家依法禁止任何组织或者个人扰乱社会经济秩序。

**注解**

《宪法》明确规定，我国实行社会主义市场经济。这就是说，首先，要使市场在资源配置中起决定性作用，使经济活动遵循价值规律的要求，适应供求关系的变化；通过价格杠杆和竞争机制的功能，把资源配置到效益最好的环节中去，给企业以压力和动力，优胜劣汰；运用市场对各种经济信号反应比较灵敏的特点，促进生产和需求的及时协调。其次，要加强和改善国家对经济的宏观调控，克服市场自身的弱点。国家通过运用经济政策、计划指导和必要的行政管理，引导市场健康发展，健全统一、开放、竞争、有序的现代市场体系。最后，社会主义市场经济要和社会主义基本制度结合在一起。在所有制结构上，以公有制为主体，多种经济成分共同发展，不同经济成分还可以自愿实行多种形式的联合经营；在分配制度上，实行以按劳分配为主体、多种分配方式并存的制度，使劳动、资本、技术、管理等生产要素按贡献参与分配，坚持效率优先、兼顾公平，鼓励一部分人通过诚实劳动、合法经营先富起来，同时加强政府对收入分配的调节功能，防止收入悬殊，逐步实现共同富裕。

**第十六条 【国有企业】**国有企业在法律规定的范围内有权自主经营。

国有企业依照法律规定，通过职工代表大会和其他形式，实行民主管理。

**配套**

《公司法》；《全民所有制工业企业法》；《工会法》

**第十七条　【集体经济组织】**集体经济组织在遵守有关法律的前提下，有独立进行经济活动的自主权。

集体经济组织实行民主管理，依照法律规定选举和罢免管理人员，决定经营管理的重大问题。

### 配套

《乡镇企业法》；《城镇集体所有制企业条例》；《乡村集体所有制企业条例》

**第十八条　【外资经济】**中华人民共和国允许外国的企业和其他经济组织或者个人依照中华人民共和国法律的规定在中国投资，同中国的企业或者其他经济组织进行各种形式的经济合作。

在中国境内的外国企业和其他外国经济组织以及中外合资经营的企业，都必须遵守中华人民共和国的法律。它们的合法的权利和利益受中华人民共和国法律的保护。

### 配套

《外商投资法》；《优化营商环境条例》

**第十九条　【教育事业】**国家发展社会主义的教育事业，提高全国人民的科学文化水平。

国家举办各种学校，普及初等义务教育，发展中等教育、职业教育和高等教育，并且发展学前教育。

国家发展各种教育设施，扫除文盲，对工人、农民、国家工作人员和其他劳动者进行政治、文化、科学、技术、业务的教育，鼓励自学成才。

国家鼓励集体经济组织、国家企业事业组织和其他社会力量依照法律规定举办各种教育事业。

国家推广全国通用的普通话。

> 应 用

**9. 国家发展社会主义的教育事业主要体现在哪些方面**

国家发展社会主义的教育事业，提高全国人民科学文化水平的基本方针，主要体现在以下几个方面：一是大力发展学校教育，首先是普及初等义务教育，也就是通常所说的九年义务教育。此外，还发展中等教育、职业教育、高等教育和学前教育。二是发展各种教育设施，扫除文盲，发展业余成人教育。国家在正规的学校教育之外，还尽量发展各种教育设施，为工人、农民、在职国家机关工作人员和其他劳动者提供终身受教育的机会，使其自学成才，营造建设学习型社会的良好环境。三是鼓励各种社会力量举办各种教育事业。我国是人口大国，尽管教育投入逐年增加，但教育资源仍非常有限，不能满足广大人民群众接受各种层次、不同领域教育的现实需求。为此，本条规定，鼓励集体经济组织、国家企业事业组织和其他社会力量依照法律规定举办各种教育事业。我国已有《教育法》《高等教育法》《职业教育法》《民办教育促进法》《家庭教育促进法》等法律。

> 配 套

《义务教育法》；《教育法》；《高等教育法》；《职业教育法》；《国家通用语言文字法》；《民办教育促进法》；《家庭教育促进法》

**第二十条　【科技事业】** 国家发展自然科学和社会科学事业，普及科学和技术知识，奖励科学研究成果和技术发明创造。

> 配 套

《科学技术进步法》；《促进科技成果转化法》；《科学技术普及法》；《国家科学技术奖励条例》

**第二十一条　【医疗、卫生与体育事业】** 国家发展医疗卫生事业，发展现代医药和我国传统医药，鼓励和支持农村集体经济组织、国家企业事业组织和街道组织举办各种医疗卫生设施，开展群众性的卫生活动，保护人民健康。

国家发展体育事业，开展群众性的体育活动，增强人民体质。

**配套**

《基本医疗卫生与健康促进法》;《中医药法》;《医师法》;《药品管理法》;《传染病防治法》;《体育法》;《全民健身条例》;《医疗机构管理条例》;《公共文化体育设施条例》

**第二十二条 【文化事业】** 国家发展为人民服务、为社会主义服务的文学艺术事业、新闻广播电视事业、出版发行事业、图书馆博物馆文化馆和其他文化事业,开展群众性的文化活动。

国家保护名胜古迹、珍贵文物和其他重要历史文化遗产。

**配套**

《公共文化服务保障法》;《公共图书馆法》;《电影产业促进法》;《文物保护法》;《非物质文化遗产法》;《著作权法》;《出版管理条例》;《博物馆条例》

**第二十三条 【人才培养】** 国家培养为社会主义服务的各种专业人才,扩大知识分子的队伍,创造条件,充分发挥他们在社会主义现代化建设中的作用。

**注解**

首先,国家通过培养各种专门人才,使知识分子人数不断增加、队伍不断壮大。其次,国家创造条件,充分发挥知识分子在社会主义现代化建设中的作用。《中共中央、国务院关于进一步加强人才工作的决定》郑重提出,人才问题是关系党和国家事业发展的关键问题,实施人才强国战略是党和国家一项重大而紧迫的任务,还提出了实施人才强国战略的基本要求。党的十九大提出,坚定实施人才强国战略,加快建设创新型国家,培养造就一大批具有国际水平的战略科技人才、科技领军人才、青年科技人才和高水平创新团队,加快建设人才强国,实行更加积极开放有效的人才政策。

**第二十四条 【精神文明建设】** 国家通过普及理想教育、道德教育、文化教育、纪律和法制教育,通过在城乡不同范围的群众中制定和执行各种守则、公约,加强社会主义精神文明的建设。

国家倡导社会主义核心价值观，提倡爱祖国、爱人民、爱劳动、爱科学、爱社会主义的公德，在人民中进行爱国主义、集体主义和国际主义、共产主义的教育，进行辩证唯物主义和历史唯物主义的教育，反对资本主义的、封建主义的和其他的腐朽思想。

**注解**

以"富强、民主、文明、和谐，自由、平等、公正、法治，爱国、敬业、诚信、友善"24个字为主要内容的社会主义核心价值观，是当代中国精神的集中体现，凝结着全体人民共同的价值追求。2018年3月，十三届全国人大一次会议通过的宪法修正案，将《宪法》第24条第2款中的"国家提倡爱祖国、爱人民、爱劳动、爱科学、爱社会主义的公德"修改为"国家倡导社会主义核心价值观，提倡爱祖国、爱人民、爱劳动、爱科学、爱社会主义的公德"，有利于在全社会树立和践行社会主义核心价值观，巩固全党全国各族人民团结奋斗的共同思想道德基础。

**第二十五条** 【计划生育】国家推行计划生育，使人口的增长同经济和社会发展计划相适应。

**配套**

《人口与计划生育法》

**第二十六条** 【环境保护】国家保护和改善生活环境和生态环境，防治污染和其他公害。

国家组织和鼓励植树造林，保护林木。

**注解**

生活环境，是指人生活、居住的环境。生态环境，是指影响人类生存与发展的水资源、土地资源、生物资源以及气候资源等的数量与质量的总称，是关系社会和经济可持续发展的复合生态系统。宪法将保护和改善生活环境和生态环境作为国家的一项基本政策，在此基础上，国家制定了《环境保护法》《野生动物保护法》《水污染防治法》《环境影响评价法》《大气污染防治法》等一系列法律，对不同领域环境保护的制度措施、主管部门、法律责任等作了具体规定。2018年宪法修改，将生态文明写入宪法序言，提出推动物质、政治、精神、社会、生态五大文明协调发展，并将生态文明建设列为国务院的职责。

> 配套

《环境保护法》；《水污染防治法》；《大气污染防治法》；《放射性污染防治法》；《噪声污染防治法》；《固体废物污染环境防治法》；《防沙治沙法》；《水土保持法》；《森林法》；《草原法》；《水法》

**第二十七条　【国家机关工作原则】**一切国家机关实行精简的原则，实行工作责任制，实行工作人员的培训和考核制度，不断提高工作质量和工作效率，反对官僚主义。

一切国家机关和国家工作人员必须依靠人民的支持，经常保持同人民的密切联系，倾听人民的意见和建议，接受人民的监督，努力为人民服务。

国家工作人员就职时应当依照法律规定公开进行宪法宣誓。

> 注解

2018年2月，党的十九届三中全会通过《中共中央关于深化党和国家机构改革的决定》，就深化全国人大、国务院机构改革，深化行政执法体制改革，深化地方机构改革等作出规定。在改革中，一大原则是坚持优化协同高效。坚持一类事项原则上由一个部门统筹、一件事情原则上由一个部门负责。统筹设置党政机构，科学设定党和国家机构，准确定位、合理分工、增强合力，防止机构重叠、职能重复、工作重合。2018年，第十三届全国人民代表大会第一次会议通过了《关于国务院机构改革方案的决定》，围绕推动高质量发展，建设现代化经济体系，加强和完善政府经济调节、市场监管、社会管理、公民服务、生态环境保护职能，进行国务院机构调整。2023年3月，十四届全国人大一次会议通过《国务院机构改革方案》，明确精减中央国家机关人员编制，中央国家机关各部门人员编制统一按照5%的比例进行精减，收回的编制主要用于加强重点领域和重要工作。

**应用**

10. 如何理解工作责任制

工作责任制,是指国家机关工作人员分工明确,各司其职,各尽其责。根据宪法规定,政府及其部门主要实行首长负责制,即国务院实行总理负责制,各部、委员会实行部长、主任负责制,地方各级人民政府实行省长(主席)、市(州)长、县(区)长、乡(镇)长负责制。

**配套**

《公务员法》;《全国人民代表大会常务委员会关于实行宪法宣誓制度的决定》

**第二十八条 【维护社会秩序】** 国家维护社会秩序,镇压叛国和其他危害国家安全的犯罪活动,制裁危害社会治安、破坏社会主义经济和其他犯罪的活动,惩办和改造犯罪分子。

**配套**

《刑法》;《国家安全法》;《反间谍法》;《香港特别行政区维护国家安全法》

**第二十九条 【武装力量】** 中华人民共和国的武装力量属于人民。它的任务是巩固国防,抵抗侵略,保卫祖国,保卫人民的和平劳动,参加国家建设事业,努力为人民服务。

国家加强武装力量的革命化、现代化、正规化的建设,增强国防力量。

**应用**

11. 我国武装力量的组成部分

武装力量有广义和狭义之分,广义的武装力量是指各种武装组织和装备设置的总称,既包括武装组织,也包括武器装备;狭义的武装力量仅指武装组织。根据《国防法》的规定,我国的武装力量,由中国人民解放军、中国人民武装警察部队、民兵组成。中国人民解放军由现役部队和预备役部队组成,在新时代的使命任务是为巩固中国共产党领导和社会主义制度，为捍卫国家主权、统一、领土完整，为维护国家海外利益，为促进世界和平与发展，提供战略支撑。现役部队是国家的常备军，主要担负防卫作战任务，按照规定执行非战争军事行动任务。预备役部队按照规定进行军事训练、执行防卫作战任务和非战争军事行动任务；根据国家发布的动员令，由中央军事委员会下达命令转为现役部队。中国人民武装警察部队担负执勤、处置突发社会安全事件、防范和处置恐怖活动、海上维权执法、抢险救援和防卫作战以及中央军事委员会赋予的其他任务。民兵在军事机关的指挥下，担负战备勤务、执行非战争军事行动任务和防卫作战任务。

**配 套**

《国防法》；《国防动员法》；《国防交通法》；《人民武装警察法》

**第三十条 【行政区划】**中华人民共和国的行政区域划分如下：

（一）全国分为省、自治区、直辖市；
（二）省、自治区分为自治州、县、自治县、市；
（三）县、自治县分为乡、民族乡、镇。

直辖市和较大的市分为区、县。自治州分为县、自治县、市。

自治区、自治州、自治县都是民族自治地方。

**注 解**

根据宪法规定，我国的行政区域原则上划分为三个层级：一是省级，包括省、自治区、直辖市。我国共有23个省（含台湾省）、5个自治区和4个直辖市。二是县市级，包括自治州、县、自治县、市。实际上，近二十年来，在省、自治区和县级之间，普遍设立了设区（县）的市一级，因此，县市级又可分为两个层级：一个是设区、县的市和自治州，另一个是县、自治县、不设区的市、市辖区。三是乡镇级，包括乡、民族乡、镇。除上述行政区划外，我国还有香港和澳门两个特别行政区。根据宪法规定，行政区域的设立、撤销、更名必须经过有权机关的批准。全国人民代表大会批准省、自治区、直辖市的建置；全国人民代表大会决定特别行政区的设立及其制度；

国务院批准省、自治区、直辖市的区域划分，批准自治州、县、自治县、市的建置和区域划分；省、直辖市（包括自治区）的人民政府决定乡、民族乡、镇的建置和区域划分。

**配套**

《行政区划管理条例》

**第三十一条 【特别行政区】** 国家在必要时得设立特别行政区。在特别行政区内实行的制度按照具体情况由全国人民代表大会以法律规定。

**注解**

特别行政区是中华人民共和国不可分离的一部分。第七届全国人民代表大会第三次会议和第八届全国人民代表大会第一次会议分别通过了《香港特别行政区基本法》和《澳门特别行政区基本法》，分别对香港和澳门特别行政区实行的制度作了具体规定。

**配套**

《香港特别行政区基本法》；《澳门特别行政区基本法》

**第三十二条 【对外国人的保护】** 中华人民共和国保护在中国境内的外国人的合法权利和利益，在中国境内的外国人必须遵守中华人民共和国的法律。

中华人民共和国对于因为政治原因要求避难的外国人，可以给予受庇护的权利。

**注解**

政治避难权，也称庇护权，是指一国公民因为政治原因请求另一国允许其进入该国，或者已经进入该国请求准予在该国居留，经该国政府批准而享有的受庇护的权利。我国宪法规定的政治避难权有以下特点：一是受庇护的对象必须是外国人，中国人不包括在内。这里的外国人，是指拥有外国国籍或者无国籍的自然人。二是受庇护必须是因为政治原因。因一般刑事犯罪原则不能申请政治避难。三是受到庇护的外国人不得被引渡或者驱逐出境。

外国人因为政治原因在我国获得了受庇护的权利，我国就不得接受其所在国家的引渡请求，也不得将其驱逐出境。我国《引渡法》第8条明确规定，外国向中华人民共和国提出的引渡请求是因为政治犯罪的，或者中华人民共和国已经给予被请求引渡人受庇护权利的，应当拒绝引渡。

> 配套

《引渡法》第8条；《出境入境管理法》；《外国人入境出境管理条例》

# 第二章　公民的基本权利和义务

**第三十三条　【公民权】**凡具有中华人民共和国国籍的人都是中华人民共和国公民。

中华人民共和国公民在法律面前一律平等。

国家尊重和保障人权。

任何公民享有宪法和法律规定的权利，同时必须履行宪法和法律规定的义务。

> 注解

对法律面前人人平等原则的理解可以从以下两个方面把握：

（1）法律面前人人平等原则是法律适用上的平等。法律适用上的平等包括以下含义，即所有公民都平等地享有宪法和法律规定的权利；所有公民都平等地履行宪法和法律规定的义务；国家司法机关和行政机关在适用法律时，对所有公民的合法权益都平等地予以保护，对所有公民的违法和犯罪行为，都平等地追究法律责任；任何公民个人或组织都不得享有超越宪法和法律的特权。

（2）法律面前人人平等既包括机会上的平等，也包括实质上的平等。机会上的平等指公民在国家政治、经济和社会活动中，都享有平等的机会。实质上的平等指在承认社会主义国家人与人之间存在各种合理的个体差异的前提下，一方面，允许和鼓励一部分地区、一部分人先富裕起来，并带动另一部分经济发展比较慢的地区和个人，最终在物质和经济生活方面达到共同富裕；另一方面，国家通过宪法和法律保障公民的各项社会经济权利，努力缩小和逐步消除贫富分化。

**应用**

12. **国籍的取得**

根据我国《国籍法》的规定，以下情形可以取得我国国籍：

（1）父母双方或一方为中国公民，本人出生在中国，具有中国国籍。

（2）父母双方或一方为中国公民，本人出生在外国，具有中国国籍；但父母双方或一方为中国公民并定居在外国，本人出生时即具有外国国籍的，不具有中国国籍。

（3）父母无国籍或国籍不明，定居在中国，本人出生在中国，具有中国国籍。

（4）外国人或无国籍人，愿意遵守中国宪法和法律，是中国人的近亲属、定居在中国或者有其他正当理由，申请加入中国国籍并得到批准的，即取得中国国籍；被批准加入中国国籍的，不得再保留外国国籍。

13. **国籍的丧失**

我国不承认中国公民具有双重国籍。

（1）定居外国的中国公民，自愿加入或取得外国国籍的，即自动丧失中国国籍。

（2）外国人的近亲属、定居在国外或者有其他正当理由，申请退出中国国籍经批准的，即丧失中国国籍。

**配套**

《国籍法》

**第三十四条　【选举权和被选举权】**中华人民共和国年满十八周岁的公民，不分民族、种族、性别、职业、家庭出身、宗教信仰、教育程度、财产状况、居住期限，都有选举权和被选举权；但是依照法律被剥夺政治权利的人除外。

**注解**

（1）选举权和被选举权有广义和狭义两种理解。从广义上说，选举权指公民按照自己的意愿，依照法定程序选举产生各级权力机关的组成人员和选举产生依法应当通过选举方式产生的其他国家公职人员的权利；被选举权指公民有依照法律规定被选举成为各级人大代表和依法应当通过选举方式产生的其他国家公职人员的权利。广义的选举和被选举的权利涉及的范围包括三个方面：第一，直接选举产生或者被选举成为县、乡两级人大代表的权利；第二，间接选举产生或者被选举成为设区的市、自治州以上各级人大代表的权利；第三，通过人民代表大会选举或者被选举成为国家公职人员的权利。对本条规定的选举权和被选举权，应当作广义的理解。

（2）剥夺政治权利。剥夺政治权利是剥夺下列权利：①选举权和被选举权；②言论、出版、集会、结社、游行、示威自由的权利；③担任国家机关职务的权利；④担任国有公司、企业、事业单位和人民团体领导职务的权利。剥夺政治权利是我国刑法上的一种附加刑。附加刑可以单独适用，也可以附加适用。独立适用剥夺政治权利的，应当根据刑法分则的规定执行；对于危害国家安全的犯罪分子应当附加剥夺政治权利；对于故意杀人、强奸、放火、爆炸、投毒、抢劫等严重破坏社会秩序的犯罪分子，可以附加剥夺政治权利。依照法律被剥夺政治权利的人没有选举权和被选举权。

## 应 用

**14. 精神病人是否享有选举权**

根据《全国人民代表大会常务委员会关于县级以下人民代表大会代表直接选举的若干规定》，精神病患者不能行使选举权利的，经选举委员会确认，不行使选举权利。因此，精神病患者享有选举权，只是由于不能辨认自己的意识和行为而不能行使该项权利。

**15. 服刑人员、被羁押人员、受拘留处罚的人员是否享有选举权**

根据《全国人民代表大会常务委员会关于县级以下人民代表大会代表直接选举的若干规定》，下列人员准予行使选举权利：（1）被判处有期徒刑、拘役、管制而没有附加剥夺政治权利的；（2）被羁押，正在受侦查、起诉、审判，人民检察院或者人民法院没有决定停止行使选举权利的；（3）正在取保候审或者被监视居住的；（4）正在受拘留处罚的。

据此，服刑人员是否享有选举权不能一概而论。如果被判处有期徒刑、拘役、管制而同时附加剥夺政治权利，在被剥夺政治权利期间，就不享有选

31

举权；如果没有同时附加剥夺政治权利，则享有选举权。被羁押人员享有选举权，但又要根据不同情况确定是否能够行使这项权利。因危害国家安全或其他严重刑事犯罪而受侦查、起诉、审判的，经司法机关决定，羁押期间停止行使该项权利。司法机关没有决定停止行使选举权的，可以行使这项权利。受拘留处罚的人员仍然享有选举权。以上所列人员参加选举，由选举委员会和执行监禁、羁押、拘留的机关共同决定，可以在流动票箱投票，或者委托有选举权的亲属或者其他选民代为投票。被判处拘役、受拘留处罚的人也可以在选举日回原选区参加选举。

### 配套

《全国人民代表大会和地方各级人民代表大会选举法》；《全国人民代表大会常务委员会关于县级以下人民代表大会代表直接选举的若干规定》

**第三十五条　【基本政治自由】**中华人民共和国公民有言论、出版、集会、结社、游行、示威的自由。

### 注解

言论、出版、集会、结社、游行、示威自由是公民的重要政治权利，又称为表达自由。

言论自由是指公民依据宪法享有的通过语言方式表达自己的思想见解或者其他意思的自由，其主要特点是：第一，在同一环境中，对同一事件，每个人都有平等的发言权，如果在发言中有特权存在，就意味着没有言论自由。第二，公民发表的言论内容，只要不超出法律允许的范围，就不受任何非法干涉。

出版自由是指公民享有宪法赋予的通过各种出版物表达各种思想见解以及其他意思的自由。结社自由是指公民为了某一共同目的，依照法律规定的程序结成某种社会团体，进行社会团体活动的自由。集会自由是指公民为了某一目的，依照法律规定的程序，集合在露天场所发表意见、表达意愿的自由。游行自由是指公民依照法律规定的程序在公共道路、露天公共场所列队行进、表达共同意愿的自由。示威自由是指公民依照法律规定的程序在露天公共场所或者公共道路上以集会、游行、静坐等方式，表达要求、抗议或者支持、声援等共同意愿的自由。

**应用**

16. 成立出版单位的条件

根据《出版管理条例》的规定，国务院出版行政主管部门制定全国出版单位总量、结构、布局的规划，指导、协调出版产业和出版事业发展。设立出版单位，应当具备下列条件：有出版单位的名称、章程；有符合国务院出版行政主管部门认定的主办单位及其主管机关；有确定的业务范围；有30万元以上的注册资本和固定的工作场所；有适应业务范围需要的组织机构和符合国家规定的资格条件的编辑出版专业人员；法律、行政法规规定的其他条件。除此之外，还应当符合国家关于出版单位总量、结构、布局的规划。

设立出版单位，由其主办单位向所在地省、自治区、直辖市人民政府出版行政主管部门提出申请；省、自治区、直辖市人民政府出版行政主管部门审核同意后，报国务院出版行政主管部门审批。设立的出版单位为事业单位的，还应当办理机构编制审批手续。

17. 申请集会、游行、示威许可的程序

（1）主管机关：集会、游行、示威由举行地的市、县公安局、城市公安分局主管。游行、示威路线在同一直辖市、省辖市、自治区辖市或者省、自治区人民政府派出机关所在地区经过两个以上区、县的，由该市公安局或者省、自治区人民政府派出机关的公安处主管；在同一省、自治区行政区域内经过两个以上省辖市、自治区辖市或者省、自治区人民政府派出机关所在地区的，由所在省、自治区公安厅主管；经过两个以上省、自治区、直辖市的，由公安部主管，或者由公安部授权的省、自治区、直辖市公安机关主管。

（2）举行集会、游行、示威，必须有负责人。无行为能力人或者限制行为能力人、被判处刑罚尚未执行完毕的人员、正在被依法采取刑事强制措施或者法律规定的其他限制人身自由措施的人员，不得担任负责人。

（3）举行集会、游行、示威，必须由其负责人向规定的主管公安机关亲自递交书面申请；不是由负责人亲自递交书面申请的，主管公安机关不予受理。集会、游行、示威的负责人在递交书面申请时，应当出示本人的居民身份证或者其他有效证件，并如实填写申请登记表。

（4）主管公安机关在接受申请后，应当及时审查，在法定期限内作出许可或者不许可的书面决定，决定书应当载明许可的内容，或者不许可的理由。集会、游行、示威的负责人对主管公安机关不许可的决定不服的,可以自接到不许可决定书之日起3日内向同级人民政府申请复议。人民政府应当自接到复议申请书之日起3日内作出维持或者撤销主管公安机关原决定的复议决定,并将《集会游行示威复议决定书》送达集会、游行、示威的负责人,同时将副本送作出原决定的主管公安机关。人民政府作出的复议决定,主管公安机关和集会、游行、示威的负责人必须执行。

### 配套

《治安管理处罚法》第54、55条;《刑法》第296~299条;《集会游行示威法》;《集会游行示威法实施条例》;《出版管理条例》;《社会团体登记管理条例》

**第三十六条　【宗教信仰自由】**中华人民共和国公民有宗教信仰自由。

任何国家机关、社会团体和个人不得强制公民信仰宗教或者不信仰宗教,不得歧视信仰宗教的公民和不信仰宗教的公民。

国家保护正常的宗教活动。任何人不得利用宗教进行破坏社会秩序、损害公民身体健康、妨碍国家教育制度的活动。

宗教团体和宗教事务不受外国势力的支配。

### 注解

公民的宗教信仰自由主要包括以下几个方面:第一,每个公民都有按照自己的意愿信仰宗教的自由,也有不信仰宗教的自由;第二,有信仰这种宗教的自由,也有信仰那种宗教的自由;第三,在同一宗教里,有信仰这个教派的自由,也有信仰那个教派的自由;第四,有过去不信教现在信教的自由,也有过去信教现在不信教的自由。

### 应用

18. 国家机关工作人员非法剥夺公民宗教信仰自由的法律责任

根据我国《刑法》第251条的规定,国家机关工作人员非法剥夺公民的宗教信仰自由和侵犯少数民族风俗习惯,情节严重的,处2年以下有期徒刑或者拘役。

> 配套

《刑法》第251、300条；《全国人民代表大会常务委员会关于取缔邪教组织、防范和惩治邪教活动的决定》；《宗教事务条例》；《境内外国人宗教活动管理规定》

**第三十七条 【人身自由】**中华人民共和国公民的人身自由不受侵犯。

任何公民，非经人民检察院批准或者决定或者人民法院决定，并由公安机关执行，不受逮捕。

禁止非法拘禁和以其他方法非法剥夺或者限制公民的人身自由，禁止非法搜查公民的身体。

> 注解

人身自由是公民的一项十分重要的权利和自由，是公民行使其他一切权利和自由的前提和基础。人身自由有狭义和广义之分。狭义的人身自由仅指人的身体自由。广义的人身自由除了身体自由之外，还包括人格尊严不受侵犯、住宅不受侵犯、迁徙自由、通信自由和通信秘密受法律保护等。

> 应用

19. 非法搜查身体的法律责任

在刑事诉讼过程中，为了收集犯罪证据、查获犯罪人，侦查人员可以对犯罪嫌疑人以及可能隐藏罪犯或者犯罪证据的人的身体、物品、住处和其他有关的地方进行搜查。进行搜查，必须向被搜查人出示搜查证。在执行逮捕、拘留的时候，遇有紧急情况，不另用搜查证也可以进行搜查。在搜查的时候，应当有被搜查人或者他的家属、邻居或者其他见证人在场。搜查妇女的身体，应当由女工作人员进行。

在办理行政案件的过程中，公安机关对与违反治安管理行为有关的人身可以进行检查。检查时，人民警察不得少于2人，并应当出示工作证件和县级以上人民政府公安机关开具的检查证明文件。对确有必要立即进行检查的，人民警察经出示工作证件，可以当场检查。检查妇女的身体，应当由女性工作人员进行。

根据我国《刑法》的规定，非法搜查他人身体的，处3年以下有期徒刑或者拘役。司法工作人员滥用职权，犯前述罪的，从重处罚。根据我国《治安管理处罚法》的规定，非法搜查他人身体，尚未构成犯罪的，由公安机关处10日以上15日以下拘留，并处500元以上1000元以下罚款；情节较轻的，处5日以上10日以下拘留，并处200元以上500元以下罚款。

20. 非法拘禁或以其他手段非法限制人身自由的法律责任

非法限制他人人身自由，不构成犯罪的，由公安机关处10日以上15日以下拘留，并处500元以上1000元以下罚款；情节较轻的，处5日以上10日以下拘留，并处200元以上500元以下罚款。非法拘禁他人或者以其他方法非法剥夺他人人身自由，构成犯罪的，处3年以下有期徒刑、拘役、管制或者剥夺政治权利。具有殴打、侮辱情节的，从重处罚。非法拘禁他人或者以其他方法非法剥夺他人人身自由，致人重伤的，处3年以上10年以下有期徒刑；致人死亡的，处10年以上有期徒刑。使用暴力致人伤残、死亡的，依照《刑法》有关故意杀人、故意伤害罪的规定定罪处罚。国家机关工作人员利用职权犯前述罪的，依照前述规定从重处罚。

### 配套

《刑法》第238、245条；《刑事诉讼法》；《治安管理处罚法》第40、87条

## 第三十八条 【人格尊严及保护】中华人民共和国公民的人格尊严不受侵犯。禁止用任何方法对公民进行侮辱、诽谤和诬告陷害。

### 注解

人格权是民事主体享有的生命权、身体权、健康权、姓名权、名称权、肖像权、名誉权、荣誉权、隐私权等权利。除前述规定的人格权外，自然人享有基于人身自由、人格尊严产生的其他人格权益。（参见《民法典》第990条）

以暴力或者其他方法公然侮辱他人或者捏造事实诽谤他人，情节严重的，处3年以下有期徒刑、拘役、管制或者剥夺政治权利。（参见《刑法》第246条）

**配 套**

《民法典》第四编;《治安管理处罚法》第42条;《刑法》第243、246条

**第三十九条 【住宅权】**中华人民共和国公民的住宅不受侵犯。禁止非法搜查或者非法侵入公民的住宅。

**注 解**

为保证公民的住宅不受侵犯,我国宪法禁止非法搜查或者非法侵入公民的住宅。这包括以下含义:第一,对公民住宅的搜查必须依据法律规定的条件和程序,任何行政法规或者地方性法规都不得对搜查公民住宅的条件和程序作出规定。第二,禁止非法搜查公民的住宅,主要是对公权力而言的。对公民的住宅进行搜查是一项重要的刑事侦查方法和监察调查方法。《刑事诉讼法》规定了对公民的住宅进行搜查的条件,即"为了收集犯罪证据、查获犯罪人,侦查人员可以对犯罪嫌疑人以及可能隐藏罪犯或者犯罪证据的人的身体、物品、住处和其他有关的地方进行搜查"。《刑事诉讼法》还规定了对公民的住宅进行搜查的程序,即进行搜查,必须向被搜查人出示搜查证;在搜查的时候,应当有被搜查人或者他的家属、邻居或者其他见证人在场;搜查的情况应当写成笔录,由侦查人员和被搜查人或者他的家属,邻居或者其他见证人签名或者盖章。不符合《刑事诉讼法》规定的上述条件和程序,任何人、任何机关和组织都不得对公民的住宅进行搜查。《监察法》规定,监察机关可以对涉嫌职务犯罪的被调查人以及可能隐藏被调查人或者犯罪证据的人的住处或其他有关地方进行搜查。在搜查时,应当出示搜查证,并有被搜查人或其家属等见证人在场。第三,禁止非法侵入他人住宅。所谓非法侵入他人住宅,是指非司法机关工作人员未依据法律规定擅自进入他人住宅,或者未经主人同意而侵入他人住宅的行为。我国刑法将非法侵入他人住宅的行为作为犯罪予以规定,并规定了相应的刑事处罚。

**应 用**

21. 非法搜查或非法侵入公民住宅的法律责任

非法侵入他人住宅,尚未构成犯罪的,由公安机关处10日以上15日以

下拘留，并处500元以上1000元以下罚款；情节较轻的，处5日以上10日以下拘留，并处200元以上500元以下罚款。非法搜查他人住宅或者非法侵入他人住宅，构成犯罪的，处3年以下有期徒刑或者拘役；司法工作人员滥用职权，犯前述罪的，从重处罚。

**配套**

《治安管理处罚法》第40、87条；《刑法》第245条；《刑事诉讼法》第136~140条

**第四十条 【通信自由和秘密权】**中华人民共和国公民的通信自由和通信秘密受法律的保护。除因国家安全或者追查刑事犯罪的需要，由公安机关或者检察机关依照法律规定的程序对通信进行检查外，任何组织或者个人不得以任何理由侵犯公民的通信自由和通信秘密。

**注解**

通信自由是指公民通过书信、电话、电报、传真、电子邮件、网络即时通讯工具等方式，自主地与他人进行交往的自由。通信秘密是指公民与他人进行交往的信件、电话、电报、电子邮件等所涉及的内容，任何个人、任何组织或者单位都无权非法干预，无权偷看、隐匿、涂改、弃毁、扣押、没收、泄露或者窃听。通信自由和通信秘密相互联系，不可分割。只有通信自由权，而通信秘密得不到保护，则通信自由权也不能实现。如果只有通信秘密权，而通信自由得不到保护，则通信秘密权也没有意义。

**应用**

22.可以依法检查公民通信的主体

根据我国宪法的规定，公民的通信自由和通信秘密只在两种情况下受到限制：一是出于国家安全的需要；二是出于追查刑事犯罪的需要。除这两个理由之外，对于违反行政纪律或者党内纪律的行为以及其他的违法行为，一律不得通过窃听电话、开拆信件等限制通信自由和通信秘密的方式来获取证据。关于限制通信自由和通信秘密的主体，根据本条规定，公安机关和检察机关有权依照法律规定的程序对"通信"进行检查。1983年全国人大常委

会决定将国家安全机关从公安机关中分离出来,并授权国家安全机关行使部分侦查职权,因此,国家安全机关也有权限制公民的通信自由和通信秘密。《反间谍法》第37条规定:"国家安全机关因反间谍工作需要,根据国家有关规定,经过严格的批准手续,可以采取技术侦察措施和身份保护措施。"对这三类主体的权力,《邮政法》第3条第1款规定:"公民的通信自由和通信秘密受法律保护。除因国家安全或者追查刑事犯罪的需要,由公安机关、国家安全机关或者检察机关依照法律规定的程序对通信进行检查外,任何组织或者个人不得以任何理由侵犯公民的通信自由和通信秘密。"对这三个特定机关限制公民通信自由和通信秘密的职权,《刑事诉讼法》等法律也都作出了规定。但除了这三个机关外,我国的监狱机关依照法律规定也有权限制公民的通信自由和通信秘密。《监狱法》第47条规定:"罪犯在服刑期间可以与他人通信,但是来往信件应当经过监狱检查。监狱发现有碍罪犯改造内容的信件,可以扣留。罪犯写给监狱的上级机关和司法机关的信件,不受检查。"

23. 侵犯公民通信自由和通信秘密的法律责任

冒领、隐匿、毁弃、私自开拆或者非法检查他人邮件的,由公安机关处5日以下拘留或者500元以下罚款。隐匿、毁弃或者非法开拆他人信件,侵犯公民通信自由权利,情节严重的,处1年以下有期徒刑或者拘役。邮政工作人员私自开拆或者隐匿、毁弃邮件、电报的,处2年以下有期徒刑或者拘役(犯该罪而窃取财物的,依照盗窃罪的规定定罪从重处罚)。

## 配套

《刑法》第252、253条;《治安管理处罚法》第48条;《邮政法》第3条;《国家安全法》;《反间谍法》第37条;《监狱法》第47条

**第四十一条** 【公民的监督权和取得赔偿权】中华人民共和国公民对于任何国家机关和国家工作人员,有提出批评和建议的权利;对于任何国家机关和国家工作人员的违法失职行为,有向有关国家机关提出申诉、控告或者检举的权利,但是不得捏造或者歪曲事实进行诬告陷害。

对于公民的申诉、控告或者检举,有关国家机关必须查清事

实，负责处理。任何人不得压制和打击报复。

由于国家机关和国家工作人员侵犯公民权利而受到损失的人，有依照法律规定取得赔偿的权利。

**注解**

在我国，国家的一切权力属于人民。人民可以用直接民主的方式，自己直接行使当家作主的权力，但主要还是通过间接民主的方式，选举自己的代表组成各级国家政权机关，代替自己行使当家作主的权力。在国家机关及其工作人员代替人民行使权力的过程中，人民必须通过各种途径和形式对他们实行监督，以保证各级国家机关及其工作人员不折不扣地代替人民行使权力，全心全意为人民服务。宪法规定的公民有提出批评和建议，提出申诉、控告或者检举的权利，就是对国家机关及其工作人员的重要的监督权利。

公民行使这项权利的对象是国家机关和国家工作人员。国家机关是指国家的各级权力机关、行政机关、监察机关、审判机关、检察机关及其所属部门；国家工作人员，是指上述国家机关的领导人员和普通工作人员。批评权是指公民对国家机关及其工作人员在工作中的缺点和错误，提出批评意见的权利。建议权是指公民为帮助国家机关及其工作人员改进工作，对国家机关及其工作人员的各项工作，提出意见和建议的权利。申诉权是指公民对本人及其亲属所受到的有关处罚或者处分不服，或者受到不公正的待遇，向有关国家机关陈述理由、提出要求的权利。控告权是指公民向有关国家机关指控或者告发某些国家机关及其工作人员各种违法失职行为的权利，包括到司法机关就有关的刑事诉讼、民事诉讼和行政诉讼的案件进行告发，到党的纪律检查机关、国家监察机关告发，到行政机关告发等。检举权是指公民对国家机关及其工作人员的违法失职行为向有关国家机关予以揭发的权利。

取得赔偿权是指由于国家机关和国家工作人员侵犯公民权利而受到损失的人，有依照法律规定取得赔偿的权利。《行政诉讼法》规定，公民、法人或者其他组织的合法权益受到行政机关或者行政机关工作人员作出的行政行为侵犯造成损害的，有权请求赔偿。《国家赔偿法》是我国保护公民合法权益的一部重要法律，规定了国家机关和国家工作人员行使职权，侵犯公民合法权益的国家赔偿责任，明确了赔偿范围、赔偿标准，完善了赔偿程序，并对"精神损害抚慰金"作了明确规定。

**应用**

**24. 公民有权依法取得国家赔偿的情形**

（1）行政赔偿。行政机关及其工作人员在行使行政职权时有下列侵犯人身权情形之一的，受害人有取得赔偿的权利：①违法拘留或者违法采取限制公民人身自由的行政强制措施的；②非法拘禁或者以其他方法非法剥夺公民人身自由的；③以殴打、虐待等行为或者唆使、放纵他人以殴打、虐待等行为造成公民身体伤害或者死亡的；④违法使用武器、警械造成公民身体伤害或者死亡的；⑤造成公民身体伤害或者死亡的其他违法行为。行政机关及其工作人员在行使行政职权时有下列侵犯财产权情形之一的，受害人有取得赔偿的权利：①违法实施罚款、吊销许可证和执照、责令停产停业、没收财物等行政处罚的；②违法对财产采取查封、扣押、冻结等行政强制措施的；③违法征收、征用财产的；④造成财产损害的其他违法行为。属于下列情形之一的，国家不承担赔偿责任：①行政机关工作人员与行使职权无关的个人行为；②因公民、法人和其他组织自己的行为致使损害发生的；③法律规定的其他情形。

（2）刑事赔偿。行使侦查、检察、审判职权的机关以及看守所、监狱管理机关及其工作人员在行使职权时有下列侵犯人身权情形之一的，受害人有取得赔偿的权利：①违反刑事诉讼法的规定对公民采取拘留措施的，或者依照刑事诉讼法规定的条件和程序对公民采取拘留措施，但是拘留时间超过刑事诉讼法规定的时限，其后决定撤销案件、不起诉或者判决宣告无罪终止追究刑事责任的；②对公民采取逮捕措施后，决定撤销案件、不起诉或者判决宣告无罪终止追究刑事责任的；③依照审判监督程序再审改判无罪，原判刑罚已经执行的；④刑讯逼供或者以殴打、虐待等行为或者唆使、放纵他人以殴打、虐待等行为造成公民身体伤害或者死亡的；⑤违法使用武器、警械造成公民身体伤害或者死亡的。行使侦查、检察、审判职权的机关以及看守所、监狱管理机关及其工作人员在行使职权时有下列侵犯财产权情形之一的，受害人有取得赔偿的权利：①违法对财产采取查封、扣押、冻结、追缴等措施的；②依照审判监督程序再审改判无罪，原判罚金、没收财产已经执行的。

（3）人民法院在民事诉讼、行政诉讼过程中，违法采取对妨害诉讼的强制措施、保全措施或者对判决、裁定及其他生效法律文书执行错误，造成损害的，赔偿请求人可以依法获得赔偿。

25. **提出国家赔偿的程序**

刑事赔偿以及人民法院在民事、行政诉讼过程中的国家赔偿，赔偿请求人应当先向赔偿义务机关提出。赔偿义务机关逾期不予赔偿或者赔偿请求人对赔偿数额有异议的，赔偿请求人可以在法定期限内向其上一级机关申请复议。其中，赔偿义务机关是人民法院的，赔偿请求人可以依照规定向其上一级人民法院赔偿委员会申请作出赔偿决定。

行政赔偿请求人要求赔偿应当先向赔偿义务机关提出，也可以在申请行政复议或提起行政诉讼时一并提出。但是，单独就损害赔偿提出请求的，应当先由行政机关解决；对行政机关的处理不服，可以向人民法院提起诉讼，赔偿诉讼可以适用调解。

**配套**

《行政复议法》；《行政复议法实施条例》；《行政诉讼法》；《国家赔偿法》；《刑法》第 254、255 条

**第四十二条** 【劳动权利和义务】中华人民共和国公民有劳动的权利和义务。

国家通过各种途径，创造劳动就业条件，加强劳动保护，改善劳动条件，并在发展生产的基础上，提高劳动报酬和福利待遇。

劳动是一切有劳动能力的公民的光荣职责。国有企业和城乡集体经济组织的劳动者都应当以国家主人翁的态度对待自己的劳动。国家提倡社会主义劳动竞赛，奖励劳动模范和先进工作者。国家提倡公民从事义务劳动。

国家对就业前的公民进行必要的劳动就业训练。

> 注解

劳动者享有平等就业和选择职业的权利、取得劳动报酬的权利、休息休假的权利、获得劳动安全卫生保护的权利、接受职业技能培训的权利、享受社会保险和福利的权利、提请劳动争议处理的权利以及法律规定的其他劳动权利。劳动者应当完成劳动任务，提高职业技能，执行劳动安全卫生规程，遵守劳动纪律和职业道德。(参见《劳动法》第3条)

劳动者就业，不因民族、种族、性别、宗教信仰等不同而受歧视。(参见《劳动法》第12条)

国家通过各种途径，采取各种措施，发展职业训练事业，开发劳动者的职业技能，提高劳动者素质，增强劳动者的就业能力和工作能力。各级人民政府应当把发展职业培训纳入社会经济发展的规划，鼓励和支持有条件的企业、事业组织、社会团体和个人进行各种形式的职业培训。用人单位应当建立职业培训制度，按照国家规定提取和使用职业培训经费，根据本单位实际，有计划地对劳动者进行职业培训。从事技术工种的劳动者，上岗前必须经过培训。(参见《劳动法》第66~68条)

> 配套

《劳动法》；《就业促进法》；《劳动合同法》；《职业病防治法》；《安全生产法》；《刑法》第244条；《残疾人就业条例》；《女职工劳动保护特别规定》；《未成年工特殊保护规定》；《禁止使用童工规定》；《最低工资规定》

**第四十三条　【劳动者的休息权】中华人民共和国劳动者有休息的权利。**

**国家发展劳动者休息和休养的设施，规定职工的工作时间和休假制度。**

> 注解

国家发展社会福利事业，兴建公共福利设施，为劳动者休息、休养和疗养提供条件。用人单位应当创造条件，改善集体福利，提高劳动者的福利待遇。(参见《劳动法》第76条)

职工每日工作8小时、每周工作40小时。在特殊条件下从事劳动和有特殊情况，需要适当缩短工作时间的，按照国家有关规定执行。因工作性质或者生产特点的限制，不能实行每日工作8小时、每周工作40小时标准工时制度的，按照国家有关规定，可以实行其他工作和休息办法。任何单位和个人不得擅自延长职工工作时间。因特殊情况和紧急任务确需延长工作时间的，按照国家有关规定执行。国家机关、事业单位实行统一的工作时间，星期六和星期日为周休息日。企业和不能实行上述规定的统一工作时间的事业单位，可以根据实际情况灵活安排周休息日。（参见《国务院关于职工工作时间的规定》第3~7条）

**配套**

《劳动法》第四章；《国务院关于职工工作时间的规定》；《全国年节及纪念日放假办法》；《职工带薪年休假条例》

**第四十四条** 【退休制度】国家依照法律规定实行企业事业组织的职工和国家机关工作人员的退休制度。退休人员的生活受到国家和社会的保障。

**配套**

《国务院关于工人退休、退职的暂行办法》

**第四十五条** 【获得救济的权利】中华人民共和国公民在年老、疾病或者丧失劳动能力的情况下，有从国家和社会获得物质帮助的权利。国家发展为公民享受这些权利所需要的社会保险、社会救济和医疗卫生事业。

国家和社会保障残废军人的生活，抚恤烈士家属，优待军人家属。

国家和社会帮助安排盲、聋、哑和其他有残疾的公民的劳动、生活和教育。

**注解**

根据宪法的规定，公民获得物质帮助的情况包括年老、疾病或者丧失劳动能力。"年老"是指公民在国家规定的职工退休年龄以上，已没有劳动能力或者不适于继续参加劳动。"疾病"是指公民因患有某种疾病无能力或者不适于继续参加劳动。"丧失劳动能力"是指因年老、疾病或者其他原因而失去劳动能力。具备上述三个条件之一，公民即有权从国家和社会获得物质帮助。国家的物质帮助是指政府有关部门如民政、人力资源和社会保障等部门向上述公民提供基本生活条件方面的物质帮助。社会的物质帮助是指集体经济组织、人民团体、群众自治组织以及社会其他方面提供的各类物质帮助。公民在年老、疾病、失能时享受物质帮助的权利，是不需要履行具体的义务的，即使有违法犯罪行为，国家也不能以此为由剥夺其获得物质帮助的权利。因为公民的生命健康具有更高的价值，保障公民的生命和健康是国家更高的义务。

根据宪法的规定，国家努力发展社会保障事业。国家社会保障事业发展的状况，直接关系到人民群众物质文化生活水平的整体发展，关系到社会稳定，关系到社会主义优越性的发挥。年老、疾病或者丧失劳动能力的公民，有权从国家和社会两个方面获得物质帮助，但国家在提供物质帮助方面应当起主要作用。为使公民更好地享受到各类物质帮助，国家需要大力发展社会保障事业。具体说来，要在以下三个方面大力发展社会保障事业：（1）发展社会保险事业。社会保险是通过保险方式为公民在年老、患病、丧失劳动能力等情况下提供各种帮助。（2）发展社会救济事业。社会救济包括对既无人供养又丧失劳动能力的人的救济，也包括对因自然灾害或者其他不幸事故而受到灾难者的救济。（3）发展医疗卫生事业。

**配套**

《残疾人保障法》；《老年人权益保障法》；《社会保险法》；《退役军人保障法》；《社会保险费征缴暂行条例》；《城市居民最低生活保障条例》；《失业保险条例》；《工伤保险条例》；《廉租住房保障办法》；《伤残抚恤管理办法》；《军人抚恤优待条例》；《农村五保供养工作条例》

**第四十六条　【受教育的权利和义务】**中华人民共和国公民有受教育的权利和义务。

国家培养青年、少年、儿童在品德、智力、体质等方面全面发展。

> 注解

国家实行九年义务教育制度。义务教育是国家统一实施的所有适龄儿童、少年必须接受的教育,是国家必须予以保障的公益性事业。实施义务教育,不收学费、杂费。国家建立义务教育经费保障机制,保证义务教育制度实施。(参见《义务教育法》第2条)

凡年满6周岁的儿童,其父母或者其他法定监护人应当送其入学接受并完成义务教育;条件不具备的地区的儿童,可以推迟到7周岁。适龄儿童、少年因身体状况需要延缓入学或者休学的,其父母或者其他法定监护人应当提出申请,由当地乡镇人民政府或者县级人民政府教育行政部门批准。(参见《义务教育法》第11条)

> 应用

26. 如何理解受教育既是公民的一项权利,又是公民的一项义务

受教育的权利,是指公民有从国家获得接受教育的机会以及接受教育的物质帮助的权利。受教育权是人与生俱来的权利,也是实现其他人权的基础。涉及教育的问题不仅有专门的法律法规予以规定,同时也散见于各种非专门的法律法规之中。所以,我们虽然可以将教育以及受教育权的问题主要界定于义务教育、高等教育、科普教育、职业教育乃至国防教育、民办教育等已有法律规定的领域内,但必须承认,受教育权是个包容性的概念,其范围可以不断拓展和延伸。

受教育既是公民的一项权利,又是公民的一项义务,是权利和义务的结合。受教育为什么是公民的一项义务呢?一方面,从公民的角度来说,人是社会的人,必须谋求个人和社会的发展。而要谋求个人和社会的发展,受教育是一条基础性的不可缺少的途径。另一方面,对于国家来说,公民是组成国家的具体要素,国家的最重要职能就是谋求个人的幸福和发展,提高民族精神,增进社会道德,推动科技发展,实现国家的繁荣富强。要达到这些目标,就必须不断提高作为国家组成要素的公民的素质;而要提高公民的素质,使其接受教育又是必由之路。因此,国家自然会将接受教育作为公民的一项义务予以要求。

> 配套

《教育法》;《义务教育法》;《高等教育法》;《职业教育法》;《未成年人保护法》;《预防未成年人犯罪法》;《老年人权益保障法》

**第四十七条 【文化活动自由】**中华人民共和国公民有进行科学研究、文学艺术创作和其他文化活动的自由。国家对于从事教育、科学、技术、文学、艺术和其他文化事业的公民的有益于人民的创造性工作,给以鼓励和帮助。

> 配套

《著作权法》;《专利法》;《科学技术进步法》;《科学技术普及法》;《非物质文化遗产法》;《国家科学技术奖励条例》

**第四十八条 【男女平等】**中华人民共和国妇女在政治的、经济的、文化的、社会的和家庭的生活等各方面享有同男子平等的权利。

国家保护妇女的权利和利益,实行男女同工同酬,培养和选拔妇女干部。

> 注解

国家对妇女权益的保护方针有三个方面:第一,国家保护妇女的权利和利益,即妇女依法享有的各项权利和利益,都受到宪法和法律的保护,任何组织和个人都不得侵犯。目前,我国的《民法典》《刑法》《全国人民代表大会和地方各级人民代表大会选举法》等法律对妇女的权利和利益都有专门的保护规定,国家还制定了《妇女权益保障法》《母婴保健法》等专门保护妇女权利和利益的法律。第二,国家实行男女同工同酬,即如果妇女与男子从事同一种工作,技术水平、熟练程度与男子相同,就应当获得与男子相同的报酬。第三,国家培养和选拔妇女干部,即国家在挑选干部人选时要注意妇女干部的配备,大胆使用和提拔经过实践证明有能力的、群众信得过的、德才兼备的妇女干部,提高妇女在国家和社会生活中的地位。对于国家培养和选拔妇女干部,《妇女权益保障法》第15条规定:"国家积极培养和选拔女干部，重视培养和选拔少数民族女干部。国家机关、群团组织、企业事业单位培养、选拔和任用干部，应当坚持男女平等的原则，并有适当数量的妇女担任领导成员。妇女联合会及其团体会员，可以向国家机关、群团组织、企业事业单位推荐女干部。国家采取措施支持女性人才成长。"

**配套**

《妇女权益保障法》

**第四十九条　【婚姻家庭制度】**婚姻、家庭、母亲和儿童受国家的保护。

夫妻双方有实行计划生育的义务。

父母有抚养教育未成年子女的义务，成年子女有赡养扶助父母的义务。

禁止破坏婚姻自由，禁止虐待老人、妇女和儿童。

**注解**

夫妻在婚姻家庭中地位平等。夫妻有相互扶养的义务。需要扶养的一方，在另一方不履行扶养义务时，有要求其给付扶养费的权利。夫妻双方平等享有对未成年子女抚养、教育和保护的权利，共同承担对未成年子女抚养、教育和保护的义务。父母不履行抚养义务的，未成年子女或者不能独立生活的成年子女，有要求父母给付抚养费的权利。成年子女不履行赡养义务的，缺乏劳动能力或者生活困难的父母，有要求成年子女给付赡养费的权利。(参见《民法典》第1055、1058、1059、1067条)

家庭暴力，是指家庭成员之间以殴打、捆绑、残害、限制人身自由以及经常性谩骂、恐吓等方式实施的身体、精神等侵害行为。(参见《反家庭暴力法》第2条)

持续性、经常性的家庭暴力，可以认定为《民法典》第1042条、第1079条、第1091条所称的"虐待"。(参见《最高人民法院关于适用〈中华人民共和国民法典〉婚姻家庭编的解释(一)》第1条)

根据我国刑法规定：(1) 以暴力干涉他人婚姻自由的，处2年以下有期徒刑或者拘役；致使被害人死亡的，处2年以上7年以下有期徒刑。(2) 虐待家庭成员,情节恶劣的,处2年以下有期徒刑、拘役或者管制;致使被害人重伤、死亡的,处2年以上7年以下有期徒刑。(3)拐骗不满14周岁的未成年人,脱离家庭或者监护人的,处5年以下有期徒刑或者拘役。(参见《刑法》第257、260、262条)

> 配套

本法第25条;《民法典》第五编;《人口与计划生育法》;《治安管理处罚法》第45条;《刑法》第240~242、257、260~262条;《反家庭暴力法》

**第五十条　【华侨、归侨的权益保障】**中华人民共和国保护华侨的正当的权利和利益,保护归侨和侨眷的合法的权利和利益。

> 配套

《归侨侨眷权益保护法》;《归侨侨眷权益保护法实施办法》

**第五十一条　【公民自由和权利的限度】**中华人民共和国公民在行使自由和权利的时候,不得损害国家的、社会的、集体的利益和其他公民的合法的自由和权利。

> 注解

权利必须依据法律的规定才能实现,同样,权利也只有依据法律行使,才受到国家的保护。超越法律的规定行使权利和自由,就必然破坏法律秩序,损害国家的、社会的、集体的和其他公民的合法权利和利益。公民在行使宪法和法律规定的权利和自由时,不得损害国家的利益、社会的利益和集体的利益,也不得损害其他公民的合法的自由和权利。任何损害国家的、社会的、集体的利益以及其他公民的合法权利和自由的行为,造成一定的危害后果,就要承担相应的法律责任。

**第五十二条　【维护国家统一和民族团结的义务】**中华人民共和国公民有维护国家统一和全国各民族团结的义务。

> 注解

维护国家统一是公民的一项基本义务。国家的统一包括以下几个方面的内容：（1）国家领土的统一。即国家的领陆、领水、领空是完整的统一体，属于中华人民共和国所有，中华人民共和国享有完整的所有权和管辖权，任何人不得破坏和分裂。（2）国家政权的统一。即中华人民共和国中央人民政府是中国唯一合法的统辖全国的政府，任何人不得分裂国家政权，破坏国家政权的统一。（3）国家主权的统一。即中华人民共和国享有独立自主地处理本国对内对外事务，不受外国或者其他势力干预的权力。任何人不得以任何方式破坏国家主权的统一，使国家主权从属于外国支配。

各民族团结互助，是各民族共同发展和繁荣的基本条件。各民族之间应当提倡互爱、互谅、互助。维护民族团结是指公民有责任维护民族之间的平等、团结、互助、和谐的关系，共同铸牢中华民族共同体意识。任何人不得以任何形式制造民族纠纷，破坏民族团结。

**配 套**

《反分裂国家法》

**第五十三条 【遵纪守法的义务】**中华人民共和国公民必须遵守宪法和法律，保守国家秘密，爱护公共财产，遵守劳动纪律，遵守公共秩序，尊重社会公德。

**注 解**

宪法是保持国家统一、民族团结、经济发展、社会进步和长治久安的法治基础，是国家的根本法，具有最高的法律效力。全国各族人民、一切国家机关和武装力量、各政党和各社会团体、各企业事业组织，都必须以宪法为根本的活动准则，并且负有维护宪法尊严、保证宪法实施的职责。

我国是人民当家作主的社会主义国家，国家法律是人民意志的体现，人民本身就是国家的主人、立法的主体，既可以通过选出的代表制定法律，也可以通过立法机关的听证会、论证会、座谈会、基层立法联系点等各种途径积极参与立法。法律制定出来以后，公民有义务遵守法律。在中国特色社会主义法律体系中，法律是主干，行政法规和地方性法规是重要组成部分。因此，对公民必须遵守的"法律"应当作广义的解释，不仅包括全国人大及其常委会制定的法律，还应包括国务院制定的行政法规、国家监察委员会制定的监察法规和地方人大及其常委会制定的地方性法规。当然，法律和行政法规的适用范围是全国，所有公民都应当遵守；地方性法规的适用范围是本地方，该地方的公民应当遵守。公民违反法律、行政法规和地方性法规，要根据具体情形追究其民事、刑事、行政等法律责任。

**第五十四条 【维护祖国的安全、荣誉和利益的义务】**中华人民共和国公民有维护祖国的安全、荣誉和利益的义务，不得有危害祖国的安全、荣誉和利益的行为。

### 注解

"祖国的安全"是指中华人民共和国的国家安全。它主要包括：（1）国家的领土、主权不受侵犯；（2）国家的政权不受威胁；（3）国家的社会秩序不被破坏；（4）国家的秘密不被泄露。"祖国的荣誉"是指中华人民共和国的国家荣誉和尊严。它主要包括：（1）国家的尊严不受侵犯；（2）国家的信誉不受破坏；（3）国家的荣誉不受玷污；（4）国家的名誉不受侮辱。"祖国的利益"是指中华人民共和国的国家利益。国家利益的范围十分广泛，对外主要是指国家政治、经济、文化、荣誉等方面的权利和利益；对内主要是指相对于集体利益和个人利益的国家利益。对于危害国家安全、荣誉和利益的行为及其法律责任，《国家安全法》《刑法》《反间谍法》等法律都已经作出了规定。

### 应用

**27. 公民和组织应当履行哪些维护国家安全的义务**

公民和组织应当履行下列维护国家安全的义务：（1）遵守宪法、法律法规关于国家安全的有关规定；（2）及时报告危害国家安全活动的线索；（3）如实提供所知悉的涉及危害国家安全活动的证据；（4）为国家安全工作提供便利条件或者其他协助；（5）向国家安全机关、公安机关和有关军事机关提供必要的支持和协助；（6）保守所知悉的国家秘密；（7）法律、行政法规规定的其他义务。任何个人和组织不得有危害国家安全的行为，不得向危害国家安全的个人或者组织提供任何资助或者协助。

### 配套

《国家安全法》；《反间谍法》

**第五十五条 【保卫国家和服兵役的义务】**保卫祖国、抵抗侵略是中华人民共和国每一个公民的神圣职责。

依照法律服兵役和参加民兵组织是中华人民共和国公民的光荣义务。

### 注解

"保卫祖国"是指保卫国家领土完整、主权独立、政权统一以及捍卫国家的尊严。"抵抗侵略"是指抵御抗拒外国及其他外来势力对我国领土的非法入侵。公民保卫祖国、抵抗侵略的直接方式就是服兵役和参加民兵组织。"服兵役"包括参加中国人民解放军和中国人民武装警察部队。"民兵组织"是指不脱离生产的群众武装组织,是中国人民解放军的助手和后备力量。服兵役、参加民兵组织是公民的一项光荣义务和神圣职责。

### 应用

28. 免服兵役的情形

有严重生理缺陷或者严重残疾不适合服兵役的公民,免服兵役。

29. 不得服兵役的情形

依照法律被剥夺政治权利的公民,不得服兵役。

30. 兵役的征集

全国每年征集服现役的士兵的人数、次数、时间和要求,由国务院和中央军事委员会的命令规定。年满18周岁的男性公民,应当被征集服现役;当年未被征集的,在22周岁以前仍可以被征集服现役。普通高等学校毕业生的征集年龄可以放宽至24周岁,研究生的征集年龄可以放宽至26周岁。根据军队需要,可以按照前述规定征集女性公民服现役。根据军队需要和本人自愿,可以征集年满17周岁未满18周岁的公民服现役。经初次兵役登记并初步审查符合征集条件的公民,称应征公民。在征集期间,应征公民应当按照县、自治县、不设区的市、市辖区征集工作机构的通知,按时参加体格检查等征集活动。应征公民符合服现役条件,并经县、自治县、不设区的市、市辖区征集工作机构批准的,被征集服现役。在征集期间,应征公民被征集服现役,同时被机关、团体、企业事业组织招录或者聘用的,优先履行服兵役义务;有关机关、团体、企业事业组织应当服从国防和军队建设的需要,支持兵员征集工作。

31. 兵役的缓征、不征集

应征公民是维持家庭生活唯一劳动力的,可以缓征。应征公民因涉嫌犯罪正在被依法监察调查、侦查、起诉、审判或者被判处徒刑、拘役、管制正在服刑的,不征集。

**配套**

《兵役法》;《征兵工作条例》

**第五十六条 【纳税的义务】中华人民共和国公民有依照法律纳税的义务。**

**应用**

32. 为什么公民纳税的事项必须由法律作出规定

税收是一项严肃和稳定的国家活动,具有强制性、无偿性和权威性,因此,必须由具有很高位阶的法律予以规定。在我国,决定税收的机关是全国人民代表大会及其常务委员会。根据宪法规定,只有法律才能规定公民的纳税义务。《立法法》第 11 条规定,税种的设立、税率的确定和税收征收管理等税收基本制度的事项,属于全国人大及其常委会的专属立法权限,即只能制定法律予以规定。目前,我国已制定或者修改了《税收征收管理法》《个人所得税法》等法律,对我国公民的纳税义务作出规定。1984 年全国人大常委会决定,授权国务院在经济体制改革期间,就改革工商税制发布有关条例草案试行。因此,国务院根据授权制定了一些确定公民纳税义务的行政法规。《立法法》明确规定,应当由全国人民代表大会及其常务委员会制定法律的事项,国务院根据全国人民代表大会及其常务委员会的授权决定先制定的行政法规,经过实践检验,制定法律的条件成熟时,国务院应及时提请全国人民代表大会及其常务委员会制定法律。

**配套**

《个人所得税法》;《税收征收管理法》

# 第三章 国家机构

## 第一节 全国人民代表大会

**第五十七条** 【全国人大的性质及常设机关】中华人民共和国全国人民代表大会是最高国家权力机关。它的常设机关是全国人民代表大会常务委员会。

> 注解

全国人民代表大会会议由全国人民代表大会常务委员会召集。每届全国人民代表大会第一次会议，在本届全国人民代表大会代表选举完成后的两个月内，由上届全国人民代表大会常务委员会召集。(参见《全国人民代表大会议事规则》第3条)

> 应用

33. 全国人大是国家最高权力机关，体现在哪些方面

全国人大是国家最高权力机关，体现在以下几个方面：一是在我国各个级别的人民代表大会中，全国人大处于最高地位，有权撤销省、自治区、直辖市的国家权力机关制定的同宪法、法律和行政法规相抵触的地方性法规和决议；二是在中央国家机关中，全国人大处于核心地位，国家的最高行政机关、监察机关、审判机关和检察机关由它产生、向它负责、受它监督；三是国家政治、经济和社会生活中的重大问题也都由全国人大决定。

**第五十八条** 【国家立法权的行使主体】全国人民代表大会和全国人民代表大会常务委员会行使国家立法权。

> 注解

根据《宪法》和《立法法》的规定，全国人民代表大会和全国人民代表大会常务委员会行使国家立法权。全国人民代表大会制定和修改刑事、民事、国家机构的和其他的基本法律；全国人民代表大会常务委员会制定和修

改除应当由全国人民代表大会制定的法律以外的其他法律，在全国人民代表大会闭会期间，对全国人民代表大会制定的法律进行部分补充和修改，但是不得同该法律的基本原则相抵触。

**应用**

34. 全国人大及其常委会的专属立法权范围

《立法法》对全国人大及其常委会的专属立法权范围作了明确规定，包括：（1）国家主权事项；（2）各级人民代表大会、人民政府、监察委员会、人民法院和人民检察院的产生、组织和职权；（3）民族区域自治制度、特别行政区制度、基层群众自治制度；（4）犯罪和刑罚；（5）对公民政治权利的剥夺、限制人身自由的强制措施和处罚；（6）税种的设立、税率的确定和税收征收管理等税收基本制度；（7）对非国有财产的征收、征用；（8）民事基本制度；（9）基本经济制度以及财政、海关、金融和外贸的基本制度；（10）诉讼制度和仲裁基本制度；（11）必须由全国人大及其常委会制定法律的其他事项。以上范围可以说是国家立法权的最低标准范围，但是全国人大及其常委会的立法权不仅仅局限于此，对于上述列举之外的事项，同样可以行使立法权，并且享有优先权。

**配套**

《立法法》第10、11条

**第五十九条　【全国人大的组成及选举】**全国人民代表大会由省、自治区、直辖市、特别行政区和军队选出的代表组成。各少数民族都应当有适当名额的代表。

全国人民代表大会代表的选举由全国人民代表大会常务委员会主持。

全国人民代表大会代表名额和代表产生办法由法律规定。

**注解**

全国人民代表大会的代表，由省、自治区、直辖市的人民代表大会和人民解放军选举产生。全国人民代表大会代表的名额不超过3000人。香港特别行政区、澳门特别行政区应选全国人民代表大会代表的名额和代表产生办

法,由全国人民代表大会另行规定。(参见《全国人民代表大会和地方各级人民代表大会选举法》第16条)

全国人民代表大会代表名额,由全国人民代表大会常务委员会根据各省、自治区、直辖市的人口数,按照每一代表所代表的城乡人口数相同的原则,以及保证各地区、各民族、各方面都有适当数量代表的要求进行分配。省、自治区、直辖市应选全国人民代表大会代表名额,由根据人口数计算确定的名额数、相同的地区基本名额数和其他应选名额数构成。全国人民代表大会代表名额的具体分配,由全国人民代表大会常务委员会决定。(参见《全国人民代表大会和地方各级人民代表大会选举法》第17条)

全国少数民族应选全国人民代表大会代表,由全国人民代表大会常务委员会参照各少数民族的人口数和分布等情况,分配给各省、自治区、直辖市的人民代表大会选出。人口特少的民族,至少应有代表1人。(参见《全国人民代表大会和地方各级人民代表大会选举法》第18条)

### 配套

《全国人民代表大会和地方各级人民代表大会选举法》

**第六十条 【全国人大的任期】** 全国人民代表大会每届任期五年。

全国人民代表大会任期届满的两个月以前,全国人民代表大会常务委员会必须完成下届全国人民代表大会代表的选举。如果遇到不能进行选举的非常情况,由全国人民代表大会常务委员会以全体组成人员的三分之二以上的多数通过,可以推迟选举,延长本届全国人民代表大会的任期。在非常情况结束后一年内,必须完成下届全国人民代表大会代表的选举。

### 应用

35. 全国人大代表任期起讫时间的计算

全国人民代表大会代表每届任期5年,从每届全国人民代表大会举行第一次会议开始,到下届全国人民代表大会举行第一次会议为止。

**配套**

《全国人民代表大会组织法》第42条

**第六十一条　【全国人大的会议制度】**全国人民代表大会会议每年举行一次，由全国人民代表大会常务委员会召集。如果全国人民代表大会常务委员会认为必要，或者有五分之一以上的全国人民代表大会代表提议，可以临时召集全国人民代表大会会议。

全国人民代表大会举行会议的时候，选举主席团主持会议。

**注解**

我国的全国人大代表人数将近3000人，召集、举行会议比较不便。但是为了保证全国人大能够正常行使职权，决定国家重大事项，宪法规定全国人大应当每年举行一次会议。全国人民代表大会会议于每年第一季度举行，会议召开的日期由全国人民代表大会常务委员会决定并予以公布。遇有特殊情况，全国人民代表大会常务委员会可以决定适当提前或者推迟召开会议。提前或者推迟召开会议的日期未能在当次会议上决定的，全国人民代表大会常务委员会可以另行决定或者授权委员长会议决定，并予以公布。

**配套**

《全国人民代表大会组织法》第二章；《全国人民代表大会议事规则》

**第六十二条　【全国人大的职权】**全国人民代表大会行使下列职权：

（一）修改宪法；

（二）监督宪法的实施；

（三）制定和修改刑事、民事、国家机构的和其他的基本法律；

（四）选举中华人民共和国主席、副主席；

（五）根据中华人民共和国主席的提名，决定国务院总理的人选；根据国务院总理的提名，决定国务院副总理、国务委员、各部部长、各委员会主任、审计长、秘书长的人选；

（六）选举中央军事委员会主席；根据中央军事委员会主席的提名，决定中央军事委员会其他组成人员的人选；

（七）选举国家监察委员会主任；

（八）选举最高人民法院院长；

（九）选举最高人民检察院检察长；

（十）审查和批准国民经济和社会发展计划和计划执行情况的报告；

（十一）审查和批准国家的预算和预算执行情况的报告；

（十二）改变或者撤销全国人民代表大会常务委员会不适当的决定；

（十三）批准省、自治区和直辖市的建置；

（十四）决定特别行政区的设立及其制度；

（十五）决定战争和平的问题；

（十六）应当由最高国家权力机关行使的其他职权。

**注解**

全国人大及其常委会制定法律的程序包括提案、审议、表决和公布四步：一是提案，大会主席团、全国人大常委会、全国人大专门委员会、国务院、中央军事委员会、国家监察委员会、最高人民法院、最高人民检察院、1个代表团或者30名以上代表联名，有权向全国人大提出法律草案；委员长会议、国务院、中央军事委员会、国家监察委员会、最高人民法院、最高人民检察院、各专门委员会、常委会组成人员10人以上联名，有权向全国人大常委会提出法律草案。二是审议，全国人大代表、全国人大常委会组成人员在会议期间分团、分组审议草案，与专门委员会相关的法律草案送交各专门委员会审议，此外所有法律草案还必须由宪法和法律委员会统一审议，法律案最后的修改文本和建议表决稿由宪法和法律委员会向大会主席团提出。三是表决，法律案的表决以全体代表或者常委会组成人员的过半数通过。四是公布，法律案通过后，由国家主席签署公布。

**第六十三条　【全国人大的罢免权】**全国人民代表大会有权罢免下列人员：

（一）中华人民共和国主席、副主席；

（二）国务院总理、副总理、国务委员、各部部长、各委员会主任、审计长、秘书长；

（三）中央军事委员会主席和中央军事委员会其他组成人员；

（四）国家监察委员会主任；

（五）最高人民法院院长；

（六）最高人民检察院检察长。

*注解*

全国人民代表大会主席团、3个以上的代表团或者1/10以上的代表，可以提出对全国人民代表大会常务委员会的组成人员，中华人民共和国主席、副主席，国务院和中央军事委员会的组成人员，国家监察委员会主任，最高人民法院院长和最高人民检察院检察长的罢免案，由主席团提请大会审议。

*配套*

《全国人民代表大会组织法》第20条；《全国人民代表大会议事规则》第44条

**第六十四条　【宪法的修改及法律案的通过】**宪法的修改，由全国人民代表大会常务委员会或者五分之一以上的全国人民代表大会代表提议，并由全国人民代表大会以全体代表的三分之二以上的多数通过。

法律和其他议案由全国人民代表大会以全体代表的过半数通过。

*注解*

法律草案修改稿经各代表团审议，由宪法和法律委员会根据各代表团的审议意见进行修改，提出法律草案表决稿，由主席团提请大会全体会议表决，由全体代表的过半数通过。

59

> 配套

《立法法》第 27 条

**第六十五条　【全国人大常委会的组成及选举】**全国人民代表大会常务委员会由下列人员组成：

委员长，

副委员长若干人，

秘书长，

委员若干人。

全国人民代表大会常务委员会组成人员中，应当有适当名额的少数民族代表。

全国人民代表大会选举并有权罢免全国人民代表大会常务委员会的组成人员。

全国人民代表大会常务委员会的组成人员不得担任国家行政机关、监察机关、审判机关和检察机关的职务。

> 应用

36. 全国人大常委会的产生

（1）候选人的确定：常务委员会的组成人员由全国人民代表大会从代表中选出。全国人民代表大会常务委员会委员长、副委员长、秘书长、委员的人选，由主席团提名，经各代表团酝酿协商后，再由主席团根据多数代表的意见确定正式候选人名单。

（2）表决通过：全国人民代表大会会议选举或者决定任命，采用无记名投票方式。得票数超过全体代表的半数的，始当选或者通过。大会全体会议选举或者表决任命案的时候，设秘密写票处。选举或者表决结果，由会议主持人当场宣布。候选人的得票数，应当公布。全国人民代表大会会议选举和决定任命的具体办法，由大会全体会议通过。

全国人民代表大会选举或者决定任命的国家机构组成人员在依照法定程序产生后，公开进行宪法宣誓。宣誓仪式由主席团组织。

**配 套**

《全国人民代表大会组织法》第 18、23 条；《全国人民代表大会议事规则》第 38~42 条

**第六十六条 【全国人大常委会的任期】** 全国人民代表大会常务委员会每届任期同全国人民代表大会每届任期相同，它行使职权到下届全国人民代表大会选出新的常务委员会为止。

委员长、副委员长连续任职不得超过两届。

**第六十七条 【全国人大常委会的职权】** 全国人民代表大会常务委员会行使下列职权：

（一）解释宪法，监督宪法的实施；

（二）制定和修改除应当由全国人民代表大会制定的法律以外的其他法律；

（三）在全国人民代表大会闭会期间，对全国人民代表大会制定的法律进行部分补充和修改，但是不得同该法律的基本原则相抵触；

（四）解释法律；

（五）在全国人民代表大会闭会期间，审查和批准国民经济和社会发展计划、国家预算在执行过程中所必须作的部分调整方案；

（六）监督国务院、中央军事委员会、国家监察委员会、最高人民法院和最高人民检察院的工作；

（七）撤销国务院制定的同宪法、法律相抵触的行政法规、决定和命令；

（八）撤销省、自治区、直辖市国家权力机关制定的同宪法、法律和行政法规相抵触的地方性法规和决议；

（九）在全国人民代表大会闭会期间，根据国务院总理的提名，决定部长、委员会主任、审计长、秘书长的人选；

（十）在全国人民代表大会闭会期间，根据中央军事委员会

主席的提名，决定中央军事委员会其他组成人员的人选；

（十一）根据国家监察委员会主任的提请，任免国家监察委员会副主任、委员；

（十二）根据最高人民法院院长的提请，任免最高人民法院副院长、审判员、审判委员会委员和军事法院院长；

（十三）根据最高人民检察院检察长的提请，任免最高人民检察院副检察长、检察员、检察委员会委员和军事检察院检察长，并且批准省、自治区、直辖市的人民检察院检察长的任免；

（十四）决定驻外全权代表的任免；

（十五）决定同外国缔结的条约和重要协定的批准和废除；

（十六）规定军人和外交人员的衔级制度和其他专门衔级制度；

（十七）规定和决定授予国家的勋章和荣誉称号；

（十八）决定特赦；

（十九）在全国人民代表大会闭会期间，如果遇到国家遭受武装侵犯或者必须履行国际间共同防止侵略的条约的情况，决定战争状态的宣布；

（二十）决定全国总动员或者局部动员；

（二十一）决定全国或者个别省、自治区、直辖市进入紧急状态；

（二十二）全国人民代表大会授予的其他职权。

配 套

《立法法》第 10~14、16、26~64 条；《各级人民代表大会常务委员会监督法》；《全国人民代表大会常务委员会关于加强法律解释工作的决议》

第六十八条 【全国人大常委会的工作分工】全国人民代表大会常务委员会委员长主持全国人民代表大会常务委员会的工作，召集全国人民代表大会常务委员会会议。副委员长、秘书长协助委员长工作。

委员长、副委员长、秘书长组成委员长会议,处理全国人民代表大会常务委员会的重要日常工作。

**应用**

37. 委员长会议的职责

全国人大常委会委员长、副委员长、秘书长组成委员长会议,处理全国人大常委会的重要日常工作,主要是常委会运转过程中的程序性、事务性、具体性的工作,不能代行全国人大常委会的职权。它的职责包括:(1)决定常务委员会每次会议的会期,拟订会议议程草案,必要时提出调整会议议程的建议;(2)对向常务委员会提出的议案和质询案,决定交由有关的专门委员会审议或者提请常务委员会全体会议审议;(3)决定是否将议案和决定草案、决议草案提请常务委员会全体会议表决,对暂不交付表决的,提出下一步处理意见;(4)通过常务委员会年度工作要点、立法工作计划、监督工作计划、代表工作计划、专项工作规划和工作规范性文件等;(5)指导和协调各专门委员会的日常工作;(6)处理常务委员会其他重要日常工作。

**配套**

《全国人民代表大会组织法》第24、25条

**第六十九条 【全国人大与其常委会的关系】** 全国人民代表大会常务委员会对全国人民代表大会负责并报告工作。

**配套**

《全国人民代表大会组织法》第33条;《全国人民代表大会议事规则》第33条

**第七十条 【全国人大的专门委员会及其职责】** 全国人民代表大会设立民族委员会、宪法和法律委员会、财政经济委员会、教育科学文化卫生委员会、外事委员会、华侨委员会和其他需要设立的专门委员会。在全国人民代表大会闭会期间,各专门委员

会受全国人民代表大会常务委员会的领导。

各专门委员会在全国人民代表大会和全国人民代表大会常务委员会领导下，研究、审议和拟订有关议案。

**注解**

各专门委员会的工作如下：（1）审议全国人民代表大会主席团或者全国人民代表大会常务委员会交付的议案；（2）向全国人民代表大会主席团或者全国人民代表大会常务委员会提出属于全国人民代表大会或者全国人民代表大会常务委员会职权范围内同本委员会有关的议案，组织起草法律草案和其他议案草案；（3）承担全国人民代表大会常务委员会听取和审议专项工作报告有关具体工作；（4）承担全国人民代表大会常务委员会执法检查的具体组织实施工作；（5）承担全国人民代表大会常务委员会专题询问有关具体工作；（6）按照全国人民代表大会常务委员会工作安排，听取国务院有关部门和国家监察委员会、最高人民法院、最高人民检察院的专题汇报，提出建议；（7）对属于全国人民代表大会或者全国人民代表大会常务委员会职权范围内同本委员会有关的问题，进行调查研究，提出建议；（8）审议全国人民代表大会常务委员会交付的被认为同宪法、法律相抵触的国务院的行政法规、决定和命令，国务院各部门的命令、指示和规章，国家监察委员会的监察法规，省、自治区、直辖市和设区的市、自治州的人民代表大会及其常务委员会的地方性法规和决定、决议，省、自治区、直辖市和设区的市、自治州的人民政府的决定、命令和规章，民族自治地方的自治条例和单行条例，经济特区法规，以及最高人民法院、最高人民检察院具体应用法律问题的解释，提出意见；（9）审议全国人民代表大会主席团或者全国人民代表大会常务委员会交付的质询案，听取受质询机关对质询案的答复，必要的时候向全国人民代表大会主席团或者全国人民代表大会常务委员会提出报告；（10）研究办理代表建议、批评和意见，负责有关建议、批评和意见的督促办理工作；（11）按照全国人民代表大会常务委员会的安排开展对外交往；（12）全国人民代表大会及其常务委员会交办的其他工作。

**配套**

《全国人民代表大会组织法》第35~40条

**第七十一条 【特定问题的调查委员会】**全国人民代表大会和全国人民代表大会常务委员会认为必要的时候,可以组织关于特定问题的调查委员会,并且根据调查委员会的报告,作出相应的决议。

调查委员会进行调查的时候,一切有关的国家机关、社会团体和公民都有义务向它提供必要的材料。

> **注解**
>
> 主席团、3个以上的代表团或者1/10以上的代表联名,可以提议组织关于特定问题的调查委员会,由主席团提请大会全体会议决定。调查委员会由主任委员、副主任委员若干人和委员若干人组成,由主席团在代表中提名,提请大会全体会议通过。调查委员会可以聘请专家参加调查工作。

> **配套**
>
> 《全国人民代表大会组织法》第41条

**第七十二条 【提案权】**全国人民代表大会代表和全国人民代表大会常务委员会组成人员,有权依照法律规定的程序分别提出属于全国人民代表大会和全国人民代表大会常务委员会职权范围内的议案。

> **注解**
>
> 全国人大代表和全国人大常委会组成人员,有权依照法律规定的程序分别提出属于全国人大及其常委会职权范围内的议案。议案是人大代表向国家权力机关即人民代表大会提出的议事原案,也可以说,议案是人大代表讨论、解决某一问题的办法、措施、意见和方案。全国人大代表和常委会组成人员联名提出议案主要有以下几方面要求:一是人数要求,由1个代表团或者30名以上的全国人大代表联名或者10名以上的常委会组成人员联名,才可以提出议案。二是形式要求,提案应当包括案由、案据和方案,也就是说要有可供会议讨论的草案,提法律案时,要有法律草案文本。三是内容要求,提案涉及的事项必须在全国人大及其常委会的职权范围内。四是时间要

求,议案应在大会举行前提出,或者在大会期间于规定的议案截止时间前提出,在议案截止时间以后提出的议案将被当作建议、批评和意见处理。

代表或者常委会组成人员提出的议案,由主席团或者委员长会议决定是否列入会议议程。主席团或者委员长会议也可以先交有关的专门委员会审议,提出是否列入会议议程的意见,再决定是否列入会议议程。

### 配套

《立法法》第二章第二、三节;《全国人民代表大会组织法》第16、17、29条;《全国人民代表大会议事规则》第二章;《全国人民代表大会常务委员会议事规则》第三章

**第七十三条　【质询权】**全国人民代表大会代表在全国人民代表大会开会期间,全国人民代表大会常务委员会组成人员在常务委员会开会期间,有权依照法律规定的程序提出对国务院或者国务院各部、各委员会的质询案。受质询的机关必须负责答复。

### 注解

质询案必须写明质询对象、质询的问题和内容。质询案按照主席团的决定由受质询机关的负责人在主席团会议、有关的专门委员会会议或者有关的代表团会议上口头答复,或者由受质询机关书面答复。在主席团会议或者专门委员会会议上答复的,提质询案的代表团团长或者代表有权列席会议,发表意见。提质询案的代表或者代表团对答复质询不满意的,可以提出要求,经主席团决定,由受质询机关再作答复。在专门委员会会议或者代表团会议上答复的,有关的专门委员会或者代表团应当将答复质询案的情况向主席团报告。主席团认为必要的时候,可以将答复质询案的情况报告印发会议。质询案以书面答复的,受质询机关的负责人应当签署,由主席团决定印发会议。

### 应用

38. 全国人大代表提出质询案

全国人民代表大会会议期间,1个代表团或者30名以上的代表联名,可以书面提出对国务院以及国务院各部门、国家监察委员会、最高人民法院、最高人民检察院的质询案。

39. 全国人大常委会成员提出的质询案

常务委员会会议期间,常务委员会组成人员10人以上联名,可以向常务委员会书面提出对国务院以及国务院各部门、国家监察委员会、最高人民法院、最高人民检察院的质询案。

### 配套

《全国人民代表大会组织法》第21、30条;《全国人民代表大会和地方各级人民代表大会代表法》第14条;《全国人民代表大会议事规则》第五章;《全国人民代表大会常务委员会议事规则》第五章

**第七十四条 【司法豁免权】全国人民代表大会代表,非经全国人民代表大会会议主席团许可,在全国人民代表大会闭会期间非经全国人民代表大会常务委员会许可,不受逮捕或者刑事审判。**

### 注解

全国人民代表大会代表非经全国人民代表大会主席团许可,在全国人民代表大会闭会期间非经全国人民代表大会常务委员会许可,不受逮捕或者刑事审判。全国人民代表大会代表如果因为是现行犯被拘留,执行拘留的公安机关应当立即向全国人民代表大会主席团或者全国人民代表大会常务委员会报告。(参见《全国人民代表大会组织法》第49条)

县级以上的各级人民代表大会代表,非经本级人民代表大会主席团许可,在本级人民代表大会闭会期间,非经本级人民代表大会常务委员会许可,不受逮捕或者刑事审判。如果因为是现行犯被拘留,执行拘留的机关应当立即向该级人民代表大会主席团或者人民代表大会常务委员会报告。对县级以上的各级人民代表大会代表,如果采取法律规定的其他限制人身自由的措施,应当经该级人民代表大会主席团或者人民代表大会常务委员会许可。乡、民族乡、镇的人民代表大会代表,如果被逮捕、受刑事审判或者被采取法律规定的其他限制人身自由的措施,执行机关应当立即报告乡、民族乡、镇的人民代表大会。(参见《全国人民代表大会和地方各级人民代表大会代表法》第32条)

> 配套

《全国人民代表大会组织法》第49条；《全国人民代表大会和地方各级人民代表大会代表法》第32条

**第七十五条** 【言论、表决豁免权】全国人民代表大会代表在全国人民代表大会各种会议上的发言和表决，不受法律追究。

> 应用

40. 言论、表决豁免权的适用范围

言论自由特殊保护，是指全国人大代表在全国人大各种会议上的发言和表决，不受法律追究。全国人大代表在审议报告、讨论问题时的发言不管多么尖锐，正确或者错误，或者在表决时投赞成、反对、弃权票，都不承担任何刑事、行政或民事法律责任。

全国人大代表享有言论自由特殊保护的场合是全国人大的各种会议，包括全国人大的全体会议、代表团会议、小组会议、主席团会议、各专门委员会会议等。同时，全国人大常委会是全国人大的常设机构，常委会组成人员和全国人大代表（列席）在常委会会议上的各种发言和表决，同样享有言论自由的特殊保护。但是，代表在会议以外的场合发表言论，不受言论自由特殊保护。

《地方各级人民代表大会和地方各级人民政府组织法》和《全国人民代表大会和地方各级人民代表大会代表法》将言论自由特殊保护适用对象扩大到地方各级人大代表，包括乡镇人大代表。

> 配套

《全国人民代表大会组织法》第48条；《全国人民代表大会和地方各级人民代表大会代表法》第29、31条

**第七十六条** 【全国人大代表的义务】全国人民代表大会代表必须模范地遵守宪法和法律，保守国家秘密，并且在自己参加的生产、工作和社会活动中，协助宪法和法律的实施。

全国人民代表大会代表应当同原选举单位和人民保持密切的联系，听取和反映人民的意见和要求，努力为人民服务。

**应用**

**41. 全国人大代表的义务主要包括哪些方面**

全国人大代表的义务主要包括以下几个方面：

一是模范地遵守宪法和法律，协助宪法和法律的实施，保守国家秘密。遵守宪法和法律是每一名公民的义务，全国人大代表接受人民的委托，代表人民的意志和利益，更应该成为守法的模范。同时还应该在生产、工作和社会活动中，责无旁贷地宣传宪法和法律，协助其更好地实施。另外，全国人大代表在参与国家事务的决策时，也会了解和掌握某些国家秘密。人大代表应当依法严格保守这些秘密，如不在公共场合谈论相关事项、不得未经批准携带涉密资料外出等。

二是依法履行会议期间和闭会时的代表职责，提高履职能力。人大代表必须按时参加人大会议，做好审议及会议期间的其他各项工作，不得无故缺席；在闭会期间积极参加各种活动，知情知政，为在会议上行使各项职权做好准备。另外，为了胜任代表工作，代表必须加强履职学习和调查研究，了解我国经济社会情况、熟悉人民代表大会制度、掌握各类法律和专业知识等。

三是密切联系群众。人民代表大会制度之所以具有强大的生命力和显著的优越性，关键在于它深深根植于人民之中。人大代表要与人民群众保持密切联系，听取和反映他们的意见和要求，努力为人民服务。

四是符合人大代表在道德品质方面的要求。全国人大代表既是社会的一分子，也是国家最高权力机关的组成人员，在道德品质方面必须有更高的要求。人大代表应该自觉遵守社会公德、廉洁自律、公道正派、勤勉尽责，这些要求对于人大代表不仅是道德要求，更是法定义务，这对于树立国家权力机关的权威、促进代表履职、赢得人民信任都具有重要意义。

**第七十七条 【对全国人大代表的监督和罢免】** 全国人民代表大会代表受原选举单位的监督。原选举单位有权依照法律规定的程序罢免本单位选出的代表。

**注解**

全国人大代表作为国家最高权力机关的组成人员，代表人民群众行使国家权力，自然也要受到人民群众的监督。人民群众通过选举单位对自己选出

69

的代表进行监督和罢免，进而实现对全国人大整体的监督。凡是宪法和法律规定的全国人大代表的各项法定职责和各项法定义务的履行情况，都属于选民和原选举单位对代表进行监督的内容。全国人大代表虽然不是必须向原选区选民直接报告履职情况，但是按照法律规定，应当采取多种方式经常听取人民群众对代表履职的意见，回答原选区选民或者原选举单位对代表工作和代表活动的询问，接受监督。除听取意见和回答询问等接受监督的方式以外，不符合履职要求的全国人大代表还有可能遭到原选举单位的罢免。

应 用

### 42. 全国人大代表的罢免程序

省级人民代表大会举行会议的时候，主席团或者1/10以上代表联名，可以提出对由该级人民代表大会选出的全国人民代表大会代表的罢免案。在人民代表大会闭会期间，省级人民代表大会常务委员会主任会议或者常务委员会1/5以上组成人员联名，可以向常务委员会提出对全国人民代表大会代表的罢免案。罢免案应当写明罢免理由。

省级人民代表大会举行会议的时候，被提出罢免的代表有权在主席团会议和大会全体会议上提出申辩意见，或者书面提出申辩意见，由主席团印发会议。罢免案经会议审议后，由主席团提请全体会议表决。

省级人民代表大会常务委员会举行会议的时候，被提出罢免的代表有权在主任会议和常务委员会全体会议上提出申辩意见，或者书面提出申辩意见，由主任会议印发会议。罢免案经会议审议后，由主任会议提请全体会议表决。

罢免代表采用无记名投票的表决方式。罢免全国人大代表，须经省级人民代表大会过半数的代表通过；在代表大会闭会期间，须经常务委员会组成人员的过半数通过。罢免的决议，须报送全国人民代表大会常务委员会备案。

配 套

《全国人民代表大会和地方各级人民代表大会选举法》第49~54条；《全国人民代表大会和地方各级人民代表大会代表法》第五章

第七十八条 【全国人大及其常委会的组织和工作程序】全国人民代表大会和全国人民代表大会常务委员会的组织和工作程序由法律规定。

**配套**

《全国人民代表大会组织法》;《全国人民代表大会议事规则》;《全国人民代表大会常务委员会议事规则》

## 第二节 中华人民共和国主席

第七十九条 【主席、副主席的选举及任职】中华人民共和国主席、副主席由全国人民代表大会选举。

有选举权和被选举权的年满四十五周岁的中华人民共和国公民可以被选为中华人民共和国主席、副主席。

中华人民共和国主席、副主席每届任期同全国人民代表大会每届任期相同。

第八十条 【主席的职权】中华人民共和国主席根据全国人民代表大会的决定和全国人民代表大会常务委员会的决定,公布法律,任免国务院总理、副总理、国务委员、各部部长、各委员会主任、审计长、秘书长,授予国家的勋章和荣誉称号,发布特赦令,宣布进入紧急状态,宣布战争状态,发布动员令。

第八十一条 【主席的外交职权】中华人民共和国主席代表中华人民共和国,进行国事活动,接受外国使节;根据全国人民代表大会常务委员会的决定,派遣和召回驻外全权代表,批准和废除同外国缔结的条约和重要协定。

第八十二条 【副主席的职权】中华人民共和国副主席协助主席工作。

中华人民共和国副主席受主席的委托,可以代行主席的部分职权。

第八十三条 【主席、副主席的行使职权期止】中华人民共和国主席、副主席行使职权到下届全国人民代表大会选出的主席、副主席就职为止。

第八十四条 【主席、副主席的缺位处理】中华人民共和国主席缺位的时候，由副主席继任主席的职位。

中华人民共和国副主席缺位的时候，由全国人民代表大会补选。

中华人民共和国主席、副主席都缺位的时候，由全国人民代表大会补选；在补选以前，由全国人民代表大会常务委员会委员长暂时代理主席职位。

## 第三节 国 务 院

第八十五条 【国务院的性质、地位】中华人民共和国国务院，即中央人民政府，是最高国家权力机关的执行机关，是最高国家行政机关。

**注解**

在全国各级行政机关中，国务院处于最高的领导地位，国务院所属的各部委和地方各级行政机关都要服从国务院的领导。

第八十六条 【国务院的组成】国务院由下列人员组成：
总理，
副总理若干人，
国务委员若干人，
各部部长，
各委员会主任，
审计长，
秘书长。

国务院实行总理负责制。各部、各委员会实行部长、主任负责制。

国务院的组织由法律规定。

**注解**

国务院及其组成部门和其他机构是行政机关，实行行政首长负责制。国务院实行总理负责制。国务院总理对国务院的各项工作负全责。国务院所属各机构均要对总理负责并报告工作；在国务院各项工作的决策上，总理有最后的决定权；在与最高国家权力机关的关系上，总理代表国务院向全国人大报告工作。

**应用**

43. 国务院的组成

国务院由总理、副总理、国务委员、各部部长、各委员会主任、审计长、秘书长组成。总理是国务院的行政首长，全面领导和主持国务院的工作，对国务院的工作承担责任。副总理是总理的副手，协助总理开展工作。国务委员相当于副总理级，受总理委托，负责某些方面的工作或者专项任务，并且可以代表国务院进行外事活动。部长是各部的行政首长，独立主持国务院某一方面的行政工作。对于综合性的事务，通常设立委员会进行管理。委员会主任是各委员会的行政首长，主持该委员会的工作。审计长是审计署的行政首长，领导和主持审计署的工作。国务院秘书长在总理领导下，负责处理国务院的日常工作。国务院设副秘书长若干人，协助秘书长工作。国务院设立办公厅，由秘书长领导。

44. 总理负责制主要表现在哪些方面

总理负责制主要表现在：(1) 国务院总理有权提名国务院副总理、国务委员、各部部长、各委员会主任、中国人民银行行长、审计长、秘书长的人选，由全国人大决定。(2) 总理召集和主持国务院常务会议和国务院全体会议。(3) 国务院发布的决定、命令和行政法规，向全国人民代表大会或者全国人民代表大会常务委员会提出的议案，任免人员，由总理签署。(4) 国务院各部、各委员会的设立、撤销或者合并，经总理提出，由全国人民代表大会决定；在全国人民代表大会闭会期间，由全国人民代表大会常务委员会决定。(参见本法第 62 条；《国务院组织法》第 2~8 条；《中国人民银行法》第 10 条)

> 配套

《国务院组织法》

**第八十七条 【国务院的任期】** 国务院每届任期同全国人民代表大会每届任期相同。

总理、副总理、国务委员连续任职不得超过两届。

> 注解

国务院的任期与全国人大相同，但任期的具体起止时间有所不同。全国人大的任期从每届大会第一次会议宣布会议开幕时起到下次换届大会宣布会议开幕时止。国务院的任期则是从国务院组成人员经全国人民代表大会决定人选，并由国家主席任命时起，到下次全国人民代表大会决定新的国务院组成人员人选，并由国家主席任命时止。这种任期的起止计算办法，不是以一个确定的日期为起止期限，完全是一种自然连续的办法，并且任期届满，没有法定交接仪式，具体工作采取内部交接的办法。根据宪法和法律的规定，新一届国务院组成人员在就职时应当依法公开进行宪法宣誓。

国务院总理、副总理、国务委员连续任职不得超过两届。对于同一职务任满两届的，不影响再任其他职务，如由国务委员升任副总理，副总理升任总理；对于在国务院任满两届的，也并不影响其到其他国家机关任职。

**第八十八条 【国务院的工作分工】** 总理领导国务院的工作。副总理、国务委员协助总理工作。

总理、副总理、国务委员、秘书长组成国务院常务会议。

总理召集和主持国务院常务会议和国务院全体会议。

> 注解

国务院会议分为国务院常务会议和国务院全体会议。总理召集和主持国务院常务会议和国务院全体会议。国务院工作中的重大问题，必须经国务院常务会议或者国务院全体会议讨论决定。

> 配套

《国务院组织法》第 4 条

第八十九条 【国务院的职权】国务院行使下列职权：

（一）根据宪法和法律，规定行政措施，制定行政法规，发布决定和命令；

（二）向全国人民代表大会或者全国人民代表大会常务委员会提出议案；

（三）规定各部和各委员会的任务和职责，统一领导各部和各委员会的工作，并且领导不属于各部和各委员会的全国性的行政工作；

（四）统一领导全国地方各级国家行政机关的工作，规定中央和省、自治区、直辖市的国家行政机关的职权的具体划分；

（五）编制和执行国民经济和社会发展计划和国家预算；

（六）领导和管理经济工作和城乡建设、生态文明建设；

（七）领导和管理教育、科学、文化、卫生、体育和计划生育工作；

（八）领导和管理民政、公安、司法行政等工作；

（九）管理对外事务，同外国缔结条约和协定；

（十）领导和管理国防建设事业；

（十一）领导和管理民族事务，保障少数民族的平等权利和民族自治地方的自治权利；

（十二）保护华侨的正当的权利和利益，保护归侨和侨眷的合法的权利和利益；

（十三）改变或者撤销各部、各委员会发布的不适当的命令、指示和规章；

（十四）改变或者撤销地方各级国家行政机关的不适当的决定和命令；

（十五）批准省、自治区、直辖市的区域划分，批准自治州、县、自治县、市的建置和区域划分；

（十六）依照法律规定决定省、自治区、直辖市的范围内部

分地区进入紧急状态;

(十七)审定行政机构的编制,依照法律规定任免、培训、考核和奖惩行政人员;

(十八)全国人民代表大会和全国人民代表大会常务委员会授予的其他职权。

### 注解

国务院根据宪法和法律,制定行政法规。行政法规的名称一般称"条例",也可以称"规定""办法"等。国务院根据全国人民代表大会及其常务委员会的授权决定制定的行政法规,称"暂行条例"或者"暂行规定"。国务院各部门和地方人民政府制定的规章不得称"条例"。(参见《行政法规制定程序条例》第5条)

行政法规由国务院有关部门或者国务院法制机构具体负责起草,重要行政管理的法律、行政法规草案由国务院法制机构组织起草。行政法规在起草过程中,应当广泛听取有关机关、组织、人民代表大会代表和社会公众的意见。听取意见可以采取座谈会、论证会、听证会等多种形式。行政法规草案应当向社会公布,征求意见,但是经国务院决定不公布的除外。(参见《立法法》第74条)

行政法规起草工作完成后,起草单位应当将草案及其说明、各方面对草案主要问题的不同意见和其他有关资料送国务院法制机构进行审查。国务院法制机构应当向国务院提出审查报告和草案修改稿,审查报告应当对草案主要问题作出说明。行政法规的决定程序依照中华人民共和国国务院组织法的有关规定办理。行政法规由总理签署国务院令公布,并及时在国务院公报和中国政府法制信息网以及在全国范围内发行的报纸上刊载。(参见《立法法》第75~78条)

### 配套

《立法法》第三章;《行政法规制定程序条例》

**第九十条** 【各部、委首长负责制】国务院各部部长、各委员会主任负责本部门的工作;召集和主持部务会议或者委员会会议、委务会议，讨论决定本部门工作的重大问题。

各部、各委员会根据法律和国务院的行政法规、决定、命令，在本部门的权限内，发布命令、指示和规章。

> **注解**
>
> 国务院各部、委员会实行部长、委员会主任负责制，部长、主任领导本部门的工作。部门首长负责制意味着部门首长对部门的工作负全责，对国务院负责并报告工作，向国务院提出决策建议等。为了充分发扬民主、集思广益，各部门设立相应的会议制度，讨论决策问题。部务会议、委务会议是各部、各委员会的集体决策机构。部务会议由部长、副部长和其他成员组成；委务会议由委员会主任、副主任和其他成员组成。各部、各委员会为执行法律、法规，根据法律和国务院的行政法规、决定、命令，在本部门的权限内，可以发布命令、指示和规章。

**第九十一条 【审计机关及其职权】**国务院设立审计机关，对国务院各部门和地方各级政府的财政收支，对国家的财政金融机构和企业事业组织的财务收支，进行审计监督。

审计机关在国务院总理领导下，依照法律规定独立行使审计监督权，不受其他行政机关、社会团体和个人的干涉。

> **注解**
>
> 国务院和县级以上地方人民政府设立审计机关。国务院设立审计署，在国务院总理领导下，主管全国的审计工作。审计长是审计署的行政首长。省、自治区、直辖市、设区的市、自治州、县、自治县、不设区的市、市辖区的人民政府的审计机关，分别在省长、自治区主席、市长、州长、县长、区长和上一级审计机关的领导下，负责本行政区域内的审计工作。地方各级审计机关对本级人民政府和上一级审计机关负责并报告工作，审计业务以上级审计机关领导为主。审计机关审计的对象包括：国务院各部门和地方各级人民政府及其各部门的财政收支，国有的金融机构和企业事业组织的财务收支，以及其他依照法律规定应当接受审计的财政收支、财务收支。（参见《审计法》第2~9条）

**配套**

《审计法》

**第九十二条** 【国务院与全国人大及其常委会的关系】国务院对全国人民代表大会负责并报告工作；在全国人民代表大会闭会期间，对全国人民代表大会常务委员会负责并报告工作。

**注解**

国务院对国家权力机关负责是指国务院的职权范围由全国人大确定，接受全国人大的监督并服从全国人大的决定。同时，国务院以完成全国人大确定的任务为其责任，接受全国人大代表的质询，并对质询作出答复。国务院在全国人民代表大会每年一次的例会上，向大会作工作报告和专项工作报告，主要是国民经济和社会发展计划报告、预算报告以及其他应向大会报告的事项。工作报告由总理代表国务院向大会报告，专项工作报告由国务院委托有关部门的负责人向大会宣读。报告完毕后，由各代表团进行审议，国务院根据代表的审议意见，对报告进行修改完善。大会对报告作出决议，对工作成绩予以肯定，指出需要改进和注意的地方，明确新的一年的工作目标和措施等。

## 第四节 中央军事委员会

**第九十三条** 【中央军委的组成、职责与任期】中华人民共和国中央军事委员会领导全国武装力量。

中央军事委员会由下列人员组成：

主席，

副主席若干人，

委员若干人。

中央军事委员会实行主席负责制。

中央军事委员会每届任期同全国人民代表大会每届任期相同。

**注解**

中央军事委员会总的职责是领导全国武装力量，我国《国防法》对中央军委领导全国武装力量的内容作了进一步的规定，即统一指挥全国武装力量；决定军事战略和武装力量的作战方针；领导和管理中国人民解放军、中国人民武装警察部队的建设，制定规划、计划并组织实施；向全国人大或者全国人大常委会提出议案；根据宪法和法律，制定军事法规，发布决定和命令；决定中国人民解放军、中国人民武装警察部队的体制和编制，规定中央军事委员会机关部门、战区、军兵种和中国人民武装警察部队等单位的任务和职责；依照法律、军事法规的规定，任免、培训、考核和奖惩武装力量成员；决定武装力量的武器装备体制，制定武器装备发展规划、计划，协同国务院领导和管理国防科研生产；会同国务院管理国防经费和国防资产；领导和管理人民武装动员、预备役工作。

**第九十四条** 【中央军委向全国人大及其常委会负责】中央军事委员会主席对全国人民代表大会和全国人民代表大会常务委员会负责。

**应用**

45. 中央军委主席对最高国家权力机关负责

中央军委主席对最高国家权力机关负责主要表现在：一是人事关系上的负责，军委主席由全国人民代表大会选举产生，军委组成人员由军委主席提名后，由全国人民代表大会及其常务委员会决定人选。二是军费列入财政预算，由全国人民代表大会批准。三是对于重大的军事行为，全国人民代表大会及其常务委员会可以决定战争状态的宣布，决定全国总动员或者局部动员，决定全国或者个别省、自治区、直辖市进入紧急状态等。

## 第五节 地方各级人民代表大会和地方各级人民政府

**第九十五条** 【地方人大及政府的设置和组织】省、直辖市、县、市、市辖区、乡、民族乡、镇设立人民代表大会和人民政府。

地方各级人民代表大会和地方各级人民政府的组织由法律规定。

自治区、自治州、自治县设立自治机关。自治机关的组织和工作根据宪法第三章第五节、第六节规定的基本原则由法律规定。

> 注解

按照《宪法》第30条的规定，我国原则上实行三级地方政权组织，即省、县（市）、乡，只有部分地方才有设区的市和自治州层级，但随着改革开放的深入、城市化进程的加快，大多数地方进行了地改市或者地市合并，即将原来省级人民政府的派出机构地区行政公署改为一级政权机构，或者与邻近的市进行合并，组建成一级政权机构，即较大的市（设区的市）。这样，在多数地方，地方政权机构就变成以四级为主。此外，我国的民族区域自治地方分为三级，即自治区、自治州和自治县。各级均设立自治机关，即人民代表大会和人民政府，行使自治权。

**第九十六条** 【地方人大的性质及常委会的设置】地方各级人民代表大会是地方国家权力机关。

县级以上的地方各级人民代表大会设立常务委员会。

> 注解

为了解决人民代表大会闭会期间，谁来决定本地区的重大事项、谁来任免干部、谁来监督本级其他国家机关等问题，《宪法》和《地方各级人民代表大会和地方各级人民政府组织法》规定，在县级以上地方各级人大设立常委会，作为本级人大的常设机关。这一规定有利于加强对县级以上地方各级人民政府的管理和监督，有利于人民参与国家事务的管理，有利于健全和完善人民代表大会制度，促进社会主义民主和法治的发展。

县级以上地方各级人大常委会由主任、副主任若干人和委员若干人组成，省、自治区、直辖市、设区的市、自治州的人大常委会还设秘书长，由代表大会从代表中选举产生。常委会组成人员不得兼任行政机关、监察机关、审判机关和检察机关的职务。县级以上地方各级人大常委会是本级国家权力机关的组成部分，行使部分国家权力，任期与本级人大的任期相同。

**第九十七条　【地方人大代表的选举】**省、直辖市、设区的市的人民代表大会代表由下一级的人民代表大会选举；县、不设区的市、市辖区、乡、民族乡、镇的人民代表大会代表由选民直接选举。

地方各级人民代表大会代表名额和代表产生办法由法律规定。

**注 解**

省、自治区、直辖市、自治州、设区的市的人民代表大会代表由下一级的人民代表大会选举；县、自治县、不设区的市、市辖区、乡、民族乡、镇的人民代表大会代表由选民直接选举。

**应 用**

46. 代表候选人的提出

地方各级人民代表大会代表名额和代表产生办法由选举法规定。各行政区域内的少数民族应当有适当的代表名额。各政党、各人民团体，可以联合或者单独推荐代表候选人。选民或者代表 10 人以上联名，也可以推荐代表候选人。

47. 代表的选举

在选民直接选举人民代表大会代表时，选区全体选民的过半数参加投票，选举有效。代表候选人获得参加投票的选民过半数的选票时，始得当选。县级以上的地方各级人民代表大会在选举上一级人民代表大会代表时，代表候选人获得全体代表过半数的选票时，始得当选。获得过半数选票的代表候选人的人数超过应选代表名额时，以得票多的当选。如遇票数相等不能确定当选人时，应当就票数相等的候选人再次投票，以得票多的当选。获得过半数选票的当选代表的人数少于应选代表的名额时，不足的名额另行选举。另行选举时，根据在第一次投票时得票多少的顺序，按照《全国人民代表大会和地方各级人民代表大会选举法》第 31 条规定的差额比例，确定候选人名单。如果只选 1 人，候选人应为 2 人。依照前述规定另行选举县级和乡级的人民代表大会代表时，代表候选人以得票多的当选，但是得票数不得少于选票的 1/3；县级以上的地方各级人民代表大会在另行选举上一级人民代表大会代表时，代表候选人获得全体代表过半数的选票，始得当选。选举结果由选举委员会或者人民代表大会主席团根据《全国人民代表大会和地方各级人民代表大会选举法》确定是否有效,并予以宣布。

**配 套**

《全国人民代表大会和地方各级人民代表大会选举法》第八、九章

**第九十八条** 【地方人大的任期】地方各级人民代表大会每届任期五年。

**注 解**

全国人民代表大会和地方各级人民代表大会每届的任期都是5年。具体的任期是,从每届本级人民代表大会举行第一次会议开始,到下一届本级人民代表大会举行第一次会议为止。各级人大常委会的任期与各级人大的任期相同。

**第九十九条** 【地方人大的职权】地方各级人民代表大会在本行政区域内,保证宪法、法律、行政法规的遵守和执行;依照法律规定的权限,通过和发布决议,审查和决定地方的经济建设、文化建设和公共事业建设的计划。

县级以上的地方各级人民代表大会审查和批准本行政区域内的国民经济和社会发展计划、预算以及它们的执行情况的报告;有权改变或者撤销本级人民代表大会常务委员会不适当的决定。

民族乡的人民代表大会可以依照法律规定的权限采取适合民族特点的具体措施。

**应 用**

48. 县级以上地方各级人民代表大会的职权

县级以上的地方各级人民代表大会行使下列职权:(1)在本行政区域内,保证宪法、法律、行政法规和上级人民代表大会及其常务委员会决议的遵守和执行,保证国家计划和国家预算的执行;(2)审查和批准本行政区域内的国民经济和社会发展规划纲要、计划和预算及其执行情况的报告,审查监督政府债务,监督本级人民政府对国有资产的管理;(3)讨论、决定本行政区域内的政治、经济、教育、科学、文化、卫生、生态环境保护、自然资

源、城乡建设、民政、社会保障、民族等工作的重大事项和项目；(4) 选举本级人民代表大会常务委员会的组成人员；(5) 选举省长、副省长，自治区主席、副主席，市长、副市长，州长、副州长，县长、副县长，区长、副区长；(6) 选举本级监察委员会主任、人民法院院长和人民检察院检察长；选出的人民检察院检察长，须报经上一级人民检察院检察长提请该级人民代表大会常务委员会批准；(7) 选举上一级人民代表大会代表；(8) 听取和审议本级人民代表大会常务委员会的工作报告；(9) 听取和审议本级人民政府和人民法院、人民检察院的工作报告；(10) 改变或者撤销本级人民代表大会常务委员会的不适当的决议；(11) 撤销本级人民政府的不适当的决定和命令；(12) 保护社会主义的全民所有的财产和劳动群众集体所有的财产，保护公民私人所有的合法财产，维护社会秩序，保障公民的人身权利、民主权利和其他权利；(13) 保护各种经济组织的合法权益；(14) 铸牢中华民族共同体意识，促进各民族广泛交往交流交融，保障少数民族的合法权利和利益；(15) 保障宪法和法律赋予妇女的男女平等、同工同酬和婚姻自由等各项权利。

### 49. 乡、民族乡、镇的人民代表大会的职权

乡、民族乡、镇的人民代表大会行使下列职权：(1) 在本行政区域内，保证宪法、法律、行政法规和上级人民代表大会及其常务委员会决议的遵守和执行；(2) 在职权范围内通过和发布决议；(3) 根据国家计划，决定本行政区域内的经济、文化事业和公共事业的建设计划和项目；(4) 审查和批准本行政区域内的预算和预算执行情况的报告，监督本级预算的执行，审查和批准本级预算的调整方案，审查和批准本级决算；(5) 决定本行政区域内的民政工作的实施计划；(6) 选举本级人民代表大会主席、副主席；(7) 选举乡长、副乡长，镇长、副镇长；(8) 听取和审议乡、民族乡、镇的人民政府的工作报告；(9) 听取和审议乡、民族乡、镇的人民代表大会主席团的工作报告；(10) 撤销乡、民族乡、镇的人民政府的不适当的决定和命令；(11) 保护社会主义的全民所有的财产和劳动群众集体所有的财产，保护公民私人所有的合法财产，维护社会秩序，保障公民的人身权利、民主权利和其他权利；(12) 保护各种经济组织的合法权益；(13) 铸牢中华民族共同体意识，促进各民族广泛交往交流交融，保障少数民族的合法权利和利益；(14) 保障宪法和法律赋予妇女的男女平等、同工同酬和婚姻自由等各项权利。少数

民族聚居的乡、民族乡、镇的人民代表大会在行使职权的时候,可以依照法律规定的权限采取适合民族特点的具体措施。

> **配 套**

《地方各级人民代表大会和地方各级人民政府组织法》第11、12条

**第一百条** 【地方性法规的制定】省、直辖市的人民代表大会和它们的常务委员会,在不同宪法、法律、行政法规相抵触的前提下,可以制定地方性法规,报全国人民代表大会常务委员会备案。

设区的市的人民代表大会和它们的常务委员会,在不同宪法、法律、行政法规和本省、自治区的地方性法规相抵触的前提下,可以依照法律规定制定地方性法规,报本省、自治区人民代表大会常务委员会批准后施行。

> **注 解**

地方性法规,指有权限的地方国家权力机关依照法定的职权和程序,在不同宪法、法律和行政法规相抵触的前提下,制定和颁布的在本行政区域范围内实施的规范性文件。

> **应 用**

**50. 制定地方性法规的范围**

根据《立法法》的规定,制定地方性法规的范围有以下三个方面:

一是为执行法律、行政法规的规定,需要根据本行政区域的实际情况作具体规定的事项。中国地域辽阔,各地情况不同,法律是在全国范围内实施的,为了符合全国各地情况,有些规定只能比较概括和原则。如行政处罚,有的法律只能规定一个总的幅度,各地在执行时还需要根据本地的实际情况,确定一个比较合理的幅度。因此,赋予地方人大及其常委会制定地方性法规的权力,有利于更好地根据实际情况执行法律。需要注意的是,地方应对"需要"作具体规定的事项制定地方性法规,哪些方面需要规定就规定哪些方面,不必对法律、行政法规已作规定的内容作不必要的重复;另外,对法律、行政法规已有规定的,地方性法规只能在法律、行政法规规定的幅

度内具体化，不能作出变通的规定，否则就违反了不抵触原则。

二是地方性事务中需要制定地方性法规的事项。地方性事务，是指纯属地方局部的事务或具有地方特色的事务，一般来说不需要，或在可预见的时期内不需要制定全国性的法律、行政法规来作出统一规定。此外，一些地方就养犬、烟花爆竹管理、市容卫生、河道管理等事项制定地方性法规，也是典型的地方性事务。

三是在全国人大及其专属立法权之外，中央尚未立法的事项。对于专属立法权领域以外的事项，国家尚未制定法律或者行政法规的，省、自治区、直辖市和设区的市、自治州根据本地方的具体情况和实际需要，可以先制定地方性法规。在国家制定的法律或者行政法规生效后，地方性法规同法律或者行政法规相抵触的规定无效，制定机关应当及时予以修改或者废止。

《立法法》还对设区的市制定地方性法规的权限作出了规定，即可以就城乡建设与管理、生态文明建设、历史文化保护、基层治理等方面的事项制定地方性法规。

### 配套

《立法法》第四章第一节、第107~109条；《地方各级人民代表大会和地方各级人民政府组织法》第10、49条

**第一百零一条　【地方人大的选举权】** 地方各级人民代表大会分别选举并且有权罢免本级人民政府的省长和副省长、市长和副市长、县长和副县长、区长和副区长、乡长和副乡长、镇长和副镇长。

县级以上的地方各级人民代表大会选举并且有权罢免本级监察委员会主任、本级人民法院院长和本级人民检察院检察长。选出或者罢免人民检察院检察长，须报上级人民检察院检察长提请该级人民代表大会常务委员会批准。

### 应用

51. 地方各级人大罢免本级国家机关领导人员罢免案的提出

县级以上的地方各级人民代表大会举行会议的时候，主席团、常务委员

会或者1/10以上代表联名,可以提出对本级人民代表大会常务委员会组成人员、人民政府组成人员、监察委员会主任、人民法院院长、人民检察院检察长的罢免案,由主席团提请大会审议。乡、民族乡、镇的人民代表大会举行会议的时候,主席团或者1/5以上代表联名,可以提出对人民代表大会主席、副主席,乡长、副乡长,镇长、副镇长的罢免案,由主席团提请大会审议。

我国的地方检察机关既受本级人大的监督,同时又受上一级检察机关的领导,因此,罢免本级检察院检察长,应由上一级检察院检察长提请同级人大常委会批准。

**52. 地方各级人大对罢免案的表决**

向县级以上的地方各级人民代表大会提出的罢免案,由主席团交会议审议后,提请全体会议表决;或者由主席团提议,经全体会议决定,组织调查委员会,由本级人民代表大会下次会议根据调查委员会的报告审议决定。地方各级人民代表大会进行选举和通过决议,以全体代表的过半数通过。

### 配套

《地方各级人民代表大会和地方各级人民政府组织法》第13、25、31条

**第一百零二条 【对地方人大代表的监督和罢免】** 省、直辖市、设区的市的人民代表大会代表受原选举单位的监督;县、不设区的市、市辖区、乡、民族乡、镇的人民代表大会代表受选民的监督。

地方各级人民代表大会代表的选举单位和选民有权依照法律规定的程序罢免由他们选出的代表。

### 注解

省、自治区、直辖市、自治州、设区的市的人民代表大会代表受原选举单位的监督;县、自治县、不设区的市、市辖区、乡、民族乡、镇的人民代表大会代表受选民的监督。

地方各级人民代表大会代表的选举单位和选民有权随时罢免自己选出的代表。罢免要求或罢免案应当写明罢免理由。向县级以上的地方各级人民代

表大会提出的罢免案，由主席团交会议审议后，提请全体会议表决；或者由主席团提议，经全体会议决定，组织调查委员会，由本级人民代表大会下次会议根据调查委员会的报告审议决定。

代表的罢免必须由原选举单位以全体代表的过半数通过，或者由原选区以选民的过半数通过。(参见《地方各级人民代表大会和地方各级人民政府组织法》第31、44条)

**应 用**

53. 对地方人大代表罢免案的提出

对于县级的人民代表大会代表，原选区选民50人以上联名，对于乡级的人民代表大会代表，原选区选民30人以上联名，可以向县级的人民代表大会常务委员会书面提出罢免要求。县级以上的地方各级人民代表大会举行会议的时候，主席团或者1/10以上代表联名，可以提出对由该级人民代表大会选出的上一级人民代表大会代表的罢免案。在人民代表大会闭会期间，县级以上的地方各级人民代表大会常务委员会主任会议或者常务委员会1/5以上组成人员联名，可以向常务委员会提出对由该级人民代表大会选出的上一级人民代表大会代表的罢免案。

54. 对地方人大代表罢免案的表决

罢免代表采用无记名投票的表决方式。罢免县级和乡级的人民代表大会代表，须经原选区过半数的选民通过。罢免由县级以上的地方各级人民代表大会选出的代表，须经各该级人民代表大会过半数的代表通过；在代表大会闭会期间，须经常务委员会组成人员的过半数通过。罢免的决议，须报送上一级人民代表大会常务委员会备案、公告。

**配 套**

《全国人民代表大会和地方各级人民代表大会代表法》第15条；《全国人民代表大会和地方各级人民代表大会选举法》第50~54条

**第一百零三条　【地方人大常委会的组成、地位及产生】**县级以上的地方各级人民代表大会常务委员会由主任、副主任若干人和委员若干人组成，对本级人民代表大会负责并报告工作。

县级以上的地方各级人民代表大会选举并有权罢免本级人民

代表大会常务委员会的组成人员。

县级以上的地方各级人民代表大会常务委员会的组成人员不得担任国家行政机关、监察机关、审判机关和检察机关的职务。

**应用**

**55. 地方人大常委会组成人员及其名额**

（1）组成：省、自治区、直辖市、自治州、设区的市的人民代表大会常务委员会由本级人民代表大会在代表中选举主任、副主任若干人、秘书长、委员若干人组成。县、自治县、不设区的市、市辖区的人民代表大会常务委员会由本级人民代表大会在代表中选举主任、副主任若干人和委员若干人组成。（2）名额的确定：省、自治区、直辖市45人至75人，人口超过8000万的省不超过95人；设区的市、自治州29人至51人，人口超过800万的设区的市不超过61人；县、自治县、不设区的市、市辖区15人至35人，人口超过100万的县、自治县、不设区的市、市辖区不超过45人。省、自治区、直辖市每届人民代表大会常务委员会组成人员的名额，由省、自治区、直辖市的人民代表大会依照上述规定，按人口多少并结合常务委员会组成人员结构的需要确定。自治州、县、自治县、市、市辖区每届人民代表大会常务委员会组成人员的名额，由省、自治区、直辖市的人民代表大会常务委员会依照上述规定，按人口多少并结合常务委员会组成人员结构的需要确定。每届人民代表大会常务委员会组成人员的名额经确定后，在本届人民代表大会的任期内不再变动。

**56. 地方人大常委会成员的提名和选举**

（1）候选人的确定。县级以上的地方各级人民代表大会常务委员会的组成人员由本级人民代表大会主席团或者代表依照下述规定联合提名：省、自治区、直辖市的人民代表大会代表30人以上书面联名，设区的市和自治州的人民代表大会代表20人以上书面联名，县级的人民代表大会代表10人以上书面联名，可以提出本级人民代表大会常务委员会组成人员的候选人。主席团提名的候选人人数，每一代表与其他代表联合提名的候选人人数，均不得超过应选名额。人民代表大会常务委员会主任、秘书长，进行差额选举；如果提名的候选人只有1人，也可以等额选举。人民代表大会常务委员会副主任的候选人数应比应选人数多1人至3人，人民代表大会常务委员会委的候选人数应比应选人数多 1/10 至 1/5，由本级人民代表大会根据应选人数在选举办法中规定具体差额数，进行差额选举。如果提名的候选人数符合选举办法规定的差额数，由主席团提交代表酝酿、讨论后，进行选举。如果提名的候选人数超过选举办法规定的差额数，由主席团提交代表酝酿、讨论后，进行预选，根据在预选中得票多少的顺序，按照选举办法规定的差额数，确定正式候选人名单，进行选举。(2) 选举表决。选举采用无记名投票方式。代表对于确定的候选人，可以投赞成票，可以投反对票，可以另选其他任何代表或者选民，也可以弃权。地方各级人民代表大会选举本级国家机关领导人员，获得过半数选票的候选人人数超过应选名额时，以得票多的当选。如遇票数相等不能确定当选人时，应当就票数相等的人再次投票，以得票多的当选。获得过半数选票的当选人数少于应选名额时，不足的名额另行选举。另行选举时，可以根据在第一次投票时得票多少的顺序确定候选人，也可以依照选举法规定的程序另行提名、确定候选人。经本级人民代表大会决定，不足的名额的另行选举可以在本次人民代表大会会议上进行，也可以在下一次人民代表大会会议上进行。

**配套**

《地方各级人民代表大会和地方各级人民政府组织法》第 26~29、47 条

**第一百零四条　【地方人大常委会的职权】** 县级以上的地方各级人民代表大会常务委员会讨论、决定本行政区域内各方面工作的重大事项；监督本级人民政府、监察委员会、人民法院和人民检察院的工作；撤销本级人民政府的不适当的决定和命令；撤销下一级人民代表大会的不适当的决议；依照法律规定的权限决定国家机关工作人员的任免；在本级人民代表大会闭会期间，罢免和补选上一级人民代表大会的个别代表。

**应用**

57. 县级以上的地方各级人民代表大会常务委员会的职权

根据《地方各级人民代表大会和地方各级人民政府组织法》的规定，县级以上的地方各级人大常委会行使下列职权：(1) 在本行政区域内，保证宪

法、法律、行政法规和上级人民代表大会及其常务委员会决议的遵守和执行；（2）领导或者主持本级人民代表大会代表的选举；（3）召集本级人民代表大会会议；（4）讨论、决定本行政区域内的政治、经济、教育、科学、文化、卫生、生态环境保护、自然资源、城乡建设、民政、社会保障、民族等工作的重大事项和项目；（5）根据本级人民政府的建议，审查和批准本行政区域内的国民经济和社会发展规划纲要、计划和本级预算的调整方案；（6）监督本行政区域内的国民经济和社会发展规划纲要、计划和预算的执行，审查和批准本级决算，监督审计查出问题整改情况，审查监督政府债务；（7）监督本级人民政府、监察委员会、人民法院和人民检察院的工作，听取和审议有关专项工作报告，组织执法检查，开展专题询问等；联系本级人民代表大会代表，受理人民群众对上述机关和国家工作人员的申诉和意见；（8）监督本级人民政府对国有资产的管理，听取和审议本级人民政府关于国有资产管理情况的报告；（9）听取和审议本级人民政府关于年度环境状况和环境保护目标完成情况的报告；（10）听取和审议备案审查工作情况报告；（11）撤销下一级人民代表大会及其常务委员会的不适当的决议；（12）撤销本级人民政府的不适当的决定和命令；（13）在本级人民代表大会闭会期间，决定副省长、自治区副主席、副市长、副州长、副县长、副区长的个别任免；在省长、自治区主席、市长、州长、县长、区长和监察委员会主任、人民法院院长、人民检察院检察长因故不能担任职务的时候，根据主任会议的提名，从本级人民政府、监察委员会、人民法院、人民检察院副职领导人员中决定代理的人选；决定代理检察长，须报上一级人民检察院和人民代表大会常务委员会备案；（14）根据省省长、自治区主席、市长、州长、县长、区长的提名，决定本级人民政府秘书长、厅长、局长、委员会主任、科长的任免，报上一级人民政府备案；（15）根据监察委员会主任的提名，任免监察委员会副主任、委员；（16）按照人民法院组织法和人民检察院组织法的规定，任免人民法院副院长、庭长、副庭长、审判委员会委员、审判员，任免人民检察院副检察长、检察委员会委员、检察员，批准任免下一级人民检察院检察长；省、自治区、直辖市的人民代表大会常务委员会根据主任会议的提名，决定在省、自治区内按地区设立的和在直辖市内设立的中级人民法院院长的任免，根据省、自治区、直辖市的人民检察院检察长的提名，决定人民检察院分院检察长的任免；（17）在本级人民代表大会闭会期间，决定撤销个别副省长、自治区副主席、副市长、副州长、副县长、副区长的职务；决定撤销由它任命的本级人民政府其他组成人员和监察委员会副主任、委员，人民法院副院长、庭长、副庭长、审判委员会委员、审判员，人民检察院副检察长、检察委员会委员、检察员，中级人民法院院长，人民检察院分院检察长的职务；(18) 在本级人民代表大会闭会期间，补选上一级人民代表大会出缺的代表和罢免个别代表。上述职权可以主要概括为对地方重大事项的决定权，对地方国家机关有关人员的任免权，对法律实施的保证和对本级其他国家机关工作的监督权。省、自治区、直辖市、设区的市、自治州的人大常委会，还有权依法制定地方性法规。

此外，根据《监察法》的规定，县级以上地方各级人大常委会，根据本级监察委员会主任的提请，任免本级监察委员会副主任、委员。

### 配套
《地方各级人民代表大会和地方各级人民政府组织法》第 49、50 条

**第一百零五条　【地方政府的性质、地位及行政首长负责制】**地方各级人民政府是地方各级国家权力机关的执行机关，是地方各级国家行政机关。

地方各级人民政府实行省长、市长、县长、区长、乡长、镇长负责制。

### 注解
省长、自治区主席、市长、州长、县长、区长、乡长、镇长分别主持地方各级人民政府的工作。(参见《地方各级人民代表大会和地方各级人民政府组织法》第 77 条)

**第一百零六条　【地方政府的任期】**地方各级人民政府每届任期同本级人民代表大会每届任期相同。

### 注解
地方各级人民政府每届任期 5 年。

> 配 套

《地方各级人民代表大会和地方各级人民政府组织法》第 72 条

**第一百零七条　【地方政府的职权】**县级以上地方各级人民政府依照法律规定的权限，管理本行政区域内的经济、教育、科学、文化、卫生、体育事业、城乡建设事业和财政、民政、公安、民族事务、司法行政、计划生育等行政工作，发布决定和命令，任免、培训、考核和奖惩行政工作人员。

乡、民族乡、镇的人民政府执行本级人民代表大会的决议和上级国家行政机关的决定和命令，管理本行政区域内的行政工作。

省、直辖市的人民政府决定乡、民族乡、镇的建置和区域划分。

> 应 用

58. 县级以上的地方各级人民政府的职权

根据《地方各级人民代表大会和地方各级人民政府组织法》的规定，县级以上地方各级人民政府的职权为：(1) 执行本级人民代表大会及其常务委员会的决议，以及上级国家行政机关的决定和命令，规定行政措施，发布决定和命令；(2) 领导所属各工作部门和下级人民政府的工作；(3) 改变或者撤销所属各工作部门的不适当的命令、指示和下级人民政府的不适当的决定、命令；(4) 依照法律的规定任免、培训、考核和奖惩国家行政机关工作人员；(5) 编制和执行国民经济和社会发展规划纲要、计划和预算，管理本行政区域内的经济、教育、科学、文化、卫生、体育、城乡建设事业和生态环境保护、自然资源、财政、民政、社会保障、公安、民族事务、司法行政、人口与计划生育等行政工作；(6) 保护社会主义的全民所有的财产和劳动群众集体所有的财产，保护公民私人所有的合法财产，维护社会秩序，保障公民的人身权利、民主权利和其他权利；(7) 履行国有资产管理职责；(8) 保护各种经济组织的合法权益；(9) 铸牢中华民族共同体意识，促进各民族广泛交往交流交融，保障少数民族的合法权利和利益，保障少数民族保持或者改革自己的风俗习惯的自由,帮助本行政区域内的民族自治地方依照宪法和法律实行区域自治,帮助各少数民族发展政治、经济和文化的建设事业;(10) 保障宪法和法律赋予妇女的男女平等、同工同酬和婚姻自由等各项权利;(11) 办理上级国家行政机关交办的其他事项。省、自治区、直辖市、设区的市、自治州的人民政府,可以依据立法法的规定,制定地方政府规章。

59. 乡、民族乡、镇的人民政府的职权

乡、民族乡、镇的人民政府的职权为:(1) 执行本级人民代表大会的决议和上级国家行政机关的决定和命令,发布决定和命令;(2) 执行本行政区域内的经济和社会发展计划、预算,管理本行政区域内的经济、教育、科学、文化、卫生、体育等事业和生态环境保护、财政、民政、社会保障、公安、司法行政、人口与计划生育等行政工作;(3) 保护社会主义的全民所有的财产和劳动群众集体所有的财产,保护公民私人所有的合法财产,维护社会秩序,保障公民的人身权利、民主权利和其他权利;(4) 保护各种经济组织的合法权益;(5) 铸牢中华民族共同体意识,促进各民族广泛交往交流交融,保障少数民族的合法权利和利益,保障少数民族保持或者改革自己的风俗习惯的自由;(6) 保障宪法和法律赋予妇女的男女平等、同工同酬和婚姻自由等各项权利;(7) 办理上级人民政府交办的其他事项。

配套

《地方各级人民代表大会和地方各级人民政府组织法》第73~76条

**第一百零八条** 【地方政府内部及各级政府之间的关系】县级以上的地方各级人民政府领导所属各工作部门和下级人民政府的工作,有权改变或者撤销所属各工作部门和下级人民政府的不适当的决定。

**第一百零九条** 【地方政府审计机关的地位和职权】县级以上的地方各级人民政府设立审计机关。地方各级审计机关依照法律规定独立行使审计监督权,对本级人民政府和上一级审计机关负责。

**注解**

地方各级审计机关分别在省长、自治区主席、市长、州长、县长、区长和上一级审计机关的领导下，对本级预算执行情况、决算草案以及其他财政收支情况进行审计监督，向本级人民政府和上一级审计机关提出审计结果报告。

审计机关对下列事项进行审计监督：（1）本级各部门（含直属单位）和下级政府预算的执行情况和决算以及其他财政收支情况。（2）国家的事业组织和使用财政资金的其他事业组织的财务收支。（3）国有企业、国有金融机构和国有资本占控股地位或者主导地位的企业、金融机构的资产、负债、损益以及其他财务收支情况。（4）政府投资和以政府投资为主的建设项目的预算执行情况和决算，以及其他关系国家利益和公共利益的重大公共工程项目的资金管理使用和建设运营情况。（5）国有资源、国有资产。（6）政府部门管理的和其他单位受政府委托管理的社会保险基金、全国社会保障基金、社会捐赠资金以及其他公共资金的财务收支。（7）国际组织和外国政府援助、贷款项目的财务收支。（8）被审计单位贯彻落实国家重大经济社会政策措施情况。（9）领导干部经济责任审计和自然资源资产离任审计。（10）除审计法规定的审计事项外，审计机关对其他法律、行政法规规定应当由审计机关进行审计的事项，依照审计法和有关法律、行政法规的规定进行审计监督。

**配套**

《审计法》第18~27条、第58条

**第一百一十条　【地方政府与同级人大、上级政府的关系】** 地方各级人民政府对本级人民代表大会负责并报告工作。县级以上的地方各级人民政府在本级人民代表大会闭会期间，对本级人民代表大会常务委员会负责并报告工作。

地方各级人民政府对上一级国家行政机关负责并报告工作。全国地方各级人民政府都是国务院统一领导下的国家行政机关，都服从国务院。

> 注解

地方各级人民政府对本级人民代表大会和上一级国家行政机关负责并报告工作。县级以上的地方各级人民政府在本级人民代表大会闭会期间，对本级人民代表大会常务委员会负责并报告工作。地方各级人民政府实行重大事项请示报告制度。(参见《地方各级人民代表大会和地方各级人民政府组织法》第69条)

**第一百一十一条　【居民委员会和村民委员会】**城市和农村按居民居住地区设立的居民委员会或者村民委员会是基层群众性自治组织。居民委员会、村民委员会的主任、副主任和委员由居民选举。居民委员会、村民委员会同基层政权的相互关系由法律规定。

居民委员会、村民委员会设人民调解、治安保卫、公共卫生等委员会，办理本居住地区的公共事务和公益事业，调解民间纠纷，协助维护社会治安，并且向人民政府反映群众的意见、要求和提出建议。

> 注解

居民委员会是居民自我管理、自我教育、自我服务的基层群众性自治组织。不设区的市、市辖区的人民政府或者它的派出机关对居民委员会的工作给予指导、支持和帮助。居民委员会协助不设区的市、市辖区的人民政府或者它的派出机关开展工作。居民委员会由主任、副主任和委员共5至9人组成。多民族居住地区，居民委员会中应当有人数较少的民族的成员。居民委员会主任、副主任和委员，由本居住地区全体有选举权的居民或者由每户派代表选举产生；根据居民意见，也可以由每个居民小组选举代表2至3人选举产生。居民委员会每届任期5年，其成员可以连选连任。

村民委员会是村民自我管理、自我教育、自我服务的基层群众性自治组织，实行民主选举、民主决策、民主管理、民主监督。村民委员会办理本村的公共事务和公益事业，调解民间纠纷，协助维护社会治安，向人民政府反映村民的意见、要求和提出建议。乡、民族乡、镇的人民政府对村民委员会的工作给予指导、支持和帮助，但是不得干预依法属于村民自治范围内的事项。村民委员会协助乡、民族乡、镇的人民政府开展工作。村民委员会由主任、副主任和委员共3至7人组成。村民委员会成员中，应当有妇女成员，多民族村民居住的村应当有人数较少的民族的成员。村民委员会主任、副主任和委员，由村民直接选举产生。任何组织或者个人不得指定、委派或者撤换村民委员会成员。村民委员会每届任期5年，届满应当及时举行换届选举。村民委员会成员可以连选连任。

人民调解委员会是依法设立的调解民间纠纷的群众性组织。村民委员会、居民委员会设立人民调解委员会。村民委员会、居民委员会的人民调解委员会委员由村民会议或者村民代表会议、居民会议推选产生。人民调解委员会委员每届任期3年，可以连选连任。人民调解委员会应当建立健全各项调解工作制度，听取群众意见，接受群众监督。村民委员会、居民委员会和企业事业单位应当为人民调解委员会开展工作提供办公条件和必要的工作经费。

应用

### 60. 如何理解基层群众自治组织与基层人民政府的关系

居民委员会和村民委员会是基层群众性自治组织，这就决定了基层人民政府与它的关系不是行政机关之间的领导与被领导关系，而是指导与被指导、协助与被协助的关系。如果将基层人民政府与基层群众自治组织的关系确定为领导与被领导的关系，就有可能使基层群众自治组织成为政府的"一条腿"，使基层政府把大量的行政工作压给基层群众自治组织，或者出现代替基层群众自治组织的行为，这都影响基层群众自治。

我国村民委员会组织法和城市居民委员会组织法对上述关系作了具体规定。乡、民族乡、镇的人民政府对村民委员会的工作给予指导、支持和帮助，但是不得干预依法属于村民自治范围内的事项。村民委员会协助乡、民族乡、镇的人民政府开展工作。不设区的市、市辖区的人民政府或者它的派出机关对居民委员会的工作给予指导、支持和帮助。居民委员会协助不设区的市、市辖区的人民政府或者它的派出机关开展工作。

配套

《村民委员会组织法》；《城市居民委员会组织法》；《人民调解法》

## 第六节　民族自治地方的自治机关

**第一百一十二条**　【民族自治机关】民族自治地方的自治机关是自治区、自治州、自治县的人民代表大会和人民政府。

注解

民族自治地方分为自治区、自治州和自治县，民族乡不属于民族自治地方。民族自治地方的自治机关是自治区、自治州、自治县的人民代表大会和人民政府。民族自治地方的人民政府对本级人民代表大会和上一级国家行政机关负责并报告工作，在本级人民代表大会闭会期间，对本级人民代表大会常务委员会负责并报告工作。各民族自治地方的人民政府都是国务院统一领导下的国家行政机关，都服从国务院。（参见《民族区域自治法》第2、15条）

配套

《民族区域自治法》

**第一百一十三条**　【自治地方的人大及其常委会的组成】自治区、自治州、自治县的人民代表大会中，除实行区域自治的民族的代表外，其他居住在本行政区域内的民族也应当有适当名额的代表。

自治区、自治州、自治县的人民代表大会常务委员会中应当有实行区域自治的民族的公民担任主任或者副主任。

**第一百一十四条**　【自治地方政府首长的人选】自治区主席、自治州州长、自治县县长由实行区域自治的民族的公民担任。

**第一百一十五条**　【民族自治地方的自治权】自治区、自治州、自治县的自治机关行使宪法第三章第五节规定的地方国家机关的职权，同时依照宪法、民族区域自治法和其他法律规定的权限行使自治权，根据本地方实际情况贯彻执行国家的法律、政策。

**应用**

61. 民族自治地方自治机关的自治权主要包含哪些内容

民族自治地方自治机关的自治权主要包括：一是民族自治地方立法权。民族自治地方的人民代表大会有权依照当地民族的政治、经济和文化的特点，制定自治条例和单行条例。二是变通执行权。上级国家机关的决议、决定、命令和指示，如有不适合民族自治地方实际情况的，自治机关可以报经该上级国家机关批准，变通执行或者停止执行。三是使用民族语言文字权。自治机关在执行职务的时候，依照民族自治地方自治条例的规定，使用当地通用的一种或者几种语言文字。四是自主管理权。自治机关可以依照宪法、法律规定，自主管理本区域的经济建设、财政、教育、科学、文化、卫生、环境与资源保护等各项事务。

**第一百一十六条　【自治条例和单行条例】** 民族自治地方的人民代表大会有权依照当地民族的政治、经济和文化的特点，制定自治条例和单行条例。自治区的自治条例和单行条例，报全国人民代表大会常务委员会批准后生效。自治州、自治县的自治条例和单行条例，报省或者自治区的人民代表大会常务委员会批准后生效，并报全国人民代表大会常务委员会备案。

**注解**

民族自治地方的人民代表大会有权依照当地民族的政治、经济和文化的特点，制定自治条例和单行条例。自治区的自治条例和单行条例，报全国人民代表大会常务委员会批准后生效。自治州、自治县的自治条例和单行条例，报省、自治区、直辖市的人民代表大会常务委员会批准后生效。自治条例和单行条例可以依照当地民族的特点，对法律和行政法规的规定作出变通规定，但不得违背法律或者行政法规的基本原则，不得对宪法和民族区域自治法的规定以及其他有关法律、行政法规专门就民族自治地方所作的规定作出变通规定。

**配套**

《民族区域自治法》第19条；《立法法》第85、88条

**第一百一十七条 【财政自治权】**民族自治地方的自治机关有管理地方财政的自治权。凡是依照国家财政体制属于民族自治地方的财政收入，都应当由民族自治地方的自治机关自主地安排使用。

> **注解**

民族自治地方的财政是一级财政，是国家财政的组成部分。民族自治地方在全国统一的财政体制下，通过国家实行的规范的财政转移支付制度，享受上级财政的照顾。民族自治地方的财政预算支出，按照国家规定，设机动资金，预备费在预算中所占比例高于一般地区。民族自治地方的自治机关在执行财政预算过程中，自行安排使用收入的超收和支出的节余资金。

> **配套**

《民族区域自治法》第32条

**第一百一十八条 【地方性经济的自主权】**民族自治地方的自治机关在国家计划的指导下，自主地安排和管理地方性的经济建设事业。

国家在民族自治地方开发资源、建设企业的时候，应当照顾民族自治地方的利益。

> **注解**

民族自治地方的自治机关在国家计划的指导下，根据本地方的特点和需要，制定经济建设的方针、政策和计划，自主地安排和管理地方性的经济建设事业。

**第一百一十九条 【地方文化事业的自主权】**民族自治地方的自治机关自主地管理本地方的教育、科学、文化、卫生、体育事业，保护和整理民族的文化遗产，发展和繁荣民族文化。

> **配套**

《民族区域自治法》第36~42条

第一百二十条 【民族自治地方的公安部队】民族自治地方的自治机关依照国家的军事制度和当地的实际需要，经国务院批准，可以组织本地方维护社会治安的公安部队。

第一百二十一条 【自治机关的公务语言】民族自治地方的自治机关在执行职务的时候，依照本民族自治地方自治条例的规定，使用当地通用的一种或者几种语言文字。

> 配 套

《民族区域自治法》第10、21条

第一百二十二条 【国家对民族自治地方的帮助、扶持】国家从财政、物资、技术等方面帮助各少数民族加速发展经济建设和文化建设事业。

国家帮助民族自治地方从当地民族中大量培养各级干部、各种专业人才和技术工人。

## 第七节 监察委员会

第一百二十三条 【监察机关】中华人民共和国各级监察委员会是国家的监察机关。

> 注 解

中华人民共和国国家监察委员会是最高监察机关。省、自治区、直辖市、自治州、县、自治县、市、市辖区设立监察委员会。

需要注意的是，监察机关行使的是调查权，不同于侦查权。《监察法》规定的执法主体是与党的纪律检查机关合署办公的国家监察机关；监督调查对象是行使公权力的公职人员，而不是普通的刑事犯罪嫌疑人；调查的内容是职务违法和职务犯罪，而不是一般刑事犯罪行为。在案件调查过程中，既要严格依法收集证据，也要用党章党规党纪、理想信念宗旨做被调查人的思想政治工作，靠组织的关怀感化被调查人，让他们真心认错悔过，深挖思想根源，而不仅仅是收集证据，查明犯罪事实。

**配套**

《监察法》第7条

**第一百二十四条 【监察委员会】**中华人民共和国设立国家监察委员会和地方各级监察委员会。

监察委员会由下列人员组成：

主任，

副主任若干人，

委员若干人。

监察委员会主任每届任期同本级人民代表大会每届任期相同。国家监察委员会主任连续任职不得超过两届。

监察委员会的组织和职权由法律规定。

**注解**

《宪法》第30条规定，全国分为省、自治区、直辖市；省、自治区分为自治州、县、自治县、市；直辖市和较大的市分为区、县。据此，我国地方各级监察委员会有三个层级：第一个层级是省、自治区、直辖市监察委员会，如上海市监察委员会、山东省监察委员会、广西壮族自治区监察委员会。第二个层级是设区的市、自治州监察委员会，如江苏省苏州市监察委员会、吉林省延边朝鲜族自治州监察委员会。第三个层级是县、自治县、市、市辖区监察委员会，如湖南省洞口县监察委员会、四川省北川羌族自治县监察委员会、湖北省天门市监察委员会、北京市朝阳区监察委员会。乡、民族乡、镇不设监察委员会，但监察委员会可以在乡镇设派驻机构或者专员。

**第一百二十五条 【各级监察委员会间的关系】**中华人民共和国国家监察委员会是最高监察机关。

国家监察委员会领导地方各级监察委员会的工作，上级监察委员会领导下级监察委员会的工作。

> 注解

　　国家监察委员会在全国监察体系中处于最高地位，主管全国的监察工作，率领并引导所属各内设机构及地方各级监察委员会的工作，一切监察机关都必须服从它的领导。在《监察法》中确立这样的监察机关领导关系，能够保证"全国一盘棋"，保证全国监察机关集中统一领导、统一工作步调、统一依法履职。

　　地方各级监察委员会负责本行政区域内的监察工作，除了依法履行自身的监督、调查、处置职责外，还应对本行政区域内下级监察委员会的工作实行监督和业务领导。

**第一百二十六条　【对监察委员会的监督】**国家监察委员会对全国人民代表大会和全国人民代表大会常务委员会负责。地方各级监察委员会对产生它的国家权力机关和上一级监察委员会负责。

> 注解

　　国家监察委员会对全国人大及其常委会负责并接受其监督，主要体现在三个方面：第一，国家监察委员会的组成人员由全国人大及其常委会选举、任免。第二，全国人民代表大会有权罢免国家监察委员会主任。第三，根据《监察法》第53条的规定，国家监察委员会向全国人大常委会作专项工作报告，接受执法检查，接受人大代表和常务委员会组成人员就监察工作中的有关问题提出的询问和质询。

**第一百二十七条　【监察权的行使】**监察委员会依照法律规定独立行使监察权，不受行政机关、社会团体和个人的干涉。

　　监察机关办理职务违法和职务犯罪案件，应当与审判机关、检察机关、执法部门互相配合，互相制约。

> 注解

　　监察委员会依照监察法和有关法律规定履行监督、调查、处置职责：(1)对公职人员开展廉政教育，对其依法履职、秉公用权、廉洁从政从业以及道德操守情况进行监督检查；（2）对涉嫌贪污贿赂、滥用职权、玩忽职守、权力寻租、利益输送、徇私舞弊以及浪费国家资财等职务违法和职务犯罪进行调查；（3）对违法的公职人员依法作出政务处分决定；对履行职责不力、失职失责的领导人员进行问责；对涉嫌职务犯罪的，将调查结果移送人民检察院依法审查、提起公诉；向监察对象所在单位提出监察建议。（参见《监察法》第11条）

**应用**

**62. 监察机关对哪些人员进行监察**

监察机关对下列公职人员和有关人员进行监察：（1）中国共产党机关、人民代表大会及其常务委员会机关、人民政府、监察委员会、人民法院、人民检察院、中国人民政治协商会议各级委员会机关、民主党派机关和工商业联合会机关的公务员，以及参照《公务员法》管理的人员；（2）法律、法规授权或者受国家机关依法委托管理公共事务的组织中从事公务的人员；（3）国有企业管理人员；（4）公办的教育、科研、文化、医疗卫生、体育等单位中从事管理的人员；（5）基层群众性自治组织中从事管理的人员；（6）其他依法履行公职的人员。（参见《监察法》第15条）

## 第八节 人民法院和人民检察院

**第一百二十八条 【审判机关】**中华人民共和国人民法院是国家的审判机关。

**第一百二十九条 【人民法院的级别、组织和任期】**中华人民共和国设立最高人民法院、地方各级人民法院和军事法院等专门人民法院。

最高人民法院院长每届任期同全国人民代表大会每届任期相同，连续任职不得超过两届。

人民法院的组织由法律规定。

**注解**

人民法院是国家的审判机关。人民法院依照宪法、法律和全国人民代表大会常务委员会的决定设置。人民法院分为：（1）最高人民法院；（2）地方各级人民法院；（3）专门人民法院。地方各级人民法院分为高级人民法院、中级人民法院和基层人民法院。专门人民法院包括军事法院和海事法院、知识产权法院、金融法院等。专门人民法院的设置、组织、职权和法官任免，由全国人民代表大会常务委员会规定。

人民法院院长任期与产生它的人民代表大会每届任期相同。各级人民代表大会有权罢免由其选出的人民法院院长。在地方人民代表大会闭会期间，本级人民代表大会常务委员会认为人民法院院长需要撤换的，应当报请上级人民代表大会常务委员会批准。

人民法院的法官、审判辅助人员和司法行政人员实行分类管理。

法官实行员额制。法官员额根据案件数量、经济社会发展情况、人口数量和人民法院审级等因素确定。最高人民法院法官员额由最高人民法院商有关部门确定。地方各级人民法院法官员额，在省、自治区、直辖市内实行总量控制、动态管理。

法官从取得法律职业资格并且具备法律规定的其他条件的人员中选任。初任法官应当由法官遴选委员会进行专业能力审核。上级人民法院的法官一般从下级人民法院的法官中择优遴选。院长应当具有法学专业知识和法律职业经历。副院长、审判委员会委员应当从法官、检察官或者其他具备法官、检察官条件的人员中产生。

**配 套**

《人民法院组织法》

**第一百三十条** 【审判公开原则和辩护原则】人民法院审理案件，除法律规定的特别情况外，一律公开进行。被告人有权获得辩护。

**注 解**

人民法院对于第一审案件，除下列案件外，应当依法一律公开审理：（1）涉及国家秘密的案件；（2）涉及个人隐私的案件；（3）审判的时候被告人不满18周岁的案件，不公开审理，但是，经未成年被告人及其法定代理人同意，未成年被告人所在学校和未成年人保护组织可以派代表到场；（4）经当事人申请，人民法院决定不公开审理的涉及商业秘密的案件；（5）经当事人申请,人民法院决定不公开审理的离婚案件;(6)法律另有规定的其他不公开审理的案件。对于不公开审理的案件,应当当庭宣布不公开审理的理由。

下列第二审案件应当公开审理:(1)当事人对不服公开审理的第一审案件的判决、裁定提起上诉的,但因违反法定程序发回重审的和事实清楚依法径行判决、裁定的除外。(2)人民检察院对公开审理的案件的判决、裁定提起抗诉的,但需发回重审的除外。(参见《最高人民法院关于严格执行公开审判制度的若干规定》第2、3条)

犯罪嫌疑人、被告人除自己行使辩护权以外,还可以委托1~2人作为辩护人。下列的人可以被委托为辩护人:(1)律师;(2)人民团体或者犯罪嫌疑人、被告人所在单位推荐的人;(3)犯罪嫌疑人、被告人的监护人、亲友。正在被执行刑罚或者依法被剥夺、限制人身自由的人,不得担任辩护人。犯罪嫌疑人自被侦查机关第一次讯问或者采取强制措施之日起,有权委托辩护人;在侦查期间,只能委托律师作为辩护人。被告人有权随时委托辩护人。被开除公职和被吊销律师、公证员执业证书的人,不得担任辩护人,但系犯罪嫌疑人、被告人的监护人、近亲属的除外。侦查机关在第一次讯问犯罪嫌疑人或者对犯罪嫌疑人采取强制措施的时候,应当告知犯罪嫌疑人有权委托辩护人。人民检察院自收到移送审查起诉的案件材料之日起3日以内,应当告知犯罪嫌疑人有权委托辩护人。人民法院自受理案件之日起3日以内,应当告知被告人有权委托辩护人。犯罪嫌疑人、被告人在押期间要求委托辩护人的,人民法院、人民检察院和公安机关应当及时转达其要求。犯罪嫌疑人、被告人在押的,也可以由其监护人、近亲属代为委托辩护人。辩护人接受犯罪嫌疑人、被告人委托后,应当及时告知办理案件的机关。(参见《刑事诉讼法》第33、34条)

**配 套**

《人民法院组织法》第7条;《刑事诉讼法》第11、14条、第一编第四章、第173条;《民事诉讼法》第10、137条;《行政诉讼法》第7、54、65条

**第一百三十一条　【依法独立行使审判权】** 人民法院依照法律规定独立行使审判权,不受行政机关、社会团体和个人的干涉。

**第一百三十二条** 【各级审判机关间的关系】最高人民法院是最高审判机关。

最高人民法院监督地方各级人民法院和专门人民法院的审判工作，上级人民法院监督下级人民法院的审判工作。

**应用**

63. 为什么说人民法院上下级之间是监督而不是领导关系

在我国，人民法院体系内部上级与下级的关系是监督与被监督的关系。最高人民法院监督地方各级人民法院和专门人民法院的审判工作，上级人民法院监督下级人民法院的审判工作。为什么说人民法院上下级之间是监督而不是领导的关系呢？因为人民法院的审判职能不同于行政机关的行政管理职能和检察机关的法律监督职能。行政机关为了加强行政管理、提高行政效率，检察机关为了行使侦查、提起公诉、抗诉等法律监督职权，都必须确立上下级之间的领导与被领导的关系。而人民法院审判工作的特点和规律是，它在处理案件时扮演的是居中裁断、冷静客观、不偏不倚、超脱于当事人双方利益的角色，它处理案件的过程是深入思考、独立作出判断的过程，它处理案件所依据的都是条文既定、内容明确的法律，这些特点和规律决定了下级人民法院的审判工作不需要依靠上级人民法院的直接领导和指挥。相反，如果有上级人民法院的领导和指挥，就会使下级人民法院的审判工作具有行政首长负责制的特点，就会不可避免地导致下级人民法院服从上级人民法院的领导和权威超过服从法律的规定和权威。

**第一百三十三条** 【法院与人大的关系】最高人民法院对全国人民代表大会和全国人民代表大会常务委员会负责。地方各级人民法院对产生它的国家权力机关负责。

**第一百三十四条** 【人民检察院的性质】中华人民共和国人民检察院是国家的法律监督机关。

**第一百三十五条** 【检察院的级别、组织和任期】中华人民共和国设立最高人民检察院、地方各级人民检察院和军事检察院等专门人民检察院。

最高人民检察院检察长每届任期同全国人民代表大会每届任期相同，连续任职不得超过两届。

人民检察院的组织由法律规定。

### 注解

人民检察院分为：(1)最高人民检察院；(2)地方各级人民检察院；(3)军事检察院等专门人民检察院。

人民检察院行使下列职权：(1)依照法律规定对有关刑事案件行使侦查权；(2)对刑事案件进行审查，批准或者决定是否逮捕犯罪嫌疑人；(3)对刑事案件进行审查，决定是否提起公诉，对决定提起公诉的案件支持公诉；(4)依照法律规定提起公益诉讼；(5)对诉讼活动实行法律监督；(6)对判决、裁定等生效法律文书的执行工作实行法律监督；(7)对监狱、看守所的执法活动实行法律监督；(8)法律规定的其他职权。

人民检察院实行检察官办案责任制。检察官对其职权范围内就案件作出的决定负责。检察长、检察委员会对案件作出决定的，承担相应责任。

### 配套

《人民检察院组织法》第12、20、34条

**第一百三十六条　【依法独立行使检察权】**人民检察院依照法律规定独立行使检察权，不受行政机关、社会团体和个人的干涉。

**第一百三十七条　【检察机关间的关系】**最高人民检察院是最高检察机关。

最高人民检察院领导地方各级人民检察院和专门人民检察院的工作，上级人民检察院领导下级人民检察院的工作。

**第一百三十八条　【检察院与人大的关系】**最高人民检察院对全国人民代表大会和全国人民代表大会常务委员会负责。地方各级人民检察院对产生它的国家权力机关和上级人民检察院负责。

**第一百三十九条　【诉讼语言】**各民族公民都有用本民族语言文字进行诉讼的权利。人民法院和人民检察院对于不通晓当地

通用的语言文字的诉讼参与人,应当为他们翻译。

在少数民族聚居或者多民族共同居住的地区,应当用当地通用的语言进行审理;起诉书、判决书、布告和其他文书应当根据实际需要使用当地通用的一种或者几种文字。

**第一百四十条** 【司法机关间的分工与制约原则】人民法院、人民检察院和公安机关办理刑事案件,应当分工负责,互相配合,互相制约,以保证准确有效地执行法律。

`应 用`

64. 人民法院、人民检察院和公安机关之间的互相配合和制约

人民法院、人民检察院和公安机关之间的互相配合和制约是:(1)公安机关在侦查过程中,需要逮捕犯罪嫌疑人时,需要经过人民检察院的批准;人民检察院对公安机关侦查终结的案件,有权进行审查并作出是否起诉的决定;人民检察院有权对公安机关的侦查活动是否合法进行监督。(2)公安机关对于人民检察院的决定如有不同意见,可以要求人民检察院复议;如果意见不被采纳,可以提请上级人民检察院复核。(3)人民法院对于人民检察院提起公诉的案件认为证据不足,不能认定被告人有罪的,应当作出证据不足、指控的犯罪不能成立的无罪判决。(4)人民检察院对人民法院的判决和审判活动是否合法进行监督,如果发现审判活动有违法情况,应当向人民法院提出纠正意见;如果发现人民法院的一审判决和裁定确有错误,应当向上一级人民法院提出抗诉,上级人民法院如果认为下级人民检察院抗诉不当,有权裁定驳回抗诉。

# 第四章 国旗、国歌、国徽、首都

**第一百四十一条** 【国旗、国歌】中华人民共和国国旗是五星红旗。

中华人民共和国国歌是《义勇军进行曲》。

**应用**

**65. 哪些场所或机构所在地应当升挂国旗**

下列场所或者机构所在地,应当每日升挂国旗:(1)北京天安门广场、新华门;(2)中国共产党中央委员会,全国人民代表大会常务委员会,国务院,中央军事委员会,中国共产党中央纪律检查委员会、国家监察委员会,最高人民法院,最高人民检察院;中国人民政治协商会议全国委员会;(3)外交部;(4)出境入境的机场、港口、火车站和其他边境口岸,边防海防哨所。

下列机构所在地应当在工作日升挂国旗:(1)中国共产党中央各部门和地方各级委员会;(2)国务院各部门;(3)地方各级人民代表大会常务委员会;(4)地方各级人民政府;(5)中国共产党地方各级纪律检查委员会、地方各级监察委员会;(6)地方各级人民法院和专门人民法院;(7)地方各级人民检察院和专门人民检察院;(8)中国人民政治协商会议地方各级委员会;(9)各民主党派、各人民团体;(10)中央人民政府驻香港特别行政区有关机构、中央人民政府驻澳门特别行政区有关机构。学校除寒假、暑假和休息日外,应当每日升挂国旗。有条件的幼儿园参照学校的规定升挂国旗。图书馆、博物馆、文化馆、美术馆、科技馆、纪念馆、展览馆、体育馆、青少年宫等公共文化体育设施应当在开放日升挂、悬挂国旗。

国庆节、国际劳动节、元旦、春节和国家宪法日等重要节日、纪念日,各级国家机关、各人民团体以及大型广场、公园等公共活动场所应当升挂国旗;企业事业组织,村民委员会、居民委员会,居民院(楼、小区)有条件的应当升挂国旗。民族自治地方在民族自治地方成立纪念日和主要传统民族节日应当升挂国旗。举行宪法宣誓仪式时,应当在宣誓场所悬挂国旗。

**66. 哪些场合应当奏唱国歌**

在下列场合,应当奏唱国歌:(1)全国人民代表大会会议和地方各级人民代表大会会议的开幕、闭幕;中国人民政治协商会议全国委员会会议和地方各级委员会会议的开幕、闭幕;(2)各政党、各人民团体的各级代表大会等;(3)宪法宣誓仪式;(4)升国旗仪式;(5)各级机关举行或者组织的重大庆典、表彰、纪念仪式等;(6)国家公祭仪式;(7)重大外交活动;(8)重大体育赛事;(9)其他应当奏唱国歌的场合。

**配套**

《国旗法》;《国歌法》

**第一百四十二条 【国徽】**中华人民共和国国徽,中间是五星照耀下的天安门,周围是谷穗和齿轮。

**应用**

67. 哪些机构和场所应当悬挂国徽

下列机构应当悬挂国徽:(1)各级人民代表大会常务委员会;(2)各级人民政府;(3)中央军事委员会;(4)各级监察委员会;(5)各级人民法院和专门人民法院;(6)各级人民检察院和专门人民检察院;(7)外交部;(8)国家驻外使馆、领馆和其他外交代表机构;(9)中央人民政府驻香港特别行政区有关机构、中央人民政府驻澳门特别行政区有关机构。国徽应当悬挂在机关正门上方正中处。

下列场所应当悬挂国徽:(1)北京天安门城楼、人民大会堂;(2)县级以上各级人民代表大会及其常务委员会会议厅,乡、民族乡、镇的人民代表大会会场;(3)各级人民法院和专门人民法院的审判庭;(4)宪法宣誓场所;(5)出境入境口岸的适当场所。

**配套**

《国徽法》

**第一百四十三条 【首都】**中华人民共和国首都是北京。

# 配套法规

## 中华人民共和国宪法修正案

（1988年4月12日第七届全国人民代表大会第一次会议通过　1988年4月12日全国人民代表大会公告第八号公布施行）

**第一条**　【私营经济的地位及管理】宪法第十一条增加规定："国家允许私营经济在法律规定的范围内存在和发展。私营经济是社会主义公有制经济的补充。国家保护私营经济的合法的权利和利益，对私营经济实行引导、监督和管理。"

**第二条**　【土地使用权可转让】宪法第十条第四款"任何组织或者个人不得侵占、买卖、出租或者以其他形式非法转让土地。"修改为："任何组织或者个人不得侵占、买卖或者以其他形式非法转让土地。土地的使用权可以依照法律的规定转让。"

## 中华人民共和国宪法修正案

（1993年3月29日第八届全国人民代表大会第一次会议通过　1993年3月29日全国人民代表大会公告第八号公布施行）

**第三条**　【社会主义初级阶段的根本任务及目标】宪法序言第七自然段后两句："今后国家的根本任务是集中力量进行社会主义现

代化建设。中国各族人民将继续在中国共产党领导下，在马克思列宁主义、毛泽东思想指引下，坚持人民民主专政，坚持社会主义道路，不断完善社会主义的各项制度，发展社会主义民主，健全社会主义法制，自力更生，艰苦奋斗，逐步实现工业、农业、国防和科学技术的现代化，把我国建设成为高度文明、高度民主的社会主义国家。"修改为："我国正处于社会主义初级阶段。国家的根本任务是，根据建设有中国特色社会主义的理论，集中力量进行社会主义现代化建设。中国各族人民将继续在中国共产党领导下，在马克思列宁主义、毛泽东思想指引下，坚持人民民主专政，坚持社会主义道路，坚持改革开放，不断完善社会主义的各项制度，发展社会主义民主，健全社会主义法制，自力更生，艰苦奋斗，逐步实现工业、农业、国防和科学技术的现代化，把我国建设成为富强、民主、文明的社会主义国家。"

**第四条**　【政党制度】宪法序言第十自然段末尾增加："中国共产党领导的多党合作和政治协商制度将长期存在和发展。"

**第五条**　【国有经济】宪法第七条："国营经济是社会主义全民所有制经济，是国民经济中的主导力量。国家保障国营经济的巩固和发展。"修改为："国有经济，即社会主义全民所有制经济，是国民经济中的主导力量。国家保障国有经济的巩固和发展。"

**第六条**　【农村集体经济】宪法第八条第一款："农村人民公社、农业生产合作社和其他生产、供销、信用、消费等各种形式的合作经济，是社会主义劳动群众集体所有制经济。参加农村集体经济组织的劳动者，有权在法律规定的范围内经营自留地、自留山、家庭副业和饲养自留畜。"修改为："农村中的家庭联产承包为主的责任制和生产、供销、信用、消费等各种形式的合作经济，是社会主义劳动群众集体所有制经济。参加农村集体经济组织的劳动者，有权在法律规定的范围内经营自留地、自留山、家庭副业和饲养自留畜。"

**第七条**　【市场经济】宪法第十五条："国家在社会主义公有制

基础上实行计划经济。国家通过经济计划的综合平衡和市场调节的辅助作用，保证国民经济按比例地协调发展。""禁止任何组织或者个人扰乱社会经济秩序，破坏国家经济计划。"修改为："国家实行社会主义市场经济。""国家加强经济立法，完善宏观调控。""国家依法禁止任何组织或者个人扰乱社会经济秩序。"

**第八条** 【国有企业】宪法第十六条："国营企业在服从国家的统一领导和全面完成国家计划的前提下，在法律规定的范围内，有经营管理的自主权。""国营企业依照法律规定，通过职工代表大会和其他形式，实行民主管理。"修改为："国有企业在法律规定的范围内有权自主经营。""国有企业依照法律规定，通过职工代表大会和其他形式，实行民主管理。"

**第九条** 【集体企业】宪法第十七条："集体经济组织在接受国家计划指导和遵守有关法律的前提下，有独立进行经济活动的自主权。""集体经济组织依照法律规定实行民主管理，由它的全体劳动者选举和罢免管理人员，决定经营管理的重大问题。"修改为："集体经济组织在遵守有关法律的前提下，有独立进行经济活动的自主权。""集体经济组织实行民主管理，依照法律规定选举和罢免管理人员，决定经营管理的重大问题。"

**第十条** 【劳动义务】宪法第四十二条第三款："劳动是一切有劳动能力的公民的光荣职责。国营企业和城乡集体经济组织的劳动者都应当以国家主人翁的态度对待自己的劳动。国家提倡社会主义劳动竞赛，奖励劳动模范和先进工作者。国家提倡公民从事义务劳动。"修改为："劳动是一切有劳动能力的公民的光荣职责。国有企业和城乡集体经济组织的劳动者都应当以国家主人翁的态度对待自己的劳动。国家提倡社会主义劳动竞赛，奖励劳动模范和先进工作者。国家提倡公民从事义务劳动。"

**第十一条** 【地方权力机关的任期】宪法第九十八条："省、直辖市、设区的市的人民代表大会每届任期5年。县、不设区的市、市辖区、乡、民族乡、镇的人民代表大会每届任期3年。"修改为：

"省、直辖市、县、市、市辖区的人民代表大会每届任期5年。乡、民族乡、镇的人民代表大会每届任期3年。"

# 中华人民共和国宪法修正案

(1999年3月15日第九届全国人民代表大会第二次会议通过 1999年3月15日全国人民代表大会公告公布施行)

**第十二条** 【社会主义初级阶段的根本任务及目标】宪法序言第七自然段:"中国新民主主义革命的胜利和社会主义事业的成就,都是中国共产党领导中国各族人民,在马克思列宁主义、毛泽东思想的指引下,坚持真理,修正错误,战胜许多艰难险阻而取得的。我国正处于社会主义初级阶段。国家的根本任务是,根据建设有中国特色社会主义的理论,集中力量进行社会主义现代化建设。中国各族人民将继续在中国共产党领导下,在马克思列宁主义、毛泽东思想指引下,坚持人民民主专政,坚持社会主义道路,坚持改革开放,不断完善社会主义的各项制度,发展社会主义民主,健全社会主义法制,自力更生,艰苦奋斗,逐步实现工业、农业、国防和科学技术的现代化,把我国建设成为富强、民主、文明的社会主义国家。"修改为:"中国新民主主义革命的胜利和社会主义事业的成就,是中国共产党领导中国各族人民,在马克思列宁主义、毛泽东思想的指引下,坚持真理,修正错误,战胜许多艰难险阻而取得的。我国将长期处于社会主义初级阶段。国家的根本任务是,沿着建设有中国特色社会主义的道路,集中力量进行社会主义现代化建设。中国各族人民将继续在中国共产党领导下,在马克思列宁主义、毛泽东思想、邓小平理论指引下,坚持人民民主专政,坚持社会主义道路,坚持改革开放,不断完善社会主义的各项制度,发展社会主义市场经济，发展社会主义民主，健全社会主义法制，自力更生，艰苦奋斗，逐步实现工业、农业、国防和科学技术的现代化，把我国建设成为富强、民主、文明的社会主义国家。"

**第十三条** 【法治建设的目标】宪法第五条增加一款，作为第一款，规定："中华人民共和国实行依法治国，建设社会主义法治国家。"

**第十四条** 【经济制度及分配制度】宪法第六条："中华人民共和国的社会主义经济制度的基础是生产资料的社会主义公有制，即全民所有制和劳动群众集体所有制。""社会主义公有制消灭人剥削人的制度，实行各尽所能，按劳分配的原则。"修改为："中华人民共和国的社会主义经济制度的基础是生产资料的社会主义公有制，即全民所有制和劳动群众集体所有制。社会主义公有制消灭人剥削人的制度，实行各尽所能、按劳分配的原则。""国家在社会主义初级阶段，坚持公有制为主体、多种所有制经济共同发展的基本经济制度，坚持按劳分配为主体、多种分配方式并存的分配制度。"

**第十五条** 【农村经济组织形式】宪法第八条第一款："农村中的家庭联产承包为主的责任制和生产、供销、信用、消费等各种形式的合作经济，是社会主义劳动群众集体所有制经济。参加农村集体经济组织的劳动者，有权在法律规定的范围内经营自留地、自留山、家庭副业和饲养自留畜。"修改为："农村集体经济组织实行家庭承包经营为基础、统分结合的双层经营体制。农村中的生产、供销、信用、消费等各种形式的合作经济，是社会主义劳动群众集体所有制经济。参加农村集体经济组织的劳动者，有权在法律规定的范围内经营自留地、自留山、家庭副业和饲养自留畜。"

**第十六条** 【非公有制经济的地位和管理】宪法第十一条："在法律规定范围内的城乡劳动者个体经济，是社会主义公有制经济的补充。国家保护个体经济的合法的权利和利益。""国家通过行政管理，指导、帮助和监督个体经济。""国家允许私营经济在法律规定的范围内存在和发展。私营经济是社会主义公有制经济的补充。国家保护私营经济的合法的权利和利益,对私营经济实行引导、监督和管理。"修改为:"在法律规定范围内的个体经济、私营经济等非公有制经济,是社会主义市场经济的重要组成部分。""国家保护个体经济、私营经济的合法的权利和利益。国家对个体经济、私营经济实行引导、监督和管理。"

第十七条 【维护社会秩序】宪法第二十八条:"国家维护社会秩序,镇压叛国和其他反革命的活动,制裁危害社会治安、破坏社会主义经济和其他犯罪的活动,惩办和改造犯罪分子。"修改为:"国家维护社会秩序,镇压叛国和其他危害国家安全的犯罪活动,制裁危害社会治安、破坏社会主义经济和其他犯罪的活动,惩办和改造犯罪分子。"

# 中华人民共和国宪法修正案

(2004年3月14日第十届全国人民代表大会第二次会议通过 2004年3月14日全国人民代表大会公告公布施行)

第十八条 【社会主义初级阶段的根本任务及目标】宪法序言第七自然段中"在马克思列宁主义、毛泽东思想、邓小平理论指引下"修改为"在马克思列宁主义、毛泽东思想、邓小平理论和'三个代表'重要思想指引下","沿着建设有中国特色社会主义的道路"修改为"沿着中国特色社会主义道路","逐步实现工业、农业、国防和科学技术的现代化"之后增加"推动物质文明、政治文明和精神文明协调发展"。这一自然段相应地修改为:"中国新民主主义革命的胜利和社会主义事业的成就,是中国共产党领导中国各族人民,在马克思列宁主义、毛泽东思想的指引下,坚持真理,修正错误,战胜许多艰难险阻而取得的。我国将长期处于社会主义初级阶段。国家的根本任务是,沿着中国特色社会主义道路,集中力量进行社会主义现代化建设。中国各族人民将继续在中国共产党领导下，在马克思列宁主义、毛泽东思想、邓小平理论和'三个代表'重要思想指引下，坚持人民民主专政，坚持社会主义道路，坚持改革开放，不断完善社会主义的各项制度，发展社会主义市场经济，发展社会主义民主，健全社会主义法制，自力更生，艰苦奋斗，逐步实现工业、农业、国防和科学技术的现代化，推动物质文明、政治文明和精神文明协调发展，把我国建设成为富强、民主、文明的社会主义国家。"

**第十九条** 【爱国统一战线】宪法序言第十自然段第二句"在长期的革命和建设过程中，已经结成由中国共产党领导的，有各民主党派和各人民团体参加的，包括全体社会主义劳动者、拥护社会主义的爱国者和拥护祖国统一的爱国者的广泛的爱国统一战线，这个统一战线将继续巩固和发展。"修改为："在长期的革命和建设过程中，已经结成由中国共产党领导的，有各民主党派和各人民团体参加的，包括全体社会主义劳动者、社会主义事业的建设者、拥护社会主义的爱国者和拥护祖国统一的爱国者的广泛的爱国统一战线，这个统一战线将继续巩固和发展。"

**第二十条** 【土地征收征用】宪法第十条第三款"国家为了公共利益的需要，可以依照法律规定对土地实行征用。"修改为："国家为了公共利益的需要，可以依照法律规定对土地实行征收或者征用并给予补偿。"

**第二十一条** 【非公有制经济管理】宪法第十一条第二款"国家保护个体经济、私营经济的合法的权利和利益。国家对个体经济、私营经济实行引导、监督和管理。"修改为："国家保护个体经济、私营经济等非公有制经济的合法的权利和利益。国家鼓励、支持和引导非公有制经济的发展，并对非公有制经济依法实行监督和管理。"

**第二十二条** 【保护私有财产】宪法第十三条"国家保护公民的合法的收入、储蓄、房屋和其他合法财产的所有权。""国家依照法律规定保护公民的私有财产的继承权。"修改为："公民的合法的私有财产不受侵犯。""国家依照法律规定保护公民的私有财产权和继承权。""国家为了公共利益的需要，可以依照法律规定对公民的私有财产实行征收或者征用并给予补偿。"

第二十三条 【建立社会保障制度】宪法第十四条增加一款，作为第四款："国家建立健全同经济发展水平相适应的社会保障制度。"

第二十四条 【人权保障】宪法第三十三条增加一款，作为第三款："国家尊重和保障人权。"第三款相应地改为第四款。

第二十五条 【全国人大的组成】宪法第五十九条第一款"全国人民代表大会由省、自治区、直辖市和军队选出的代表组成。各少数民族都应当有适当名额的代表。"修改为："全国人民代表大会由省、自治区、直辖市、特别行政区和军队选出的代表组成。各少数民族都应当有适当名额的代表。"

第二十六条 【全国人大常委会的职权】宪法第六十七条全国人民代表大会常务委员会职权第二十项"（二十）决定全国或者个别省、自治区、直辖市的戒严"修改为"（二十）决定全国或者个别省、自治区、直辖市进入紧急状态"。

第二十七条 【主席的职权】宪法第八十条"中华人民共和国主席根据全国人民代表大会的决定和全国人民代表大会常务委员会的决定，公布法律，任免国务院总理、副总理、国务委员、各部部长、各委员会主任、审计长、秘书长，授予国家的勋章和荣誉称号，发布特赦令，发布戒严令，宣布战争状态，发布动员令。"修改为："中华人民共和国主席根据全国人民代表大会的决定和全国人民代表大会常务委员会的决定，公布法律，任免国务院总理、副总理、国务委员、各部部长、各委员会主任、审计长、秘书长，授予国家的勋章和荣誉称号，发布特赦令，宣布进入紧急状态，宣布战争状态，发布动员令。"

第二十八条 【主席的外交职权】宪法第八十一条"中华人民共和国主席代表中华人民共和国，接受外国使节；根据全国人民代表大会常务委员会的决定，派遣和召回驻外全权代表，批准和废除同外国缔结的条约和重要协定。"修改为："中华人民共和国主席代表中华人民共和国，进行国事活动，接受外国使节；根据全国人民代表大会常务委员会的决定，派遣和召回驻外全权代表，批准和废除同外国缔结的条约和重要协定。"

**第二十九条** 【国务院的职权】宪法第八十九条国务院职权第十六项"（十六）决定省、自治区、直辖市的范围内部分地区的戒严"修改为"（十六）依照法律规定决定省、自治区、直辖市的范围内部分地区进入紧急状态"。

**第三十条** 【地方人大的任期】宪法第九十八条"省、直辖市、县、市、市辖区的人民代表大会每届任期五年。乡、民族乡、镇的人民代表大会每届任期三年。"修改为："地方各级人民代表大会每届任期五年。"

**第三十一条** 【国歌入宪】宪法第四章章名"国旗、国徽、首都"修改为"国旗、国歌、国徽、首都"。宪法第一百三十六条增加一款，作为第二款："中华人民共和国国歌是《义勇军进行曲》。"

# 中华人民共和国宪法修正案

（2018年3月11日第十三届全国人民代表大会第一次会议通过　2018年3月11日全国人民代表大会公告第一号公布）

**第三十二条** 【社会主义初级阶段的根本任务及目标】宪法序言第七自然段中"在马克思列宁主义、毛泽东思想、邓小平理论和'三个代表'重要思想指引下"修改为"在马克思列宁主义、毛泽东思想、邓小平理论、'三个代表'重要思想、科学发展观、习近平新时代中国特色社会主义思想指引下"；"健全社会主义法制"修改为"健全社会主义法治"；在"自力更生，艰苦奋斗"前增写"贯彻新发展理念"；"推动物质文明、政治文明和精神文明协调发展，把我国建设成为富强、民主、文明的社会主义国家"修改为"推动物质文明、政治文明、精神文明、社会文明、生态文明协调发展,把我国建设成为富强民主文明和谐美丽的社会主义现代化强国,实现中华民族伟大复兴"。这一自然段相应修改为:"中国新民主主义革命的胜利和社会主义事业的成就,是中国共产党领导中国各族人民,在马克思列宁主义、毛泽东思想的指引下,坚持真理,修正错误,战胜许多艰难险阻而取得的。我国将长期处于社会主义初级阶段。国家的根本任务是,沿着中国特色社会主义道路,集中力量进行社会主义现代化建设。中国各族人民将继续在中国共产党领导下,在马克思列宁主义、毛泽东思想、邓小平理论、'三个代表'重要思想、科学发展观、习近平新时代中国特色社会主义思想指引下,坚持人民民主专政,坚持社会主义道路,坚持改革开放,不断完善社会主义的各项制度,发展社会主义市场经济,发展社会主义民主,健全社会主义法治,贯彻新发展理念,自力更生,艰苦奋斗,逐步实现工业、农业、国防和科学技术的现代化,推动物质文明、政治文明、精神文明、社会文明、生态文明协调发展,把我国建设成为富强民主文明和谐美丽的社会主义现代化强国,实现中华民族伟大复兴。"

**第三十三条** 【爱国统一战线】宪法序言第十自然段中"在长期的革命和建设过程中"修改为"在长期的革命、建设、改革过程中";"包括全体社会主义劳动者、社会主义事业的建设者、拥护社会主义的爱国者和拥护祖国统一的爱国者的广泛的爱国统一战线"修改为"包括全体社会主义劳动者、社会主义事业的建设者、拥护社会主义的爱国者、拥护祖国统一和致力于中华民族伟大复兴的爱国者的广泛的爱国统一战线"。这一自然段相应修改为:"社会主义的建设事业必须依靠工人、农民和知识分子,团结一切可以团结的力量。在长期的革命、建设、改革过程中,已经结成由中国共产党领导的,有各民主党派和各人民团体参加的,包括全体社会主义劳动者、社会主义事业的建设者、拥护社会主义的爱国者、拥护祖国统一和致力于中华民族伟大复兴的爱国者的广泛的爱国统一战线，这个统一战线将继续巩固和发展。中国人民政治协商会议是有广泛代表性的统一战线组织，过去发挥了重要的历史作用，今后在国家政治生活、社会生活和对外友好活动中，在进行社会主义现代化建设、维护国家的统一和团结的斗争中，将进一步发挥它的重要作用。中国共产党领导的多党合作和政治协商制度将长期存在和发展。"

第三十四条　【社会主义民族关系】宪法序言第十一自然段中"平等、团结、互助的社会主义民族关系已经确立，并将继续加强。"修改为："平等团结互助和谐的社会主义民族关系已经确立，并将继续加强。"

第三十五条　【对外政策】宪法序言第十二自然段中"中国革命和建设的成就是同世界人民的支持分不开的"修改为"中国革命、建设、改革的成就是同世界人民的支持分不开的"；"中国坚持独立自主的对外政策，坚持互相尊重主权和领土完整、互不侵犯、互不干涉内政、平等互利、和平共处的五项原则"后增加"坚持和平发展道路，坚持互利共赢开放战略"；"发展同各国的外交关系和经济、文化的交流"修改为"发展同各国的外交关系和经济、文化交流，推动构建人类命运共同体"。这一自然段相应修改为："中国革命、建设、改革的成就是同世界人民的支持分不开的。中国的前途是同世界的前途紧密地联系在一起的。中国坚持独立自主的对外政策，坚持互相尊重主权和领土完整、互不侵犯、互不干涉内政、平等互利、和平共处的五项原则，坚持和平发展道路，坚持互利共赢开放战略，发展同各国的外交关系和经济、文化交流，推动构建人类命运共同体；坚持反对帝国主义、霸权主义、殖民主义，加强同世界各国人民的团结，支持被压迫民族和发展中国家争取和维护民族独立、发展民族经济的正义斗争，为维护世界和平和促进人类进步事业而努力。"

第三十六条　【国体】宪法第一条第二款"社会主义制度是中华人民共和国的根本制度。"后增写一句，内容为："中国共产党领导是中国特色社会主义最本质的特征。"

**第三十七条** 【民主集中制原则】宪法第三条第三款"国家行政机关、审判机关、检察机关都由人民代表大会产生,对它负责,受它监督。"修改为:"国家行政机关、监察机关、审判机关、检察机关都由人民代表大会产生,对它负责,受它监督。"

**第三十八条** 【民族政策】宪法第四条第一款中"国家保障各少数民族的合法的权利和利益,维护和发展各民族的平等、团结、互助关系。"修改为:"国家保障各少数民族的合法的权利和利益,维护和发展各民族的平等团结互助和谐关系。"

**第三十九条** 【精神文明建设】宪法第二十四条第二款中"国家提倡爱祖国、爱人民、爱劳动、爱科学、爱社会主义的公德"修改为"国家倡导社会主义核心价值观,提倡爱祖国、爱人民、爱劳动、爱科学、爱社会主义的公德"。这一款相应修改为:"国家倡导社会主义核心价值观,提倡爱祖国、爱人民、爱劳动、爱科学、爱社会主义的公德,在人民中进行爱国主义、集体主义和国际主义、共产主义的教育,进行辩证唯物主义和历史唯物主义的教育,反对资本主义的、封建主义的和其他的腐朽思想。"

**第四十条** 【宪法宣誓】宪法第二十七条增加一款,作为第三款:"国家工作人员就职时应当依照法律规定公开进行宪法宣誓。"

**第四十一条** 【全国人大职权】宪法第六十二条"全国人民代表大会行使下列职权"中增加一项,作为第七项"(七)选举国家监察委员会主任",第七项至第十五项相应改为第八项至第十六项。

**第四十二条** 【全国人大罢免权】宪法第六十三条"全国人民代表大会有权罢免下列人员"中增加一项,作为第四项"(四)国家监察委员会主任",第四项、第五项相应改为第五项、第六项。

**第四十三条** 【全国人大常委会的组成及选举】宪法第六十五条第四款"全国人民代表大会常务委员会的组成人员不得担任国家行政机关、审判机关和检察机关的职务。"修改为:"全国人民代表大会常务委员会的组成人员不得担任国家行政机关、监察机关、审判机关和检察机关的职务。"

**第四十四条　【全国人大常委会职权　全国人大专门委员会】**宪法第六十七条"全国人民代表大会常务委员会行使下列职权"中第六项"（六）监督国务院、中央军事委员会、最高人民法院和最高人民检察院的工作"修改为"（六）监督国务院、中央军事委员会、国家监察委员会、最高人民法院和最高人民检察院的工作"；增加一项，作为第十一项"（十一）根据国家监察委员会主任的提请，任免国家监察委员会副主任、委员"，第十一项至第二十一项相应改为第十二项至第二十二项。

宪法第七十条第一款中"全国人民代表大会设立民族委员会、法律委员会、财政经济委员会、教育科学文化卫生委员会、外事委员会、华侨委员会和其他需要设立的专门委员会。"修改为："全国人民代表大会设立民族委员会、宪法和法律委员会、财政经济委员会、教育科学文化卫生委员会、外事委员会、华侨委员会和其他需要设立的专门委员会。"

**第四十五条　【主席、副主席的任期】**宪法第七十九条第三款"中华人民共和国主席、副主席每届任期同全国人民代表大会每届任期相同，连续任职不得超过两届。"修改为："中华人民共和国主席、副主席每届任期同全国人民代表大会每届任期相同。"

**第四十六条　【国务院的职权】**宪法第八十九条"国务院行使下列职权"中第六项"（六）领导和管理经济工作和城乡建设"修改为"（六）领导和管理经济工作和城乡建设、生态文明建设"；第八项"（八）领导和管理民政、公安、司法行政和监察等工作"修改为"（八）领导和管理民政、公安、司法行政等工作"。

**第四十七条　【地方性法规的制定】**宪法第一百条增加一款，作为第二款："设区的市的人民代表大会和它们的常务委员会，在不同宪法、法律、行政法规和本省、自治区的地方性法规相抵触的前提下，可以依照法律规定制定地方性法规，报本省、自治区人民代表大会常务委员会批准后施行。"

**第四十八条** 【地方人大的选举权】宪法第一百零一条第二款中"县级以上的地方各级人民代表大会选举并且有权罢免本级人民法院院长和本级人民检察院检察长。"修改为:"县级以上的地方各级人民代表大会选举并且有权罢免本级监察委员会主任、本级人民法院院长和本级人民检察院检察长。"

**第四十九条** 【地方人大常委会组成人员任职限制】宪法第一百零三条第三款"县级以上的地方各级人民代表大会常务委员会的组成人员不得担任国家行政机关、审判机关和检察机关的职务。"修改为:"县级以上的地方各级人民代表大会常务委员会的组成人员不得担任国家行政机关、监察机关、审判机关和检察机关的职务。"

**第五十条** 【地方人大常委会职权】宪法第一百零四条中"监督本级人民政府、人民法院和人民检察院的工作"修改为"监督本级人民政府、监察委员会、人民法院和人民检察院的工作"。这一条相应修改为:"县级以上的地方各级人民代表大会常务委员会讨论、决定本行政区域内各方面工作的重大事项;监督本级人民政府、监察委员会、人民法院和人民检察院的工作;撤销本级人民政府的不适当的决定和命令;撤销下一级人民代表大会的不适当的决议;依照法律规定的权限决定国家机关工作人员的任免;在本级人民代表大会闭会期间,罢免和补选上一级人民代表大会的个别代表。"

**第五十一条** 【地方政府职权】宪法第一百零七条第一款"县级以上地方各级人民政府依照法律规定的权限,管理本行政区域内的经济、教育、科学、文化、卫生、体育事业、城乡建设事业和财政、民政、公安、民族事务、司法行政、监察、计划生育等行政工作,发布决定和命令,任免、培训、考核和奖惩行政工作人员。"修改为:"县级以上地方各级人民政府依照法律规定的权限,管理本行政区域内的经济、教育、科学、文化、卫生、体育事业、城乡建设事业和财政、民政、公安、民族事务、司法行政、计划生育等行政工作,发布决定和命令,任免、培训、考核和奖惩行政工作人员。"

**第五十二条** 【监察委员会】宪法第三章"国家机构"中增加一节,作为第七节"监察委员会";增加五条,分别作为第一百二十三条至第一百二十七条。内容如下:

### 第七节 监察委员会

**第一百二十三条** 中华人民共和国各级监察委员会是国家的监察机关。

**第一百二十四条** 中华人民共和国设立国家监察委员会和地方各级监察委员会。

监察委员会由下列人员组成:

主任,

副主任若干人,

委员若干人。

监察委员会主任每届任期同本级人民代表大会每届任期相同。国家监察委员会主任连续任职不得超过两届。

监察委员会的组织和职权由法律规定。

**第一百二十五条** 中华人民共和国国家监察委员会是最高监察机关。

国家监察委员会领导地方各级监察委员会的工作,上级监察委员会领导下级监察委员会的工作。

**第一百二十六条** 国家监察委员会对全国人民代表大会和全国人民代表大会常务委员会负责。地方各级监察委员会对产生它的国家权力机关和上一级监察委员会负责。

**第一百二十七条** 监察委员会依照法律规定独立行使监察权,不受行政机关、社会团体和个人的干涉。

监察机关办理职务违法和职务犯罪案件,应当与审判机关、检察机关、执法部门互相配合，互相制约。

第七节相应改为第八节，第一百二十三条至第一百三十八条相应改为第一百二十八条至第一百四十三条。

# 中华人民共和国全国人民代表大会组织法

（1982年12月10日第五届全国人民代表大会第五次会议通过　1982年12月10日全国人民代表大会公告公布施行　根据2021年3月11日第十三届全国人民代表大会第四次会议《关于修改〈中华人民共和国全国人民代表大会组织法〉的决定》修正）

## 第一章　总　　则

**第一条**　为了健全全国人民代表大会及其常务委员会的组织和工作制度，保障和规范其行使职权，坚持和完善人民代表大会制度，保证人民当家作主，根据宪法，制定本法。

**第二条**　全国人民代表大会是最高国家权力机关，其常设机关是全国人民代表大会常务委员会。

**第三条**　全国人民代表大会及其常务委员会坚持中国共产党的领导，坚持以马克思列宁主义、毛泽东思想、邓小平理论、"三个代表"重要思想、科学发展观、习近平新时代中国特色社会主义思想为指导，依照宪法和法律规定行使职权。

**第四条**　全国人民代表大会由民主选举产生，对人民负责，受人民监督。

全国人民代表大会及其常务委员会坚持全过程民主，始终同人民保持密切联系，倾听人民的意见和建议，体现人民意志，保障人民权益。

**第五条** 全国人民代表大会及其常务委员会行使国家立法权，决定重大事项，监督宪法和法律的实施，维护社会主义法制的统一、尊严、权威，建设社会主义法治国家。

**第六条** 全国人民代表大会及其常务委员会实行民主集中制原则，充分发扬民主，集体行使职权。

**第七条** 全国人民代表大会及其常务委员会积极开展对外交往，加强同各国议会、国际和地区议会组织的交流与合作。

## 第二章　全国人民代表大会会议

**第八条** 全国人民代表大会每届任期五年。

全国人民代表大会会议每年举行一次，由全国人民代表大会常务委员会召集。全国人民代表大会常务委员会认为必要，或者有五分之一以上的全国人民代表大会代表提议，可以临时召集全国人民代表大会会议。

**第九条** 全国人民代表大会代表选出后，由全国人民代表大会常务委员会代表资格审查委员会进行审查。

全国人民代表大会常务委员会根据代表资格审查委员会提出的报告，确认代表的资格或者确定个别代表的当选无效，在每届全国人民代表大会第一次会议前公布代表名单。

对补选的全国人民代表大会代表，依照前款规定进行代表资格审查。

**第十条** 全国人民代表大会代表按照选举单位组成代表团。各代表团分别推选代表团团长、副团长。

代表团在每次全国人民代表大会会议举行前，讨论全国人民代表大会常务委员会提出的关于会议的准备事项；在会议期间，对全国人民代表大会的各项议案进行审议，并可以由代表团团长或者由代表团推派的代表，在主席团会议上或者大会全体会议上，代表代表团对审议的议案发表意见。

**第十一条** 全国人民代表大会每次会议举行预备会议,选举本次会议的主席团和秘书长,通过本次会议的议程和其他准备事项的决定。

主席团和秘书长的名单草案,由全国人民代表大会常务委员会委员长会议提出,经常务委员会会议审议通过后,提交预备会议。

**第十二条** 主席团主持全国人民代表大会会议。

主席团推选常务主席若干人,召集并主持主席团会议。

主席团推选主席团成员若干人分别担任每次大会全体会议的执行主席,并指定其中一人担任全体会议主持人。

**第十三条** 全国人民代表大会会议设立秘书处。秘书处由秘书长和副秘书长若干人组成。副秘书长的人选由主席团决定。

秘书处在秘书长领导下,办理主席团交付的事项,处理会议日常事务工作。副秘书长协助秘书长工作。

**第十四条** 主席团处理下列事项:

(一)根据会议议程决定会议日程;

(二)决定会议期间代表提出议案的截止时间;

(三)听取和审议关于议案处理意见的报告,决定会议期间提出的议案是否列入会议议程;

(四)听取和审议秘书处和有关专门委员会关于各项议案和报告审议、审查情况的报告,决定是否将议案和决定草案、决议草案提请会议表决;

(五)听取主席团常务主席关于国家机构组成人员人选名单的说明,提名由会议选举的国家机构组成人员的人选,依照法定程序确定正式候选人名单;

(六)提出会议选举和决定任命的办法草案;

(七)组织由会议选举或者决定任命的国家机构组成人员的宪法宣誓;

(八)其他应当由主席团处理的事项。

**第十五条** 主席团常务主席就拟提请主席团审议事项,听取秘书处和有关专门委员会的报告,向主席团提出建议。

主席团常务主席可以对会议日程作必要的调整。

**第十六条** 全国人民代表大会主席团,全国人民代表大会常务委员会,全国人民代表大会各专门委员会,国务院,中央军事委员会,国家监察委员会,最高人民法院,最高人民检察院,可以向全国人民代表大会提出属于全国人民代表大会职权范围内的议案。

**第十七条** 一个代表团或者三十名以上的代表联名,可以向全国人民代表大会提出属于全国人民代表大会职权范围内的议案。

**第十八条** 全国人民代表大会常务委员会委员长、副委员长、秘书长、委员的人选,中华人民共和国主席、副主席的人选,中央军事委员会主席的人选,国家监察委员会主任的人选,最高人民法院院长和最高人民检察院检察长的人选,由主席团提名,经各代表团酝酿协商后,再由主席团根据多数代表的意见确定正式候选人名单。

**第十九条** 国务院总理和国务院其他组成人员的人选、中央军事委员会除主席以外的其他组成人员的人选,依照宪法的有关规定提名。

**第二十条** 全国人民代表大会主席团、三个以上的代表团或者十分之一以上的代表,可以提出对全国人民代表大会常务委员会的组成人员,中华人民共和国主席、副主席,国务院和中央军事委员会的组成人员,国家监察委员会主任,最高人民法院院长和最高人民检察院检察长的罢免案,由主席团提请大会审议。

**第二十一条** 全国人民代表大会会议期间,一个代表团或者三十名以上的代表联名,可以书面提出对国务院以及国务院各部门、国家监察委员会、最高人民法院、最高人民检察院的质询案。

## 第三章 全国人民代表大会常务委员会

**第二十二条** 全国人民代表大会常务委员会对全国人民代表大

会负责并报告工作。

全国人民代表大会常务委员会每届任期同全国人民代表大会每届任期相同，行使职权到下届全国人民代表大会选出新的常务委员会为止。

第二十三条　全国人民代表大会常务委员会由下列人员组成：

委员长，

副委员长若干人，

秘书长，

委员若干人。

常务委员会的组成人员由全国人民代表大会从代表中选出。

常务委员会的组成人员不得担任国家行政机关、监察机关、审判机关和检察机关的职务；如果担任上述职务，应当向常务委员会辞去常务委员会的职务。

第二十四条　常务委员会委员长主持常务委员会会议和常务委员会的工作。副委员长、秘书长协助委员长工作。副委员长受委员长的委托，可以代行委员长的部分职权。

委员长因为健康情况不能工作或者缺位的时候，由常务委员会在副委员长中推选一人代理委员长的职务，直到委员长恢复健康或者全国人民代表大会选出新的委员长为止。

第二十五条　常务委员会的委员长、副委员长、秘书长组成委员长会议，处理常务委员会的重要日常工作：

（一）决定常务委员会每次会议的会期，拟订会议议程草案，必要时提出调整会议议程的建议；

（二）对向常务委员会提出的议案和质询案，决定交由有关的专门委员会审议或者提请常务委员会全体会议审议；

（三）决定是否将议案和决定草案、决议草案提请常务委员会全体会议表决，对暂不交付表决的，提出下一步处理意见；

（四）通过常务委员会年度工作要点、立法工作计划、监督工作计划、代表工作计划、专项工作规划和工作规范性文件等；

（五）指导和协调各专门委员会的日常工作；

（六）处理常务委员会其他重要日常工作。

**第二十六条** 常务委员会设立代表资格审查委员会。

代表资格审查委员会的主任委员、副主任委员和委员的人选，由委员长会议在常务委员会组成人员中提名，常务委员会任免。

**第二十七条** 常务委员会设立办公厅，在秘书长领导下工作。

常务委员会设副秘书长若干人，由委员长提请常务委员会任免。

**第二十八条** 常务委员会设立法制工作委员会、预算工作委员会和其他需要设立的工作委员会。

工作委员会的主任、副主任和委员由委员长提请常务委员会任免。

香港特别行政区基本法委员会、澳门特别行政区基本法委员会的设立、职责和组成人员任免，依照有关法律和全国人民代表大会有关决定的规定。

**第二十九条** 委员长会议，全国人民代表大会各专门委员会，国务院，中央军事委员会，国家监察委员会，最高人民法院，最高人民检察院，常务委员会组成人员十人以上联名，可以向常务委员会提出属于常务委员会职权范围内的议案。

**第三十条** 常务委员会会议期间，常务委员会组成人员十人以上联名，可以向常务委员会书面提出对国务院以及国务院各部门、国家监察委员会、最高人民法院、最高人民检察院的质询案。

**第三十一条** 常务委员会在全国人民代表大会闭会期间，根据国务院总理的提名，可以决定国务院其他组成人员的任免；根据中央军事委员会主席的提名，可以决定中央军事委员会其他组成人员的任免。

**第三十二条** 常务委员会在全国人民代表大会闭会期间，根据委员长会议、国务院总理的提请，可以决定撤销国务院其他个别组成人员的职务；根据中央军事委员会主席的提请，可以决定撤销中央军事委员会其他个别组成人员的职务。

**第三十三条** 常务委员会在全国人民代表大会每次会议举行的时候，必须向全国人民代表大会提出工作报告。

## 第四章 全国人民代表大会各委员会

**第三十四条** 全国人民代表大会设立民族委员会、宪法和法律委员会、监察和司法委员会、财政经济委员会、教育科学文化卫生委员会、外事委员会、华侨委员会、环境与资源保护委员会、农业与农村委员会、社会建设委员会和全国人民代表大会认为需要设立的其他专门委员会。各专门委员会受全国人民代表大会领导；在全国人民代表大会闭会期间，受全国人民代表大会常务委员会领导。

各专门委员会由主任委员、副主任委员若干人和委员若干人组成。

各专门委员会的主任委员、副主任委员和委员的人选由主席团在代表中提名，全国人民代表大会会议表决通过。在大会闭会期间，全国人民代表大会常务委员会可以任免专门委员会的副主任委员和委员，由委员长会议提名，常务委员会会议表决通过。

**第三十五条** 各专门委员会每届任期同全国人民代表大会每届任期相同，履行职责到下届全国人民代表大会产生新的专门委员会为止。

**第三十六条** 各专门委员会主任委员主持委员会会议和委员会的工作。副主任委员协助主任委员工作。

各专门委员会可以根据工作需要，任命专家若干人为顾问；顾问可以列席专门委员会会议，发表意见。

顾问由全国人民代表大会常务委员会任免。

**第三十七条** 各专门委员会的工作如下：

（一）审议全国人民代表大会主席团或者全国人民代表大会常务委员会交付的议案；

（二）向全国人民代表大会主席团或者全国人民代表大会常务委员会提出属于全国人民代表大会或者全国人民代表大会常务委员会职权范围内同本委员会有关的议案，组织起草法律草案和其他议案草案；

（三）承担全国人民代表大会常务委员会听取和审议专项工作报告有关具体工作；

（四）承担全国人民代表大会常务委员会执法检查的具体组织实施工作；

（五）承担全国人民代表大会常务委员会专题询问有关具体工作；

（六）按照全国人民代表大会常务委员会工作安排，听取国务院有关部门和国家监察委员会、最高人民法院、最高人民检察院的专题汇报，提出建议；

（七）对属于全国人民代表大会或者全国人民代表大会常务委员会职权范围内同本委员会有关的问题，进行调查研究，提出建议；

（八）审议全国人民代表大会常务委员会交付的被认为同宪法、法律相抵触的国务院的行政法规、决定和命令，国务院各部门的命令、指示和规章，国家监察委员会的监察法规，省、自治区、直辖市和设区的市、自治州的人民代表大会及其常务委员会的地方性法规和决定、决议，省、自治区、直辖市和设区的市、自治州的人民政府的决定、命令和规章，民族自治地方的自治条例和单行条例，经济特区法规，以及最高人民法院、最高人民检察院具体应用法律问题的解释，提出意见；

（九）审议全国人民代表大会主席团或者全国人民代表大会常务委员会交付的质询案，听取受质询机关对质询案的答复，必要的时候向全国人民代表大会主席团或者全国人民代表大会常务委员会提出报告；

（十）研究办理代表建议、批评和意见，负责有关建议、批评和意见的督促办理工作；

（十一）按照全国人民代表大会常务委员会的安排开展对外交往；

（十二）全国人民代表大会及其常务委员会交办的其他工作。

**第三十八条** 民族委员会可以对加强民族团结问题进行调查研究，提出建议；审议自治区报请全国人民代表大会常务委员会批准的自治区的自治条例和单行条例，向全国人民代表大会常务委员会提出报告。

**第三十九条** 宪法和法律委员会承担推动宪法实施、开展宪法解释、推进合宪性审查、加强宪法监督、配合宪法宣传等工作职责。

宪法和法律委员会统一审议向全国人民代表大会或者全国人民代表大会常务委员会提出的法律草案和有关法律问题的决定草案；其他专门委员会就有关草案向宪法和法律委员会提出意见。

**第四十条** 财政经济委员会对国务院提出的国民经济和社会发展计划草案、规划纲要草案、中央和地方预算草案、中央决算草案以及相关报告和调整方案进行审查，提出初步审查意见、审查结果报告；其他专门委员会可以就有关草案和报告向财政经济委员会提出意见。

**第四十一条** 全国人民代表大会或者全国人民代表大会常务委员会可以组织对于特定问题的调查委员会。调查委员会的组织和工作，由全国人民代表大会或者全国人民代表大会常务委员会决定。

## 第五章　全国人民代表大会代表

**第四十二条** 全国人民代表大会代表每届任期五年，从每届全国人民代表大会举行第一次会议开始，到下届全国人民代表大会举行第一次会议为止。

**第四十三条** 全国人民代表大会代表必须模范地遵守宪法和法律，保守国家秘密，并且在自己参加的生产、工作和社会活动中，协助宪法和法律的实施。

第四十四条 全国人民代表大会代表应当同原选举单位和人民保持密切联系，可以列席原选举单位的人民代表大会会议，通过多种方式听取和反映人民的意见和要求，努力为人民服务，充分发挥在全过程民主中的作用。

第四十五条 全国人民代表大会常务委员会和各专门委员会、工作委员会应当同代表保持密切联系，听取代表的意见和建议，支持和保障代表依法履职，扩大代表对各项工作的参与，充分发挥代表作用。

全国人民代表大会常务委员会建立健全常务委员会组成人员和各专门委员会、工作委员会联系代表的工作机制。

全国人民代表大会常务委员会办事机构和工作机构为代表履行职责提供服务保障。

第四十六条 全国人民代表大会代表向全国人民代表大会或者全国人民代表大会常务委员会提出的对各方面工作的建议、批评和意见，由全国人民代表大会常务委员会办事机构交由有关机关、组织研究办理并负责答复。

对全国人民代表大会代表提出的建议、批评和意见，有关机关、组织应当与代表联系沟通，充分听取意见，介绍有关情况，认真研究办理，及时予以答复。

全国人民代表大会有关专门委员会和常务委员会办事机构应当加强对办理工作的督促检查。常务委员会办事机构每年向常务委员会报告代表建议、批评和意见的办理情况，并予以公开。

第四十七条 全国人民代表大会代表在出席全国人民代表大会会议和执行其他属于代表的职务的时候，国家根据实际需要给予适当的补贴和物质上的便利。

第四十八条 全国人民代表大会代表、全国人民代表大会常务委员会的组成人员，在全国人民代表大会和全国人民代表大会常务委员会各种会议上的发言和表决，不受法律追究。

第四十九条 全国人民代表大会代表非经全国人民代表大会主

席团许可,在全国人民代表大会闭会期间非经全国人民代表大会常务委员会许可,不受逮捕或者刑事审判。

全国人民代表大会代表如果因为是现行犯被拘留,执行拘留的公安机关应当立即向全国人民代表大会主席团或者全国人民代表大会常务委员会报告。

# 中华人民共和国全国人民代表大会和地方各级人民代表大会代表法(节录)

(1992年4月3日第七届全国人民代表大会第五次会议通过 根据2009年8月27日第十一届全国人民代表大会常务委员会第十次会议《关于修改部分法律的决定》第一次修正 根据2010年10月28日第十一届全国人民代表大会常务委员会第十七次会议《关于修改〈中华人民共和国全国人民代表大会和地方各级人民代表大会代表法〉的决定》第二次修正 根据2015年8月29日第十二届全国人民代表大会常务委员会第十六次会议《关于修改〈中华人民共和国地方各级人民代表大会和地方各级人民政府组织法〉、〈中华人民共和国全国人民代表大会和地方各级人民代表大会选举法〉、〈中华人民共和国全国人民代表大会和地方各级人民代表大会代表法〉的决定》第三次修正)

## 第一章 总 则

**第一条** 为保证全国人民代表大会和地方各级人民代表大会代表依法行使代表的职权,履行代表的义务,发挥代表作用,根据宪法,制定本法。

**第二条** 全国人民代表大会和地方各级人民代表大会代表依照

法律规定选举产生。

全国人民代表大会代表是最高国家权力机关组成人员，地方各级人民代表大会代表是地方各级国家权力机关组成人员。

全国人民代表大会和地方各级人民代表大会代表，代表人民的利益和意志，依照宪法和法律赋予本级人民代表大会的各项职权，参加行使国家权力。

**第三条** 代表享有下列权利：

（一）出席本级人民代表大会会议，参加审议各项议案、报告和其他议题，发表意见；

（二）依法联名提出议案、质询案、罢免案等；

（三）提出对各方面工作的建议、批评和意见；

（四）参加本级人民代表大会的各项选举；

（五）参加本级人民代表大会的各项表决；

（六）获得依法执行代表职务所需的信息和各项保障；

（七）法律规定的其他权利。

**第四条** 代表应当履行下列义务：

（一）模范地遵守宪法和法律，保守国家秘密，在自己参加的生产、工作和社会活动中，协助宪法和法律的实施；

（二）按时出席本级人民代表大会会议，认真审议各项议案、报告和其他议题，发表意见，做好会议期间的各项工作；

（三）积极参加统一组织的视察、专题调研、执法检查等履职活动；

（四）加强履职学习和调查研究，不断提高执行代表职务的能力；

（五）与原选区选民或者原选举单位和人民群众保持密切联系，听取和反映他们的意见和要求，努力为人民服务；

（六）自觉遵守社会公德，廉洁自律，公道正派，勤勉尽责；

（七）法律规定的其他义务。

**第五条** 代表依照本法的规定在本级人民代表大会会议期间的工作和在本级人民代表大会闭会期间的活动，都是执行代表职务。

国家和社会为代表执行代表职务提供保障。

代表不脱离各自的生产和工作。代表出席本级人民代表大会会议，参加闭会期间统一组织的履职活动，应当安排好本人的生产和工作，优先执行代表职务。

**第六条** 代表受原选区选民或者原选举单位的监督。

## 第二章 代表在本级人民代表大会会议期间的工作

**第七条** 代表应当按时出席本级人民代表大会会议。代表因健康等特殊原因不能出席会议的，应当按照规定请假。

代表在出席本级人民代表大会会议前，应当听取人民群众的意见和建议，为会议期间执行代表职务做好准备。

**第八条** 代表参加大会全体会议、代表团全体会议、小组会议，审议列入会议议程的各项议案和报告。

代表可以被推选或者受邀请列席主席团会议、专门委员会会议，发表意见。

代表应当围绕会议议题发表意见，遵守议事规则。

**第九条** 代表有权依照法律规定的程序向本级人民代表大会提出属于本级人民代表大会职权范围内的议案。议案应当有案由、案据和方案。

代表依法提出的议案，由本级人民代表大会主席团决定是否列入会议议程，或者先交有关的专门委员会审议、提出是否列入会议议程的意见，再决定是否列入会议议程。

列入会议议程的议案，在交付大会表决前，提出议案的代表要求撤回的，经主席团同意，会议对该项议案的审议即行终止。

**第十条** 全国人民代表大会代表，有权依照宪法规定的程序向全国人民代表大会提出修改宪法的议案。

**第十一条** 代表参加本级人民代表大会的各项选举。

全国人民代表大会代表有权对主席团提名的全国人民代表大会常务委员会组成人员的人选，中华人民共和国主席、副主席的人选，中央军事委员会主席的人选，最高人民法院院长和最高人民检察院检察长的人选，全国人民代表大会各专门委员会的人选，提出意见。

县级以上的地方各级人民代表大会代表有权依照法律规定的程序提出本级人民代表大会常务委员会的组成人员，人民政府领导人员，人民法院院长，人民检察院检察长以及上一级人民代表大会代表的人选，并有权对本级人民代表大会主席团和代表依法提出的上述人员的人选提出意见。

乡、民族乡、镇的人民代表大会代表有权依照法律规定的程序提出本级人民代表大会主席、副主席和人民政府领导人员的人选，并有权对本级人民代表大会主席团和代表依法提出的上述人员的人选提出意见。

各级人民代表大会代表有权对本级人民代表大会主席团的人选，提出意见。

代表对确定的候选人，可以投赞成票，可以投反对票，可以另选他人，也可以弃权。

**第十二条** 全国人民代表大会代表参加决定国务院组成人员和中央军事委员会副主席、委员的人选。

县级以上的各级人民代表大会代表参加表决通过本级人民代表大会各专门委员会组成人员的人选。

**第十三条** 代表在审议议案和报告时，可以向本级有关国家机关提出询问。有关国家机关应当派负责人或者负责人员回答询问。

**第十四条** 全国人民代表大会会议期间，一个代表团或者三十名以上的代表联名，有权书面提出对国务院和国务院各部、各委员会，最高人民法院，最高人民检察院的质询案。

县级以上的地方各级人民代表大会代表有权依照法律规定的程序提出对本级人民政府及其所属各部门，人民法院，人民检察院的质询案。

乡、民族乡、镇的人民代表大会代表有权依照法律规定的程序提出对本级人民政府的质询案。

质询案应当写明质询对象、质询的问题和内容。

质询案按照主席团的决定由受质询机关答复。提出质询案的代表半数以上对答复不满意的，可以要求受质询机关再作答复。

**第十五条** 全国人民代表大会代表有权依照法律规定的程序提出对全国人民代表大会常务委员会组成人员，中华人民共和国主席、副主席，国务院组成人员，中央军事委员会组成人员，最高人民法院院长，最高人民检察院检察长的罢免案。

县级以上的地方各级人民代表大会代表有权依照法律规定的程序提出对本级人民代表大会常务委员会组成人员，人民政府组成人员，人民法院院长，人民检察院检察长的罢免案。

乡、民族乡、镇的人民代表大会代表有权依照法律规定的程序提出对本级人民代表大会主席、副主席和人民政府领导人员的罢免案。

罢免案应当写明罢免的理由。

**第十六条** 县级以上的各级人民代表大会代表有权依法提议组织关于特定问题的调查委员会。

**第十七条** 代表参加本级人民代表大会表决，可以投赞成票，可以投反对票，也可以弃权。

**第十八条** 代表有权向本级人民代表大会提出对各方面工作的建议、批评和意见。建议、批评和意见应当明确具体，注重反映实际情况和问题。

## 第三章 代表在本级人民代表大会闭会期间的活动

**第十九条** 县级以上的各级人民代表大会常务委员会组织本级人民代表大会代表开展闭会期间的活动。

县级以上的地方各级人民代表大会常务委员会受上一级人民代

表大会常务委员会的委托，组织本级人民代表大会选举产生的上一级人民代表大会代表开展闭会期间的活动。

乡、民族乡、镇的人民代表大会主席、副主席根据主席团的安排，组织本级人民代表大会代表开展闭会期间的活动。

**第二十条** 代表在闭会期间的活动以集体活动为主，以代表小组活动为基本形式。代表可以通过多种方式听取、反映原选区选民或者原选举单位的意见和要求。

**第二十一条** 县级以上的各级人民代表大会代表，在本级或者下级人民代表大会常务委员会协助下，可以按照便于组织和开展活动的原则组成代表小组。

县级以上的各级人民代表大会代表，可以参加下级人民代表大会代表的代表小组活动。

**第二十二条** 县级以上的各级人民代表大会代表根据本级人民代表大会常务委员会的安排，对本级或者下级国家机关和有关单位的工作进行视察。乡、民族乡、镇的人民代表大会代表根据本级人民代表大会主席团的安排，对本级人民政府和有关单位的工作进行视察。

代表按前款规定进行视察，可以提出约见本级或者下级有关国家机关负责人。被约见的有关国家机关负责人或者由他委托的负责人员应当听取代表的建议、批评和意见。

代表可以持代表证就地进行视察。县级以上的地方各级人民代表大会常务委员会或者乡、民族乡、镇的人民代表大会主席团根据代表的要求，联系安排本级或者上级的代表持代表证就地进行视察。

代表视察时，可以向被视察单位提出建议、批评和意见，但不直接处理问题。

**第二十三条** 代表根据安排，围绕经济社会发展和关系人民群众切身利益、社会普遍关注的重大问题，开展专题调研。

**第二十四条** 代表参加视察、专题调研活动形成的报告，由本级人民代表大会常务委员会办事机构或者乡、民族乡、镇的人民代表大会主席团转交有关机关、组织。对报告中提出的意见和建议的研究处理情况应当向代表反馈。

**第二十五条** 代表有权依照法律规定的程序提议临时召集本级人民代表大会会议。

**第二十六条** 县级以上的各级人民代表大会代表可以应邀列席本级人民代表大会常务委员会会议、本级人民代表大会各专门委员会会议，参加本级人民代表大会常务委员会组织的执法检查和其他活动。乡、民族乡、镇的人民代表大会代表参加本级人民代表大会主席团组织的执法检查和其他活动。

**第二十七条** 全国人民代表大会代表，省、自治区、直辖市、自治州、设区的市的人民代表大会代表可以列席原选举单位的人民代表大会会议，并可以应邀列席原选举单位的人民代表大会常务委员会会议。

**第二十八条** 县级以上的各级人民代表大会代表根据本级人民代表大会或者本级人民代表大会常务委员会的决定，参加关于特定问题的调查委员会。

**第二十九条** 代表在本级人民代表大会闭会期间，有权向本级人民代表大会常务委员会或者乡、民族乡、镇的人民代表大会主席团提出对各方面工作的建议、批评和意见。建议、批评和意见应当明确具体，注重反映实际情况和问题。

**第三十条** 乡、民族乡、镇的人民代表大会代表在本级人民代表大会闭会期间，根据统一安排，开展调研等活动；组成代表小组，分工联系选民，反映人民群众的意见和要求。

……

## 第六章 附　　则

**第五十一条** 省、自治区、直辖市的人民代表大会及其常务委员会可以根据本法和本行政区域的实际情况，制定实施办法。

**第五十二条** 本法自公布之日起施行。

# 中华人民共和国全国人民代表大会和地方各级人民代表大会选举法

（1979年7月1日第五届全国人民代表大会第二次会议通过 根据1982年12月10日第五届全国人民代表大会第五次会议《关于修改〈中华人民共和国全国人民代表大会和地方各级人民代表大会选举法〉的若干规定的决议》第一次修正 根据1986年12月2日第六届全国人民代表大会常务委员会第十八次会议《关于修改〈中华人民共和国全国人民代表大会和地方各级人民代表大会选举法〉的决定》第二次修正 根据1995年2月28日第八届全国人民代表大会常务委员会第十二次会议《关于修改〈中华人民共和国全国人民代表大会和地方各级人民代表大会选举法〉的决定》第三次修正 根据2004年10月27日第十届全国人民代表大会常务委员会第十二次会议《关于修改〈中华人民共和国全国人民代表大会和地方各级人民代表大会选举法〉的决定》第四次修正 根据2010年3月14日第十一届全国人民代表大会第三次会议《关于修改〈中华人民共和国全国人民代表大会和地方各级人民代表大会选举法〉的决定》第五次修正 根据2015年8月29日第十二届全国人民代表大会常务委员会第十六次会议《关于修改〈中华人民共和国地方各级人民代表大会和地方各级人民政府组织法〉、〈中华人民共和国全国人民代表大会和地方各级人民代表大会选举法〉、〈中华人民共和国全国人民代表大会和地方各级人民代表大会代表法〉的决定》第六次修正 根据2020年10月17日第十三届全国人民代表大会常务委员会第二十二次会议《关于修改〈中华人民

共和国全国人民代表大会和地方各级人民代表大会选举法〉的决定》第七次修正）

## 第一章　总　　则

**第一条**　根据中华人民共和国宪法，制定全国人民代表大会和地方各级人民代表大会选举法。

**第二条**　全国人民代表大会和地方各级人民代表大会代表的选举工作，坚持中国共产党的领导，坚持充分发扬民主，坚持严格依法办事。

**第三条**　全国人民代表大会的代表，省、自治区、直辖市、设区的市、自治州的人民代表大会的代表，由下一级人民代表大会选举。

不设区的市、市辖区、县、自治县、乡、民族乡、镇的人民代表大会的代表，由选民直接选举。

**第四条**　中华人民共和国年满十八周岁的公民，不分民族、种族、性别、职业、家庭出身、宗教信仰、教育程度、财产状况和居住期限，都有选举权和被选举权。

依照法律被剥夺政治权利的人没有选举权和被选举权。

**第五条**　每一选民在一次选举中只有一个投票权。

**第六条**　人民解放军单独进行选举，选举办法另订。

**第七条**　全国人民代表大会和地方各级人民代表大会的代表应当具有广泛的代表性，应当有适当数量的基层代表，特别是工人、农民和知识分子代表；应当有适当数量的妇女代表，并逐步提高妇女代表的比例。

全国人民代表大会和归侨人数较多地区的地方人民代表大会，应当有适当名额的归侨代表。

旅居国外的中华人民共和国公民在县级以下人民代表大会代表选举期间在国内的，可以参加原籍地或者出国前居住地的选举。

**第八条** 全国人民代表大会和地方各级人民代表大会的选举经费,列入财政预算,由国库开支。

## 第二章 选举机构

**第九条** 全国人民代表大会常务委员会主持全国人民代表大会代表的选举。省、自治区、直辖市、设区的市、自治州的人民代表大会常务委员会主持本级人民代表大会代表的选举。

不设区的市、市辖区、县、自治县、乡、民族乡、镇设立选举委员会,主持本级人民代表大会代表的选举。不设区的市、市辖区、县、自治县的选举委员会受本级人民代表大会常务委员会的领导。乡、民族乡、镇的选举委员会受不设区的市、市辖区、县、自治县的人民代表大会常务委员会的领导。

省、自治区、直辖市、设区的市、自治州的人民代表大会常务委员会指导本行政区域内县级以下人民代表大会代表的选举工作。

**第十条** 不设区的市、市辖区、县、自治县的选举委员会的组成人员由本级人民代表大会常务委员会任命。乡、民族乡、镇的选举委员会的组成人员由不设区的市、市辖区、县、自治县的人民代表大会常务委员会任命。

选举委员会的组成人员为代表候选人的,应当辞去选举委员会的职务。

**第十一条** 选举委员会履行下列职责:

(一)划分选举本级人民代表大会代表的选区,分配各选区应选代表的名额;

(二)进行选民登记,审查选民资格,公布选民名单;受理对于选民名单不同意见的申诉,并作出决定;

(三)确定选举日期;

(四)了解核实并组织介绍代表候选人的情况;根据较多数选民

的意见，确定和公布正式代表候选人名单；

（五）主持投票选举；

（六）确定选举结果是否有效，公布当选代表名单；

（七）法律规定的其他职责。

选举委员会应当及时公布选举信息。

## 第三章　地方各级人民代表大会代表名额

**第十二条**　地方各级人民代表大会的代表名额，按照下列规定确定：

（一）省、自治区、直辖市的代表名额基数为三百五十名，省、自治区每十五万人可以增加一名代表，直辖市每二万五千人可以增加一名代表；但是，代表总名额不得超过一千名；

（二）设区的市、自治州的代表名额基数为二百四十名，每二万五千人可以增加一名代表；人口超过一千万的，代表总名额不得超过六百五十名；

（三）不设区的市、市辖区、县、自治县的代表名额基数为一百四十名，每五千人可以增加一名代表；人口超过一百五十五万的，代表总名额不得超过四百五十名；人口不足五万的，代表总名额可以少于一百四十名；

（四）乡、民族乡、镇的代表名额基数为四十五名，每一千五百人可以增加一名代表；但是，代表总名额不得超过一百六十名；人口不足二千的，代表总名额可以少于四十五名。

按照前款规定的地方各级人民代表大会的代表名额基数与按人口数增加的代表数相加，即为地方各级人民代表大会的代表总名额。

自治区、聚居的少数民族多的省，经全国人民代表大会常务委员会决定，代表名额可以另加百分之五。聚居的少数民族多或者人口居住分散的县、自治县、乡、民族乡，经省、自治区、直辖市的人民代表大会常务委员会决定，代表名额可以另加百分之五。

第十三条　省、自治区、直辖市的人民代表大会代表的具体名额，由全国人民代表大会常务委员会依照本法确定。设区的市、自治州和县级的人民代表大会代表的具体名额，由省、自治区、直辖市的人民代表大会常务委员会依照本法确定，报全国人民代表大会常务委员会备案。乡级的人民代表大会代表的具体名额，由县级的人民代表大会常务委员会依照本法确定，报上一级人民代表大会常务委员会备案。

第十四条　地方各级人民代表大会的代表总名额经确定后，不再变动。如果由于行政区划变动或者由于重大工程建设等原因造成人口较大变动的，该级人民代表大会的代表总名额依照本法的规定重新确定。

依照前款规定重新确定代表名额的，省、自治区、直辖市的人民代表大会常务委员会应当在三十日内将重新确定代表名额的情况报全国人民代表大会常务委员会备案。

第十五条　地方各级人民代表大会代表名额，由本级人民代表大会常务委员会或者本级选举委员会根据本行政区域所辖的下一级各行政区域或者各选区的人口数，按照每一代表所代表的城乡人口数相同的原则，以及保证各地区、各民族、各方面都有适当数量代表的要求进行分配。在县、自治县的人民代表大会中，人口特少的乡、民族乡、镇，至少应有代表一人。

地方各级人民代表大会代表名额的分配办法，由省、自治区、直辖市人民代表大会常务委员会参照全国人民代表大会代表名额分配的办法，结合本地区的具体情况规定。

## 第四章　全国人民代表大会代表名额

第十六条　全国人民代表大会的代表，由省、自治区、直辖市的人民代表大会和人民解放军选举产生。

全国人民代表大会代表的名额不超过三千人。

香港特别行政区、澳门特别行政区应选全国人民代表大会代表的名额和代表产生办法,由全国人民代表大会另行规定。

**第十七条** 全国人民代表大会代表名额,由全国人民代表大会常务委员会根据各省、自治区、直辖市的人口数,按照每一代表所代表的城乡人口数相同的原则,以及保证各地区、各民族、各方面都有适当数量代表的要求进行分配。

省、自治区、直辖市应选全国人民代表大会代表名额,由根据人口数计算确定的名额数、相同的地区基本名额数和其他应选名额数构成。

全国人民代表大会代表名额的具体分配,由全国人民代表大会常务委员会决定。

**第十八条** 全国少数民族应选全国人民代表大会代表,由全国人民代表大会常务委员会参照各少数民族的人口数和分布等情况,分配给各省、自治区、直辖市的人民代表大会选出。人口特少的民族,至少应有代表一人。

## 第五章 各少数民族的选举

**第十九条** 有少数民族聚居的地方,每一聚居的少数民族都应有代表参加当地的人民代表大会。

聚居境内同一少数民族的总人口数占境内总人口数百分之三十以上的,每一代表所代表的人口数应相当于当地人民代表大会每一代表所代表的人口数。

聚居境内同一少数民族的总人口数不足境内总人口数百分之十五的,每一代表所代表的人口数可以适当少于当地人民代表大会每一代表所代表的人口数,但不得少于二分之一;实行区域自治的民族人口特少的自治县,经省、自治区的人民代表大会常务委员会决定,可以少于二分之一。人口特少的其他聚居民族，至少应有代表一人。

聚居境内同一少数民族的总人口数占境内总人口数百分之十五以上、不足百分之三十的，每一代表所代表的人口数，可以适当少于当地人民代表大会每一代表所代表的人口数，但分配给该少数民族的应选代表名额不得超过代表总名额的百分之三十。

第二十条　自治区、自治州、自治县和有少数民族聚居的乡、民族乡、镇的人民代表大会，对于聚居在境内的其他少数民族和汉族代表的选举，适用本法第十九条的规定。

第二十一条　散居的少数民族应选当地人民代表大会的代表，每一代表所代表的人口数可以少于当地人民代表大会每一代表所代表的人口数。

自治区、自治州、自治县和有少数民族聚居的乡、民族乡、镇的人民代表大会，对于散居的其他少数民族和汉族代表的选举，适用前款的规定。

第二十二条　有少数民族聚居的不设区的市、市辖区、县、乡、民族乡、镇的人民代表大会代表的产生，按照当地的民族关系和居住状况，各少数民族选民可以单独选举或者联合选举。

自治县和有少数民族聚居的乡、民族乡、镇的人民代表大会，对于居住在境内的其他少数民族和汉族代表的选举办法，适用前款的规定。

第二十三条　自治区、自治州、自治县制定或者公布的选举文件、选民名单、选民证、代表候选人名单、代表当选证书和选举委员会的印章等，都应当同时使用当地通用的民族文字。

第二十四条　少数民族选举的其他事项，参照本法有关各条的规定办理。

## 第六章　选区划分

第二十五条　不设区的市、市辖区、县、自治县、乡、民族乡、镇的人民代表大会的代表名额分配到选区，按选区进行选举。选区可以按居住状况划分，也可以按生产单位、事业单位、工作单位划分。

选区的大小，按照每一选区选一名至三名代表划分。

**第二十六条** 本行政区域内各选区每一代表所代表的人口数应当大体相等。

## 第七章 选民登记

**第二十七条** 选民登记按选区进行，经登记确认的选民资格长期有效。每次选举前对上次选民登记以后新满十八周岁的、被剥夺政治权利期满后恢复政治权利的选民，予以登记。对选民经登记后迁出原选区的，列入新迁入的选区的选民名单；对死亡的和依照法律被剥夺政治权利的人，从选民名单上除名。

精神病患者不能行使选举权利的，经选举委员会确认，不列入选民名单。

**第二十八条** 选民名单应在选举日的二十日以前公布，实行凭选民证参加投票选举的，并应当发给选民证。

**第二十九条** 对于公布的选民名单有不同意见的，可以在选民名单公布之日起五日内向选举委员会提出申诉。选举委员会对申诉意见，应在三日内作出处理决定。申诉人如果对处理决定不服，可以在选举日的五日以前向人民法院起诉，人民法院应在选举日以前作出判决。人民法院的判决为最后决定。

## 第八章 代表候选人的提出

**第三十条** 全国和地方各级人民代表大会的代表候选人，按选区或者选举单位提名产生。

各政党、各人民团体，可以联合或者单独推荐代表候选人。选民或者代表，十人以上联名，也可以推荐代表候选人。推荐者应向选举委员会或者大会主席团介绍代表候选人的情况。接受推荐的代表候选人应当向选举委员会或者大会主席团如实提供个人身份、简历等基本情况。提供的基本情况不实的，选举委员会或者大会主席团应当向选民或者代表通报。

各政党、各人民团体联合或者单独推荐的代表候选人的人数，每一选民或者代表参加联名推荐的代表候选人的人数，均不得超过本选区或者选举单位应选代表的名额。

**第三十一条** 全国和地方各级人民代表大会代表实行差额选举，代表候选人的人数应多于应选代表的名额。

由选民直接选举人民代表大会代表的，代表候选人的人数应多于应选代表名额三分之一至一倍；由县级以上的地方各级人民代表大会选举上一级人民代表大会代表的，代表候选人的人数应多于应选代表名额五分之一至二分之一。

**第三十二条** 由选民直接选举人民代表大会代表的，代表候选人由各选区选民和各政党、各人民团体提名推荐。选举委员会汇总后，将代表候选人名单及代表候选人的基本情况在选举日的十五日以前公布，并交各该选区的选民小组讨论、协商，确定正式代表候选人名单。如果所提代表候选人的人数超过本法第三十一条规定的最高差额比例，由选举委员会交各该选区的选民小组讨论、协商，根据较多数选民的意见，确定正式代表候选人名单；对正式代表候选人不能形成较为一致意见的，进行预选，根据预选时得票多少的顺序，确定正式代表候选人名单。正式代表候选人名单及代表候选人的基本情况应当在选举日的七日以前公布。

县级以上的地方各级人民代表大会在选举上一级人民代表大会代表时，提名、酝酿代表候选人的时间不得少于两天。各该级人民代表大会主席团将依法提出的代表候选人名单及代表候选人的基本情况印发全体代表，由全体代表酝酿、讨论。如果所提代表候选人的人数符合本法第三十一条规定的差额比例，直接进行投票选举。

如果所提代表候选人的人数超过本法第三十一条规定的最高差额比例，进行预选，根据预选时得票多少的顺序，按照本级人民代表大会的选举办法根据本法确定的具体差额比例，确定正式代表候选人名单，进行投票选举。

第三十三条　县级以上的地方各级人民代表大会在选举上一级人民代表大会代表时，代表候选人不限于各该级人民代表大会的代表。

第三十四条　选举委员会或者人民代表大会主席团应当向选民或者代表介绍代表候选人的情况。推荐代表候选人的政党、人民团体和选民、代表可以在选民小组或者代表小组会议上介绍所推荐的代表候选人的情况。选举委员会根据选民的要求，应当组织代表候选人与选民见面，由代表候选人介绍本人的情况，回答选民的问题。但是，在选举日必须停止代表候选人的介绍。

第三十五条　公民参加各级人民代表大会代表的选举，不得直接或者间接接受境外机构、组织、个人提供的与选举有关的任何形式的资助。

违反前款规定的，不列入代表候选人名单；已经列入代表候选人名单的，从名单中除名；已经当选的，其当选无效。

## 第九章　选举程序

第三十六条　全国人民代表大会和地方各级人民代表大会代表的选举，应当严格依照法定程序进行，并接受监督。任何组织或者个人都不得以任何方式干预选民或者代表自由行使选举权。

第三十七条　在选民直接选举人民代表大会代表时，选民根据选举委员会的规定，凭身份证或者选民证领取选票。

第三十八条　选举委员会应当根据各选区选民分布状况，按照方便选民投票的原则设立投票站，进行选举。选民居住比较集中的，可以召开选举大会，进行选举；因患有疾病等原因行动不便或者居住分散并且交通不便的选民，可以在流动票箱投票。

第三十九条　县级以上的地方各级人民代表大会在选举上一级人民代表大会代表时，由各该级人民代表大会主席团主持。

第四十条　全国和地方各级人民代表大会代表的选举，一律采用无记名投票的方法。选举时应当设有秘密写票处。

选民如果是文盲或者因残疾不能写选票的，可以委托他信任的人代写。

第四十一条　选举人对于代表候选人可以投赞成票，可以投反对票，可以另选其他任何选民，也可以弃权。

第四十二条　选民如果在选举期间外出，经选举委员会同意，可以书面委托其他选民代为投票。每一选民接受的委托不得超过三人，并应当按照委托人的意愿代为投票。

第四十三条　投票结束后，由选民或者代表推选的监票、计票人员和选举委员会或者人民代表大会主席团的人员将投票人数和票数加以核对，作出记录，并由监票人签字。

代表候选人的近亲属不得担任监票人、计票人。

第四十四条　每次选举所投的票数，多于投票人数的无效，等于或者少于投票人数的有效。

每一选票所选的人数，多于规定应选代表人数的作废，等于或者少于规定应选代表人数的有效。

第四十五条　在选民直接选举人民代表大会代表时，选区全体选民的过半数参加投票，选举有效。代表候选人获得参加投票的选民过半数的选票时，始得当选。

县级以上的地方各级人民代表大会在选举上一级人民代表大会代表时，代表候选人获得全体代表过半数的选票时，始得当选。

获得过半数选票的代表候选人的人数超过应选代表名额时，以得票多的当选。如遇票数相等不能确定当选人时，应当就票数相等的候选人再次投票，以得票多的当选。

获得过半数选票的当选代表的人数少于应选代表的名额时，不足的名额另行选举。另行选举时,根据在第一次投票时得票多少的顺序,按照本法第三十一条规定的差额比例,确定候选人名单。如果只选一人,候选人应为二人。

依照前款规定另行选举县级和乡级的人民代表大会代表时,代表候选人以得票多的当选,但是得票数不得少于选票的三分之一;县级以上的地方各级人民代表大会在另行选举上一级人民代表大会代表时,代表候选人获得全体代表过半数的选票,始得当选。

**第四十六条** 选举结果由选举委员会或者人民代表大会主席团根据本法确定是否有效,并予以宣布。

当选代表名单由选举委员会或者人民代表大会主席团予以公布。

**第四十七条** 代表资格审查委员会依法对当选代表是否符合宪法、法律规定的代表的基本条件,选举是否符合法律规定的程序,以及是否存在破坏选举和其他当选无效的违法行为进行审查,提出代表当选是否有效的意见,向本级人民代表大会常务委员会或者乡、民族乡、镇的人民代表大会主席团报告。

县级以上的各级人民代表大会常务委员会或者乡、民族乡、镇的人民代表大会主席团根据代表资格审查委员会提出的报告,确认代表的资格或者确定代表的当选无效,在每届人民代表大会第一次会议前公布代表名单。

**第四十八条** 公民不得同时担任两个以上无隶属关系的行政区域的人民代表大会代表。

## 第十章 对代表的监督和罢免、辞职、补选

**第四十九条** 全国和地方各级人民代表大会的代表,受选民和原选举单位的监督。选民或者选举单位都有权罢免自己选出的代表。

**第五十条** 对于县级的人民代表大会代表,原选区选民五十人以上联名,对于乡级的人民代表大会代表,原选区选民三十人以上

联名，可以向县级的人民代表大会常务委员会书面提出罢免要求。

　　罢免要求应当写明罢免理由。被提出罢免的代表有权在选民会议上提出申辩意见，也可以书面提出申辩意见。

　　县级的人民代表大会常务委员会应当将罢免要求和被提出罢免的代表的书面申辩意见印发原选区选民。

　　表决罢免要求，由县级的人民代表大会常务委员会派有关负责人员主持。

　　**第五十一条**　县级以上的地方各级人民代表大会举行会议的时候，主席团或者十分之一以上代表联名，可以提出对由该级人民代表大会选出的上一级人民代表大会代表的罢免案。在人民代表大会闭会期间，县级以上的地方各级人民代表大会常务委员会主任会议或者常务委员会五分之一以上组成人员联名，可以向常务委员会提出对由该人民代表大会选出的上一级人民代表大会代表的罢免案。罢免案应当写明罢免理由。

　　县级以上的地方各级人民代表大会举行会议的时候，被提出罢免的代表有权在主席团会议和大会全体会议上提出申辩意见，或者书面提出申辩意见，由主席团印发会议。罢免案经会议审议后，由主席团提请全体会议表决。

　　县级以上的地方各级人民代表大会常务委员会举行会议的时候，被提出罢免的代表有权在主任会议和常务委员会全体会议上提出申辩意见，或者书面提出申辩意见，由主任会议印发会议。罢免案经会议审议后，由主任会议提请全体会议表决。

　　**第五十二条**　罢免代表采用无记名的表决方式。

　　**第五十三条**　罢免县级和乡级的人民代表大会代表，须经原选区过半数的选民通过。

　　罢免由县级以上的地方各级人民代表大会选出的代表，须经各该级人民代表大会过半数的代表通过；在代表大会闭会期间，须经常务委员会组成人员的过半数通过。罢免的决议，须报送上一级人民代表大会常务委员会备案、公告。

**第五十四条** 县级以上的各级人民代表大会常务委员会组成人员，县级以上的各级人民代表大会专门委员会成员的代表职务被罢免的，其常务委员会组成人员或者专门委员会成员的职务相应撤销，由主席团或者常务委员会予以公告。

乡、民族乡、镇的人民代表大会主席、副主席的代表职务被罢免的，其主席、副主席的职务相应撤销，由主席团予以公告。

**第五十五条** 全国人民代表大会代表，省、自治区、直辖市、设区的市、自治州的人民代表大会代表，可以向选举他的人民代表大会的常务委员会书面提出辞职。常务委员会接受辞职，须经常务委员会组成人员的过半数通过。接受辞职的决议，须报送上一级人民代表大会常务委员会备案、公告。

县级的人民代表大会代表可以向本级人民代表大会常务委员会书面提出辞职，乡级的人民代表大会代表可以向本级人民代表大会书面提出辞职。县级的人民代表大会常务委员会接受辞职，须经常务委员会组成人员的过半数通过。乡级的人民代表大会接受辞职，须经人民代表大会过半数的代表通过。接受辞职的，应当予以公告。

**第五十六条** 县级以上的各级人民代表大会常务委员会组成人员，县级以上的各级人民代表大会的专门委员会成员，辞去代表职务的请求被接受的，其常务委员会组成人员、专门委员会成员的职务相应终止，由常务委员会予以公告。

乡、民族乡、镇的人民代表大会主席、副主席，辞去代表职务的请求被接受的，其主席、副主席的职务相应终止，由主席团予以公告。

**第五十七条** 代表在任期内，因故出缺，由原选区或者原选举单位补选。

地方各级人民代表大会代表在任期内调离或者迁出本行政区域的，其代表资格自行终止，缺额另行补选。

县级以上的地方各级人民代表大会闭会期间，可以由本级人民代表大会常务委员会补选上一级人民代表大会代表。

补选出缺的代表时，代表候选人的名额可以多于应选代表的名额,也可以同应选代表的名额相等。补选的具体办法,由省、自治区、直辖市的人民代表大会常务委员会规定。

对补选产生的代表,依照本法第四十七条的规定进行代表资格审查。

## 第十一章　对破坏选举的制裁

**第五十八条**　为保障选民和代表自由行使选举权和被选举权,对有下列行为之一,破坏选举,违反治安管理规定的,依法给予治安管理处罚;构成犯罪的,依法追究刑事责任:

(一)以金钱或者其他财物贿赂选民或者代表,妨害选民和代表自由行使选举权和被选举权的;

(二)以暴力、威胁、欺骗或者其他非法手段妨害选民和代表自由行使选举权和被选举权的;

(三)伪造选举文件、虚报选举票数或者有其他违法行为的;

(四)对于控告、检举选举中违法行为的人,或者对于提出要求罢免代表的人进行压制、报复的。

国家工作人员有前款所列行为的,还应当由监察机关给予政务处分或者由所在机关、单位给予处分。

以本条第一款所列违法行为当选的,其当选无效。

**第五十九条**　主持选举的机构发现有破坏选举的行为或者收到对破坏选举行为的举报,应当及时依法调查处理;需要追究法律责任的,及时移送有关机关予以处理。

## 第十二章　附　　则

**第六十条**　省、自治区、直辖市的人民代表大会及其常务委员会根据本法可以制定选举实施细则,报全国人民代表大会常务委员会备案。

# 全国人民代表大会常务委员会关于县级以下人民代表大会代表直接选举的若干规定

（1983年3月5日第五届全国人民代表大会常务委员会第二十六次会议通过）

为了便于实施《中华人民共和国全国人民代表大会和地方各级人民代表大会选举法》，对县级以下人民代表大会代表直接选举中的若干问题作如下规定：

一、县、自治县、不设区的市、市辖区、乡、民族乡、镇设立选举委员会。县、自治县、不设区的市、市辖区的选举委员会的组成人员由本级人民代表大会常务委员会任命。乡、民族乡、镇的选举委员会的组成人员由县、自治县、不设区的市、市辖区的人民代表大会常务委员会任命。

选举委员会设立办事机构，办理选举的具体事务。

二、选举委员会的职权是：

（一）主持本级人民代表大会代表的选举；

（二）进行选民登记，审查选民资格，公布选民名单；受理对于选民名单不同意见的申诉，并做出决定；

（三）划分选举本级人民代表大会代表的选区，分配各选区应选代表的名额；

（四）根据较多数选民的意见，确定和公布正式代表候选人的名单；

（五）规定选举日期；

（六）确定选举结果是否有效，公布当选代表名单。

县、自治县、不设区的市、市辖区的选举委员会指导乡、民族乡、镇的选举委员会的工作。

三、精神病患者不能行使选举权利的，经选举委员会确认，不行使选举权利。

四、因反革命案或者其他严重刑事犯罪案被羁押，正在受侦查、起诉、审判的人，经人民检察院或者人民法院决定，在被羁押期间停止行使选举权利。

五、下列人员准予行使选举权利：

（一）被判处有期徒刑、拘役、管制而没有附加剥夺政治权利的；

（二）被羁押，正在受侦查、起诉、审判，人民检察院或者人民法院没有决定停止行使选举权利的；

（三）正在取保候审或者被监视居住的；

（四）正在被劳动教养的；

（五）正在受拘留处罚的。

以上所列人员参加选举，由选举委员会和执行监禁、羁押、拘留或者劳动教养的机关共同决定，可以在流动票箱投票，或者委托有选举权的亲属或者其他选民代为投票。被判处拘役、受拘留处罚或者被劳动教养的人也可以在选举日回原选区参加选举。

六、县、自治县的人民政府驻地在市区内的，其所属机关、团体和企业事业组织的职工，参加县、自治县的人民代表大会代表的选举，不参加市、市辖区的人民代表大会代表的选举。

七、驻在乡、民族乡、镇的不属于县级以下人民政府领导的企业事业组织的职工，可以只参加县级人民代表大会代表的选举，不参加乡、民族乡、镇的人民代表大会代表的选举。

八、选区的大小，按照每一选区选一至三名代表划分。

九、选民在选举期间临时在外地劳动、工作或者居住，不能回原选区参加选举的，经原居住地的选举委员会认可，可以书面委托有选举权的亲属或者其他选民在原选区代为投票。

选民实际上已经迁居外地但是没有转出户口的，在取得原选区选民资格的证明后，可以在现居住地的选区参加选举。

十、每一选民（三人以上附议）推荐的代表候选人的名额，不得超过本选区应选代表的名额。

选民和各政党、各人民团体推荐的代表候选人都应当列入代表候选人名单，选举委员会不得调换或者增减。

正式代表候选人名单，经过预选确定的，按得票多少的顺序排列。

# 中华人民共和国立法法

（2000年3月15日第九届全国人民代表大会第三次会议通过 根据2015年3月15日第十二届全国人民代表大会第三次会议《关于修改〈中华人民共和国立法法〉的决定》第一次修正 根据2023年3月13日第十四届全国人民代表大会第一次会议《关于修改〈中华人民共和国立法法〉的决定》第二次修正）

## 第一章 总 则

**第一条** 为了规范立法活动，健全国家立法制度，提高立法质量，完善中国特色社会主义法律体系，发挥立法的引领和推动作用，保障和发展社会主义民主，全面推进依法治国，建设社会主义法治国家，根据宪法，制定本法。

**第二条** 法律、行政法规、地方性法规、自治条例和单行条例的制定、修改和废止，适用本法。

国务院部门规章和地方政府规章的制定、修改和废止，依照本法的有关规定执行。

**第三条** 立法应当坚持中国共产党的领导，坚持以马克思列宁主义、毛泽东思想、邓小平理论、"三个代表"重要思想、科学发展观、习近平新时代中国特色社会主义思想为指导，推进中国特色社会主义法治体系建设，保障在法治轨道上全面建设社会主义现代化国家。

**第四条** 立法应当坚持以经济建设为中心，坚持改革开放，贯彻新发展理念，保障以中国式现代化全面推进中华民族伟大复兴。

**第五条** 立法应当符合宪法的规定、原则和精神，依照法定的权限和程序，从国家整体利益出发，维护社会主义法制的统一、尊严、权威。

**第六条** 立法应当坚持和发展全过程人民民主，尊重和保障人权，保障和促进社会公平正义。

立法应当体现人民的意志，发扬社会主义民主，坚持立法公开，保障人民通过多种途径参与立法活动。

**第七条** 立法应当从实际出发，适应经济社会发展和全面深化改革的要求，科学合理地规定公民、法人和其他组织的权利与义务、国家机关的权力与责任。

法律规范应当明确、具体，具有针对性和可执行性。

**第八条** 立法应当倡导和弘扬社会主义核心价值观，坚持依法治国和以德治国相结合，铸牢中华民族共同体意识，推动社会主义精神文明建设。

**第九条** 立法应当适应改革需要，坚持在法治下推进改革和在改革中完善法治相统一，引导、推动、规范、保障相关改革，发挥法治在国家治理体系和治理能力现代化中的重要作用。

## 第二章 法　　律

### 第一节 立法权限

**第十条** 全国人民代表大会和全国人民代表大会常务委员会根

据宪法规定行使国家立法权。

全国人民代表大会制定和修改刑事、民事、国家机构的和其他的基本法律。

全国人民代表大会常务委员会制定和修改除应当由全国人民代表大会制定的法律以外的其他法律；在全国人民代表大会闭会期间，对全国人民代表大会制定的法律进行部分补充和修改，但是不得同该法律的基本原则相抵触。

全国人民代表大会可以授权全国人民代表大会常务委员会制定相关法律。

第十一条　下列事项只能制定法律：

（一）国家主权的事项；

（二）各级人民代表大会、人民政府、监察委员会、人民法院和人民检察院的产生、组织和职权；

（三）民族区域自治制度、特别行政区制度、基层群众自治制度；

（四）犯罪和刑罚；

（五）对公民政治权利的剥夺、限制人身自由的强制措施和处罚；

（六）税种的设立、税率的确定和税收征收管理等税收基本制度；

（七）对非国有财产的征收、征用；

（八）民事基本制度；

（九）基本经济制度以及财政、海关、金融和外贸的基本制度；

（十）诉讼制度和仲裁基本制度；

（十一）必须由全国人民代表大会及其常务委员会制定法律的其他事项。

第十二条　本法第十一条规定的事项尚未制定法律的，全国人民代表大会及其常务委员会有权作出决定，授权国务院可以根据实际需要，对其中的部分事项先制定行政法规，但是有关犯罪和刑罚、对公民政治权利的剥夺和限制人身自由的强制措施和处罚、司法制度等事项除外。

第十三条　授权决定应当明确授权的目的、事项、范围、期限以及被授权机关实施授权决定应当遵循的原则等。

授权的期限不得超过五年，但是授权决定另有规定的除外。

被授权机关应当在授权期限届满的六个月以前，向授权机关报告授权决定实施的情况，并提出是否需要制定有关法律的意见；需要继续授权的，可以提出相关意见，由全国人民代表大会及其常务委员会决定。

第十四条　授权立法事项，经过实践检验，制定法律的条件成熟时，由全国人民代表大会及其常务委员会及时制定法律。法律制定后，相应立法事项的授权终止。

第十五条　被授权机关应当严格按照授权决定行使被授予的权力。

被授权机关不得将被授予的权力转授给其他机关。

第十六条　全国人民代表大会及其常务委员会可以根据改革发展的需要，决定就特定事项授权在规定期限和范围内暂时调整或者暂时停止适用法律的部分规定。

暂时调整或者暂时停止适用法律的部分规定的事项，实践证明可行的，由全国人民代表大会及其常务委员会及时修改有关法律；修改法律的条件尚不成熟的，可以延长授权的期限，或者恢复施行有关法律规定。

## 第二节　全国人民代表大会立法程序

第十七条　全国人民代表大会主席团可以向全国人民代表大会提出法律案，由全国人民代表大会会议审议。

全国人民代表大会常务委员会、国务院、中央军事委员会、国家监察委员会、最高人民法院、最高人民检察院、全国人民代表大会各专门委员会，可以向全国人民代表大会提出法律案，由主席团决定列入会议议程。

第十八条　一个代表团或者三十名以上的代表联名，可以向全国人民代表大会提出法律案,由主席团决定是否列入会议议程,或者先交有关的专门委员会审议、提出是否列入会议议程的意见,再决定是否列入会议议程。

专门委员会审议的时候,可以邀请提案人列席会议,发表意见。

**第十九条** 向全国人民代表大会提出的法律案,在全国人民代表大会闭会期间,可以先向常务委员会提出,经常务委员会会议依照本法第二章第三节规定的有关程序审议后,决定提请全国人民代表大会审议,由常务委员会向大会全体会议作说明,或者由提案人向大会全体会议作说明。

常务委员会依照前款规定审议法律案,应当通过多种形式征求全国人民代表大会代表的意见,并将有关情况予以反馈;专门委员会和常务委员会工作机构进行立法调研,可以邀请有关的全国人民代表大会代表参加。

**第二十条** 常务委员会决定提请全国人民代表大会会议审议的法律案,应当在会议举行的一个月前将法律草案发给代表,并可以适时组织代表研读讨论,征求代表的意见。

**第二十一条** 列入全国人民代表大会会议议程的法律案,大会全体会议听取提案人的说明后,由各代表团进行审议。

各代表团审议法律案时,提案人应当派人听取意见,回答询问。

各代表团审议法律案时,根据代表团的要求,有关机关、组织应当派人介绍情况。

**第二十二条** 列入全国人民代表大会会议议程的法律案,由有关的专门委员会进行审议,向主席团提出审议意见,并印发会议。

**第二十三条** 列入全国人民代表大会会议议程的法律案,由宪法和法律委员会根据各代表团和有关的专门委员会的审议意见,对法律案进行统一审议,向主席团提出审议结果报告和法律草案修改稿,对涉及的合宪性问题以及重要的不同意见应当在审议结果报告中予以说明,经主席团会议审议通过后,印发会议。

**第二十四条** 列入全国人民代表大会会议议程的法律案,必要时，主席团常务主席可以召开各代表团团长会议，就法律案中的重大问题听取各代表团的审议意见，进行讨论，并将讨论的情况和意见向主席团报告。

主席团常务主席也可以就法律案中的重大的专门性问题，召集代表团推选的有关代表进行讨论，并将讨论的情况和意见向主席团报告。

**第二十五条** 列入全国人民代表大会会议议程的法律案，在交付表决前，提案人要求撤回的，应当说明理由，经主席团同意，并向大会报告，对该法律案的审议即行终止。

**第二十六条** 法律案在审议中有重大问题需要进一步研究的，经主席团提出，由大会全体会议决定，可以授权常务委员会根据代表的意见进一步审议，作出决定，并将决定情况向全国人民代表大会下次会议报告；也可以授权常务委员会根据代表的意见进一步审议，提出修改方案，提请全国人民代表大会下次会议审议决定。

**第二十七条** 法律草案修改稿经各代表团审议，由宪法和法律委员会根据各代表团的审议意见进行修改，提出法律草案表决稿，由主席团提请大会全体会议表决，由全体代表的过半数通过。

**第二十八条** 全国人民代表大会通过的法律由国家主席签署主席令予以公布。

## 第三节 全国人民代表大会常务委员会立法程序

**第二十九条** 委员长会议可以向常务委员会提出法律案，由常务委员会会议审议。

国务院、中央军事委员会、国家监察委员会、最高人民法院、最高人民检察院、全国人民代表大会各专门委员会，可以向常务委员会提出法律案，由委员长会议决定列入常务委员会会议议程，或者先交有关的专门委员会审议、提出报告，再决定列入常务委员会会议议程。如果委员长会议认为法律案有重大问题需要进一步研究，可以建议提案人修改完善后再向常务委员会提出。

**第三十条** 常务委员会组成人员十人以上联名，可以向常务委员会提出法律案，由委员长会议决定是否列入常务委员会会议议程，或者先交有关的专门委员会审议、提出是否列入会议议程的意见，再决定是否列入常务委员会会议议程。不列入常务委员会会议议程的，应当向常务委员会会议报告或者向提案人说明。

专门委员会审议的时候，可以邀请提案人列席会议，发表意见。

**第三十一条** 列入常务委员会会议议程的法律案，除特殊情况外，应当在会议举行的七日前将法律草案发给常务委员会组成人员。

常务委员会会议审议法律案时，应当邀请有关的全国人民代表大会代表列席会议。

**第三十二条** 列入常务委员会会议议程的法律案，一般应当经三次常务委员会会议审议后再交付表决。

常务委员会会议第一次审议法律案，在全体会议上听取提案人的说明，由分组会议进行初步审议。

常务委员会会议第二次审议法律案，在全体会议上听取宪法和法律委员会关于法律草案修改情况和主要问题的汇报，由分组会议进一步审议。

常务委员会会议第三次审议法律案，在全体会议上听取宪法和法律委员会关于法律草案审议结果的报告，由分组会议对法律草案修改稿进行审议。

常务委员会审议法律案时，根据需要，可以召开联组会议或者全体会议，对法律草案中的主要问题进行讨论。

**第三十三条** 列入常务委员会会议议程的法律案，各方面的意见比较一致的，可以经两次常务委员会会议审议后交付表决；调整事项较为单一或者部分修改的法律案，各方面的意见比较一致，或者遇有紧急情形的，也可以经一次常务委员会会议审议即交付表决。

**第三十四条** 常务委员会分组会议审议法律案时，提案人应当派人听取意见，回答询问。

常务委员会分组会议审议法律案时，根据小组的要求，有关机关、组织应当派人介绍情况。

第三十五条　列入常务委员会会议议程的法律案，由有关的专门委员会进行审议，提出审议意见，印发常务委员会会议。

有关的专门委员会审议法律案时，可以邀请其他专门委员会的成员列席会议，发表意见。

第三十六条　列入常务委员会会议议程的法律案，由宪法和法律委员会根据常务委员会组成人员、有关的专门委员会的审议意见和各方面提出的意见，对法律案进行统一审议，提出修改情况的汇报或者审议结果报告和法律草案修改稿，对涉及的合宪性问题以及重要的不同意见应当在修改情况的汇报或者审议结果报告中予以说明。对有关的专门委员会的审议意见没有采纳的，应当向有关的专门委员会反馈。

宪法和法律委员会审议法律案时，应当邀请有关的专门委员会的成员列席会议，发表意见。

第三十七条　专门委员会审议法律案时，应当召开全体会议审议，根据需要，可以要求有关机关、组织派有关负责人说明情况。

第三十八条　专门委员会之间对法律草案的重要问题意见不一致时，应当向委员长会议报告。

第三十九条　列入常务委员会会议议程的法律案，宪法和法律委员会、有关的专门委员会和常务委员会工作机构应当听取各方面的意见。听取意见可以采取座谈会、论证会、听证会等多种形式。

法律案有关问题专业性较强，需要进行可行性评价的，应当召开论证会，听取有关专家、部门和全国人民代表大会代表等方面的意见。论证情况应当向常务委员会报告。

法律案有关问题存在重大意见分歧或者涉及利益关系重大调整，需要进行听证的，应当召开听证会，听取有关基层和群体代表、部门、人民团体、专家、全国人民代表大会代表和社会有关方面的意见。听证情况应当向常务委员会报告。

常务委员会工作机构应当将法律草案发送相关领域的全国人民

代表大会代表、地方人民代表大会常务委员会以及有关部门、组织和专家征求意见。

**第四十条** 列入常务委员会会议议程的法律案，应当在常务委员会会议后将法律草案及其起草、修改的说明等向社会公布，征求意见，但是经委员长会议决定不公布的除外。向社会公布征求意见的时间一般不少于三十日。征求意见的情况应当向社会通报。

**第四十一条** 列入常务委员会会议议程的法律案，常务委员会工作机构应当收集整理分组审议的意见和各方面提出的意见以及其他有关资料，分送宪法和法律委员会、有关的专门委员会，并根据需要，印发常务委员会会议。

**第四十二条** 拟提请常务委员会会议审议通过的法律案，在宪法和法律委员会提出审议结果报告前，常务委员会工作机构可以对法律草案中主要制度规范的可行性、法律出台时机、法律实施的社会效果和可能出现的问题等进行评估。评估情况由宪法和法律委员会在审议结果报告中予以说明。

**第四十三条** 列入常务委员会会议议程的法律案，在交付表决前，提案人要求撤回的，应当说明理由，经委员长会议同意，并向常务委员会报告，对该法律案的审议即行终止。

**第四十四条** 法律草案修改稿经常务委员会会议审议，由宪法和法律委员会根据常务委员会组成人员的审议意见进行修改，提出法律草案表决稿，由委员长会议提请常务委员会全体会议表决，由常务委员会全体组成人员的过半数通过。

法律草案表决稿交付常务委员会会议表决前，委员长会议根据常务委员会会议审议的情况，可以决定将个别意见分歧较大的重要条款提请常务委员会会议单独表决。

单独表决的条款经常务委员会会议表决后，委员长会议根据单独表决的情况，可以决定将法律草案表决稿交付表决，也可以决定暂不付表决，交宪法和法律委员会、有关的专门委员会进一步审议。

**第四十五条** 列入常务委员会会议审议的法律案，因各方面对制定该法律的必要性、可行性等重大问题存在较大意见分歧搁置审议满两年的，或者因暂不付表决经过两年没有再次列入常务委员会会议议程审议的，委员长会议可以决定终止审议，并向常务委员会报告；必要时，委员长会议也可以决定延期审议。

**第四十六条** 对多部法律中涉及同类事项的个别条款进行修改，一并提出法律案的，经委员长会议决定，可以合并表决，也可以分别表决。

**第四十七条** 常务委员会通过的法律由国家主席签署主席令予以公布。

## 第四节 法律解释

**第四十八条** 法律解释权属于全国人民代表大会常务委员会。

法律有以下情况之一的，由全国人民代表大会常务委员会解释：

（一）法律的规定需要进一步明确具体含义的；

（二）法律制定后出现新的情况，需要明确适用法律依据的。

**第四十九条** 国务院、中央军事委员会、国家监察委员会、最高人民法院、最高人民检察院、全国人民代表大会各专门委员会，可以向全国人民代表大会常务委员会提出法律解释要求或者提出相关法律案。

省、自治区、直辖市的人民代表大会常务委员会可以向全国人民代表大会常务委员会提出法律解释要求。

**第五十条** 常务委员会工作机构研究拟订法律解释草案，由委员长会议决定列入常务委员会会议议程。

**第五十一条** 法律解释草案经常务委员会会议审议，由宪法和法律委员会根据常务委员会组成人员的审议意见进行审议、修改，提出法律解释草案表决稿。

**第五十二条** 法律解释草案表决稿由常务委员会全体组成人员的过半数通过，由常务委员会发布公告予以公布。

**第五十三条** 全国人民代表大会常务委员会的法律解释同法律具有同等效力。

## 第五节 其他规定

**第五十四条** 全国人民代表大会及其常务委员会加强对立法工作的组织协调,发挥在立法工作中的主导作用。

**第五十五条** 全国人民代表大会及其常务委员会坚持科学立法、民主立法、依法立法,通过制定、修改、废止、解释法律和编纂法典等多种形式,增强立法的系统性、整体性、协同性、时效性。

**第五十六条** 全国人民代表大会常务委员会通过立法规划和年度立法计划、专项立法计划等形式,加强对立法工作的统筹安排。编制立法规划和立法计划,应当认真研究代表议案和建议,广泛征集意见,科学论证评估,根据经济社会发展和民主法治建设的需要,按照加强重点领域、新兴领域、涉外领域立法的要求,确定立法项目。立法规划和立法计划由委员长会议通过并向社会公布。

全国人民代表大会常务委员会工作机构负责编制立法规划、拟订立法计划,并按照全国人民代表大会常务委员会的要求,督促立法规划和立法计划的落实。

**第五十七条** 全国人民代表大会有关的专门委员会、常务委员会工作机构应当提前参与有关方面的法律草案起草工作;综合性、全局性、基础性的重要法律草案,可以由有关的专门委员会或者常务委员会工作机构组织起草。

专业性较强的法律草案,可以吸收相关领域的专家参与起草工作,或者委托有关专家、教学科研单位、社会组织起草。

**第五十八条** 提出法律案,应当同时提出法律草案文本及其说明,并提供必要的参阅资料。修改法律的,还应当提交修改前后的对照文本。法律草案的说明应当包括制定或者修改法律的必要性、可行性和主要内容,涉及合宪性问题的相关意见以及起草过程中对重大分歧意见的协调处理情况。

**第五十九条** 向全国人民代表大会及其常务委员会提出的法律案,在列入会议议程前,提案人有权撤回。

**第六十条** 交付全国人民代表大会及其常务委员会全体会议表决未获得通过的法律案,如果提案人认为必须制定该法律,可以按照法律规定的程序重新提出,由主席团、委员长会议决定是否列入会议议程;其中,未获得全国人民代表大会通过的法律案,应当提请全国人民代表大会审议决定。

**第六十一条** 法律应当明确规定施行日期。

**第六十二条** 签署公布法律的主席令载明该法律的制定机关、通过和施行日期。

法律签署公布后,法律文本以及法律草案的说明、审议结果报告等,应当及时在全国人民代表大会常务委员会公报和中国人大网以及在全国范围内发行的报纸上刊载。

在常务委员会公报上刊登的法律文本为标准文本。

**第六十三条** 法律的修改和废止程序,适用本章的有关规定。

法律被修改的,应当公布新的法律文本。

法律被废止的,除由其他法律规定废止该法律的以外,由国家主席签署主席令予以公布。

**第六十四条** 法律草案与其他法律相关规定不一致的,提案人应当予以说明并提出处理意见,必要时应当同时提出修改或者废止其他法律相关规定的议案。

宪法和法律委员会、有关的专门委员会审议法律案时,认为需要修改或者废止其他法律相关规定的,应当提出处理意见。

**第六十五条** 法律根据内容需要,可以分编、章、节、条、款、项、目。

编、章、节、条的序号用中文数字依次表述,款不编序号,项的序号用中文数字加括号依次表述,目的序号用阿拉伯数字依次表述。

法律标题的题注应当载明制定机关、通过日期。经过修改的法律，应当依次载明修改机关、修改日期。

全国人民代表大会常务委员会工作机构编制立法技术规范。

**第六十六条** 法律规定明确要求有关国家机关对专门事项作出配套的具体规定的，有关国家机关应当自法律施行之日起一年内作出规定，法律对配套的具体规定制定期限另有规定的，从其规定。有关国家机关未能在期限内作出配套的具体规定的，应当向全国人民代表大会常务委员会说明情况。

**第六十七条** 全国人民代表大会有关的专门委员会、常务委员会工作机构可以组织对有关法律或者法律中有关规定进行立法后评估。评估情况应当向常务委员会报告。

**第六十八条** 全国人民代表大会及其常务委员会作出有关法律问题的决定，适用本法的有关规定。

**第六十九条** 全国人民代表大会常务委员会工作机构可以对有关具体问题的法律询问进行研究予以答复，并报常务委员会备案。

**第七十条** 全国人民代表大会常务委员会工作机构根据实际需要设立基层立法联系点，深入听取基层群众和有关方面对法律草案和立法工作的意见。

**第七十一条** 全国人民代表大会常务委员会工作机构加强立法宣传工作，通过多种形式发布立法信息、介绍情况、回应关切。

## 第三章 行政法规

**第七十二条** 国务院根据宪法和法律，制定行政法规。

行政法规可以就下列事项作出规定：

（一）为执行法律的规定需要制定行政法规的事项；

（二）宪法第八十九条规定的国务院行政管理职权的事项。

应当由全国人民代表大会及其常务委员会制定法律的事项，国务院根据全国人民代表大会及其常务委员会的授权决定先制定的行政法规，经过实践检验，制定法律的条件成熟时，国务院应当及时提请全国人民代表大会及其常务委员会制定法律。

**第七十三条** 国务院法制机构应当根据国家总体工作部署拟订国务院年度立法计划，报国务院审批。国务院年度立法计划中的法律项目应当与全国人民代表大会常务委员会的立法规划和立法计划相衔接。国务院法制机构应当及时跟踪了解国务院各部门落实立法计划的情况，加强组织协调和督促指导。

国务院有关部门认为需要制定行政法规的，应当向国务院报请立项。

**第七十四条** 行政法规由国务院有关部门或者国务院法制机构具体负责起草，重要行政管理的法律、行政法规草案由国务院法制机构组织起草。行政法规在起草过程中，应当广泛听取有关机关、组织、人民代表大会代表和社会公众的意见。听取意见可以采取座谈会、论证会、听证会等多种形式。

行政法规草案应当向社会公布，征求意见，但是经国务院决定不公布的除外。

**第七十五条** 行政法规起草工作完成后，起草单位应当将草案及其说明、各方面对草案主要问题的不同意见和其他有关资料送国务院法制机构进行审查。

国务院法制机构应当向国务院提出审查报告和草案修改稿，审查报告应当对草案主要问题作出说明。

**第七十六条** 行政法规的决定程序依照中华人民共和国国务院组织法的有关规定办理。

**第七十七条** 行政法规由总理签署国务院令公布。

有关国防建设的行政法规，可以由国务院总理、中央军事委员会主席共同签署国务院、中央军事委员会令公布。

**第七十八条** 行政法规签署公布后，及时在国务院公报和中国政府法制信息网以及在全国范围内发行的报纸上刊载。

在国务院公报上刊登的行政法规文本为标准文本。

**第七十九条** 国务院可以根据改革发展的需要，决定就行政管理等领域的特定事项，在规定期限和范围内暂时调整或者暂时停止适用行政法规的部分规定。

# 第四章　地方性法规、自治条例和单行条例、规章

## 第一节　地方性法规、自治条例和单行条例

**第八十条**　省、自治区、直辖市的人民代表大会及其常务委员会根据本行政区域的具体情况和实际需要，在不同宪法、法律、行政法规相抵触的前提下，可以制定地方性法规。

**第八十一条**　设区的市的人民代表大会及其常务委员会根据本市的具体情况和实际需要，在不同宪法、法律、行政法规和本省、自治区的地方性法规相抵触的前提下，可以对城乡建设与管理、生态文明建设、历史文化保护、基层治理等方面的事项制定地方性法规，法律对设区的市制定地方性法规的事项另有规定的，从其规定。设区的市的地方性法规须报省、自治区的人民代表大会常务委员会批准后施行。省、自治区的人民代表大会常务委员会对报请批准的地方性法规，应当对其合法性进行审查，认为同宪法、法律、行政法规和本省、自治区的地方性法规不抵触的，应当在四个月内予以批准。

省、自治区的人民代表大会常务委员会在对报请批准的设区的市的地方性法规进行审查时，发现其同本省、自治区的人民政府的规章相抵触的，应当作出处理决定。

除省、自治区的人民政府所在地的市，经济特区所在地的市和国务院已经批准的较大的市以外，其他设区的市开始制定地方性法规的具体步骤和时间，由省、自治区的人民代表大会常务委员会综合考虑本省、自治区所辖的设区的市的人口数量、地域面积、经济社会发展情况以及立法需求、立法能力等因素确定，并报全国人民代表大会常务委员会和国务院备案。

自治州的人民代表大会及其常务委员会可以依照本条第一款规定行使设区的市制定地方性法规的职权。自治州开始制定地方性法规的具体步骤和时间，依照前款规定确定。

省、自治区的人民政府所在地的市，经济特区所在地的市和国务院已经批准的较大的市已经制定的地方性法规，涉及本条第一款规定事项范围以外的，继续有效。

**第八十二条** 地方性法规可以就下列事项作出规定：

（一）为执行法律、行政法规的规定，需要根据本行政区域的实际情况作具体规定的事项；

（二）属于地方性事务需要制定地方性法规的事项。

除本法第十一条规定的事项外，其他事项国家尚未制定法律或者行政法规的，省、自治区、直辖市和设区的市、自治州根据本地方的具体情况和实际需要，可以先制定地方性法规。在国家制定的法律或者行政法规生效后，地方性法规同法律或者行政法规相抵触的规定无效，制定机关应当及时予以修改或者废止。

设区的市、自治州根据本条第一款、第二款制定地方性法规，限于本法第八十一条第一款规定的事项。

制定地方性法规，对上位法已经明确规定的内容，一般不作重复性规定。

**第八十三条** 省、自治区、直辖市和设区的市、自治州的人民代表大会及其常务委员会根据区域协调发展的需要，可以协同制定地方性法规，在本行政区域或者有关区域内实施。

省、自治区、直辖市和设区的市、自治州可以建立区域协同立法工作机制。

**第八十四条** 经济特区所在地的省、市的人民代表大会及其常务委员会根据全国人民代表大会的授权决定，制定法规，在经济特区范围内实施。

上海市人民代表大会及其常务委员会根据全国人民代表大会常务委员会的授权决定，制定浦东新区法规，在浦东新区实施。

海南省人民代表大会及其常务委员会根据法律规定，制定海南自由贸易港法规，在海南自由贸易港范围内实施。

第八十五条 民族自治地方的人民代表大会有权依照当地民族的政治、经济和文化的特点，制定自治条例和单行条例。自治区的自治条例和单行条例，报全国人民代表大会常务委员会批准后生效。自治州、自治县的自治条例和单行条例，报省、自治区、直辖市的人民代表大会常务委员会批准后生效。

自治条例和单行条例可以依照当地民族的特点，对法律和行政法规的规定作出变通规定，但不得违背法律或者行政法规的基本原则，不得对宪法和民族区域自治法的规定以及其他有关法律、行政法规专门就民族自治地方所作的规定作出变通规定。

第八十六条 规定本行政区域特别重大事项的地方性法规，应当由人民代表大会通过。

第八十七条 地方性法规案、自治条例和单行条例案的提出、审议和表决程序，根据中华人民共和国地方各级人民代表大会和地方各级人民政府组织法，参照本法第二章第二节、第三节、第五节的规定，由本级人民代表大会规定。

地方性法规草案由负责统一审议的机构提出审议结果的报告和草案修改稿。

第八十八条 省、自治区、直辖市的人民代表大会制定的地方性法规由大会主席团发布公告予以公布。

省、自治区、直辖市的人民代表大会常务委员会制定的地方性法规由常务委员会发布公告予以公布。

设区的市、自治州的人民代表大会及其常务委员会制定的地方性法规报经批准后，由设区的市、自治州的人民代表大会常务委员会发布公告予以公布。

自治条例和单行条例报经批准后，分别由自治区、自治州、自治县的人民代表大会常务委员会发布公告予以公布。

第八十九条 地方性法规、自治条例和单行条例公布后，其文本以及草案的说明、审议结果报告等，应当及时在本级人民代表大会常务委员会公报和中国人大网、本地方人民代表大会网站以及在本行政区域范围内发行的报纸上刊载。

在常务委员会公报上刊登的地方性法规、自治条例和单行条例文本为标准文本。

**第九十条** 省、自治区、直辖市和设区的市、自治州的人民代表大会常务委员会根据实际需要设立基层立法联系点，深入听取基层群众和有关方面对地方性法规、自治条例和单行条例草案的意见。

## 第二节 规　　章

**第九十一条** 国务院各部、委员会、中国人民银行、审计署和具有行政管理职能的直属机构以及法律规定的机构，可以根据法律和国务院的行政法规、决定、命令，在本部门的权限范围内，制定规章。

部门规章规定的事项应当属于执行法律或者国务院的行政法规、决定、命令的事项。没有法律或者国务院的行政法规、决定、命令的依据，部门规章不得设定减损公民、法人和其他组织权利或者增加其义务的规范，不得增加本部门的权力或者减少本部门的法定职责。

**第九十二条** 涉及两个以上国务院部门职权范围的事项，应当提请国务院制定行政法规或者由国务院有关部门联合制定规章。

**第九十三条** 省、自治区、直辖市和设区的市、自治州的人民政府，可以根据法律、行政法规和本省、自治区、直辖市的地方性法规，制定规章。

地方政府规章可以就下列事项作出规定：

（一）为执行法律、行政法规、地方性法规的规定需要制定规章的事项；

（二）属于本行政区域的具体行政管理事项。

设区的市、自治州的人民政府根据本条第一款、第二款制定地方政府规章，限于城乡建设与管理、生态文明建设、历史文化保护、基层治理等方面的事项。已经制定的地方政府规章，涉及上述事项范围以外的，继续有效。

除省、自治区的人民政府所在地的市，经济特区所在地的市和国务院已经批准的较大的市以外，其他设区的市、自治州的人民政府开始制定规章的时间，与本省、自治区人民代表大会常务委员会确定的本市、自治州开始制定地方性法规的时间同步。

应当制定地方性法规但条件尚不成熟的，因行政管理迫切需要，可以先制定地方政府规章。规章实施满两年需要继续实施规章所规定的行政措施的，应当提请本级人民代表大会或者其常务委员会制定地方性法规。

没有法律、行政法规、地方性法规的依据，地方政府规章不得设定减损公民、法人和其他组织权利或者增加其义务的规范。

**第九十四条** 国务院部门规章和地方政府规章的制定程序，参照本法第三章的规定，由国务院规定。

**第九十五条** 部门规章应当经部务会议或者委员会会议决定。

地方政府规章应当经政府常务会议或者全体会议决定。

**第九十六条** 部门规章由部门首长签署命令予以公布。

地方政府规章由省长、自治区主席、市长或者自治州州长签署命令予以公布。

**第九十七条** 部门规章签署公布后，及时在国务院公报或者部门公报和中国政府法制信息网以及在全国范围内发行的报纸上刊载。

地方政府规章签署公布后，及时在本级人民政府公报和中国政府法制信息网以及在本行政区域范围内发行的报纸上刊载。

在国务院公报或者部门公报和地方人民政府公报上刊登的规章文本为标准文本。

## 第五章　适用与备案审查

**第九十八条** 宪法具有最高的法律效力，一切法律、行政法规、地方性法规、自治条例和单行条例、规章都不得同宪法相抵触。

第九十九条　法律的效力高于行政法规、地方性法规、规章。

行政法规的效力高于地方性法规、规章。

第一百条　地方性法规的效力高于本级和下级地方政府规章。

省、自治区的人民政府制定的规章的效力高于本行政区域内的设区的市、自治州的人民政府制定的规章。

第一百零一条　自治条例和单行条例依法对法律、行政法规、地方性法规作变通规定的，在本自治地方适用自治条例和单行条例的规定。

经济特区法规根据授权对法律、行政法规、地方性法规作变通规定的，在本经济特区适用经济特区法规的规定。

第一百零二条　部门规章之间、部门规章与地方政府规章之间具有同等效力，在各自的权限范围内施行。

第一百零三条　同一机关制定的法律、行政法规、地方性法规、自治条例和单行条例、规章，特别规定与一般规定不一致的，适用特别规定；新的规定与旧的规定不一致的，适用新的规定。

第一百零四条　法律、行政法规、地方性法规、自治条例和单行条例、规章不溯及既往，但为了更好地保护公民、法人和其他组织的权利和利益而作的特别规定除外。

第一百零五条　法律之间对同一事项的新的一般规定与旧的特别规定不一致，不能确定如何适用时，由全国人民代表大会常务委员会裁决。

行政法规之间对同一事项的新的一般规定与旧的特别规定不一致，不能确定如何适用时，由国务院裁决。

第一百零六条　地方性法规、规章之间不一致时，由有关机关依照下列规定的权限作出裁决：

（一）同一机关制定的新的一般规定与旧的特别规定不一致时，由制定机关裁决；

（二）地方性法规与部门规章之间对同一事项的规定不一致，不能确定如何适用时,由国务院提出意见,国务院认为应当适用地方性法规的,应当决定在该地方适用地方性法规的规定;认为应当适用部门规章的,应当提请全国人民代表大会常务委员会裁决;

(三) 部门规章之间、部门规章与地方政府规章之间对同一事项的规定不一致时,由国务院裁决。

根据授权制定的法规与法律规定不一致,不能确定如何适用时,由全国人民代表大会常务委员会裁决。

**第一百零七条** 法律、行政法规、地方性法规、自治条例和单行条例、规章有下列情形之一的,由有关机关依照本法第一百零八条规定的权限予以改变或者撤销:

(一) 超越权限的;

(二) 下位法违反上位法规定的;

(三) 规章之间对同一事项的规定不一致,经裁决应当改变或者撤销一方的规定的;

(四) 规章的规定被认为不适当,应当予以改变或者撤销的;

(五) 违背法定程序的。

**第一百零八条** 改变或者撤销法律、行政法规、地方性法规、自治条例和单行条例、规章的权限是:

(一) 全国人民代表大会有权改变或者撤销它的常务委员会制定的不适当的法律,有权撤销全国人民代表大会常务委员会批准的违背宪法和本法第八十五条第二款规定的自治条例和单行条例;

(二) 全国人民代表大会常务委员会有权撤销同宪法和法律相抵触的行政法规,有权撤销同宪法、法律和行政法规相抵触的地方性法规,有权撤销省、自治区、直辖市的人民代表大会常务委员会批准的违背宪法和本法第八十五条第二款规定的自治条例和单行条例;

(三) 国务院有权改变或者撤销不适当的部门规章和地方政府规章;

(四) 省、自治区、直辖市的人民代表大会有权改变或者撤销它的常务委员会制定的和批准的不适当的地方性法规；

（五）地方人民代表大会常务委员会有权撤销本级人民政府制定的不适当的规章；

（六）省、自治区的人民政府有权改变或者撤销下一级人民政府制定的不适当的规章；

（七）授权机关有权撤销被授权机关制定的超越授权范围或者违背授权目的的法规，必要时可以撤销授权。

**第一百零九条** 行政法规、地方性法规、自治条例和单行条例、规章应当在公布后的三十日内依照下列规定报有关机关备案：

（一）行政法规报全国人民代表大会常务委员会备案；

（二）省、自治区、直辖市的人民代表大会及其常务委员会制定的地方性法规，报全国人民代表大会常务委员会和国务院备案；设区的市、自治州的人民代表大会及其常务委员会制定的地方性法规，由省、自治区的人民代表大会常务委员会报全国人民代表大会常务委员会和国务院备案；

（三）自治州、自治县的人民代表大会制定的自治条例和单行条例，由省、自治区、直辖市的人民代表大会常务委员会报全国人民代表大会常务委员会和国务院备案；自治条例、单行条例报送备案时，应当说明对法律、行政法规、地方性法规作出变通的情况；

（四）部门规章和地方政府规章报国务院备案；地方政府规章应当同时报本级人民代表大会常务委员会备案；设区的市、自治州的人民政府制定的规章应当同时报省、自治区的人民代表大会常务委员会和人民政府备案；

（五）根据授权制定的法规应当报授权决定规定的机关备案；经济特区法规、浦东新区法规、海南自由贸易港法规报送备案时，应当说明变通的情况。

**第一百一十条** 国务院、中央军事委员会、国家监察委员会、最高人民法院、最高人民检察院和各省、自治区、直辖市的人民代表大会常务委员会认为行政法规、地方性法规、自治条例和单行条例同宪法或者法律相抵触，或者存在合宪性、合法性问题的，可以向全国人民代表大会常务委员会书面提出进行审查的要求，由全国人民代表大会有关的专门委员会和常务委员会工作机构进行审查、提出意见。

前款规定以外的其他国家机关和社会团体、企业事业组织以及公民认为行政法规、地方性法规、自治条例和单行条例同宪法或者法律相抵触的，可以向全国人民代表大会常务委员会书面提出进行审查的建议，由常务委员会工作机构进行审查，必要时，送有关的专门委员会进行审查、提出意见。

**第一百一十一条** 全国人民代表大会专门委员会、常务委员会工作机构可以对报送备案的行政法规、地方性法规、自治条例和单行条例等进行主动审查，并可以根据需要进行专项审查。

国务院备案审查工作机构可以对报送备案的地方性法规、自治条例和单行条例，部门规章和省、自治区、直辖市的人民政府制定的规章进行主动审查，并可以根据需要进行专项审查。

**第一百一十二条** 全国人民代表大会专门委员会、常务委员会工作机构在审查中认为行政法规、地方性法规、自治条例和单行条例同宪法或者法律相抵触，或者存在合宪性、合法性问题的，可以向制定机关提出书面审查意见；也可以由宪法和法律委员会与有关的专门委员会、常务委员会工作机构召开联合审查会议，要求制定机关到会说明情况，再向制定机关提出书面审查意见。制定机关应当在两个月内研究提出是否修改或者废止的意见，并向全国人民代表大会宪法和法律委员会、有关的专门委员会或者常务委员会工作机构反馈。

全国人民代表大会宪法和法律委员会、有关的专门委员会、常务委员会工作机构根据前款规定，向制定机关提出审查意见，制定机关按照所提意见对行政法规、地方性法规、自治条例和单行条例进行修改或者废止的，审查终止。

全国人民代表大会宪法和法律委员会、有关的专门委员会、常务委员会工作机构经审查认为行政法规、地方性法规、自治条例和单行条例同宪法或者法律相抵触，或者存在合宪性、合法性问题需要修改或者废止，而制定机关不予修改或者废止的，应当向委员长会议提出予以撤销的议案、建议，由委员长会议决定提请常务委员会会议审议决定。

第一百一十三条　全国人民代表大会有关的专门委员会、常务委员会工作机构应当按照规定要求，将审查情况向提出审查建议的国家机关、社会团体、企业事业组织以及公民反馈，并可以向社会公开。

第一百一十四条　其他接受备案的机关对报送备案的地方性法规、自治条例和单行条例、规章的审查程序，按照维护法制统一的原则，由接受备案的机关规定。

第一百一十五条　备案审查机关应当建立健全备案审查衔接联动机制，对应当由其他机关处理的审查要求或者审查建议，及时移送有关机关处理。

第一百一十六条　对法律、行政法规、地方性法规、自治条例和单行条例、规章和其他规范性文件，制定机关根据维护法制统一的原则和改革发展的需要进行清理。

## 第六章　附　　则

第一百一十七条　中央军事委员会根据宪法和法律，制定军事法规。

中国人民解放军各战区、军兵种和中国人民武装警察部队，可以根据法律和中央军事委员会的军事法规、决定、命令，在其权限范围内，制定军事规章。

军事法规、军事规章在武装力量内部实施。

军事法规、军事规章的制定、修改和废止办法，由中央军事委员会依照本法规定的原则规定。

**第一百一十八条** 国家监察委员会根据宪法和法律、全国人民代表大会常务委员会的有关决定,制定监察法规,报全国人民代表大会常务委员会备案。

**第一百一十九条** 最高人民法院、最高人民检察院作出的属于审判、检察工作中具体应用法律的解释,应当主要针对具体的法律条文,并符合立法的目的、原则和原意。遇有本法第四十八条第二款规定情况的,应当向全国人民代表大会常务委员会提出法律解释的要求或者提出制定、修改有关法律的议案。

最高人民法院、最高人民检察院作出的属于审判、检察工作中具体应用法律的解释,应当自公布之日起三十日内报全国人民代表大会常务委员会备案。

最高人民法院、最高人民检察院以外的审判机关和检察机关,不得作出具体应用法律的解释。

**第一百二十条** 本法自 2000 年 7 月 1 日起施行。

# 中华人民共和国各级人民代表大会常务委员会监督法

(2006 年 8 月 27 日第十届全国人民代表大会常务委员会第二十三次会议通过 2006 年 8 月 27 日中华人民共和国主席令第 53 号公布 自 2007 年 1 月 1 日起施行)

## 第一章 总 则

**第一条** 为保障全国人民代表大会常务委员会和县级以上地方各级人民代表大会常务委员会依法行使监督职权,发展社会主义民主,推进依法治国,根据宪法,制定本法。

**第二条** 各级人民代表大会常务委员会依据宪法和有关法律的规定，行使监督职权。

各级人民代表大会常务委员会行使监督职权的程序，适用本法；本法没有规定的，适用有关法律的规定。

**第三条** 各级人民代表大会常务委员会行使监督职权，应当围绕国家工作大局，以经济建设为中心，坚持中国共产党的领导，坚持马克思列宁主义、毛泽东思想、邓小平理论和"三个代表"重要思想，坚持人民民主专政，坚持社会主义道路，坚持改革开放。

**第四条** 各级人民代表大会常务委员会按照民主集中制的原则，集体行使监督职权。

**第五条** 各级人民代表大会常务委员会对本级人民政府、人民法院和人民检察院的工作实施监督，促进依法行政、公正司法。

**第六条** 各级人民代表大会常务委员会行使监督职权的情况，应当向本级人民代表大会报告，接受监督。

**第七条** 各级人民代表大会常务委员会行使监督职权的情况，向社会公开。

## 第二章 听取和审议人民政府、人民法院和人民检察院的专项工作报告

**第八条** 各级人民代表大会常务委员会每年选择若干关系改革发展稳定大局和群众切身利益、社会普遍关注的重大问题，有计划地安排听取和审议本级人民政府、人民法院和人民检察院的专项工作报告。

常务委员会听取和审议专项工作报告的年度计划，经委员长会议或者主任会议通过，印发常务委员会组成人员并向社会公布。

**第九条** 常务委员会听取和审议本级人民政府、人民法院和人民检察院的专项工作报告的议题，根据下列途径反映的问题确定：

（一）本级人民代表大会常务委员会在执法检查中发现的突出问题；

（二）本级人民代表大会代表对人民政府、人民法院和人民检察院工作提出的建议、批评和意见集中反映的问题；

（三）本级人民代表大会常务委员会组成人员提出的比较集中的问题；

（四）本级人民代表大会专门委员会、常务委员会工作机构在调查研究中发现的突出问题；

（五）人民来信来访集中反映的问题；

（六）社会普遍关注的其他问题。

人民政府、人民法院和人民检察院可以向本级人民代表大会常务委员会要求报告专项工作。

**第十条** 常务委员会听取和审议专项工作报告前，委员长会议或者主任会议可以组织本级人民代表大会常务委员会组成人员和本级人民代表大会代表，对有关工作进行视察或者专题调查研究。

常务委员会可以安排参加视察或者专题调查研究的代表列席常务委员会会议，听取专项工作报告，提出意见。

**第十一条** 常务委员会听取和审议专项工作报告前，常务委员会办事机构应当将各方面对该项工作的意见汇总，交由本级人民政府、人民法院或者人民检察院研究并在专项工作报告中作出回应。

**第十二条** 人民政府、人民法院或者人民检察院应当在常务委员会举行会议的二十日前，由其办事机构将专项工作报告送交本级人民代表大会有关专门委员会或者常务委员会有关工作机构征求意见；人民政府、人民法院或者人民检察院对报告修改后，在常务委员会举行会议的十日前送交常务委员会。

常务委员会办事机构应当在常务委员会举行会议的七日前，将专项工作报告发给常务委员会组成人员。

**第十三条** 专项工作报告由人民政府、人民法院或者人民检察院的负责人向本级人民代表大会常务委员会报告，人民政府也可以委托有关部门负责人向本级人民代表大会常务委员会报告。

**第十四条** 常务委员会组成人员对专项工作报告的审议意见交由本级人民政府、人民法院或者人民检察院研究处理。人民政府、人民法院或者人民检察院应当将研究处理情况由其办事机构送交本级人民代表大会有关专门委员会或者常务委员会有关工作机构征求意见后，向常务委员会提出书面报告。常务委员会认为必要时，可以对专项工作报告作出决议；本级人民政府、人民法院或者人民检察院应当在决议规定的期限内，将执行决议的情况向常务委员会报告。

常务委员会听取的专项工作报告及审议意见，人民政府、人民法院或者人民检察院对审议意见研究处理情况或者执行决议情况的报告，向本级人民代表大会代表通报并向社会公布。

## 第三章 审查和批准决算，听取和审议国民经济和社会发展计划、预算的执行情况报告，听取和审议审计工作报告

**第十五条** 国务院应当在每年六月，将上一年度的中央决算草案提请全国人民代表大会常务委员会审查和批准。

县级以上地方各级人民政府应当在每年六月至九月期间，将上一年度的本级决算草案提请本级人民代表大会常务委员会审查和批准。

决算草案应当按照本级人民代表大会批准的预算所列科目编制，按预算数、调整数或者变更数以及实际执行数分别列出，并作出说明。

**第十六条** 国务院和县级以上地方各级人民政府应当在每年六月至九月期间，向本级人民代表大会常务委员会报告本年度上一阶段国民经济和社会发展计划、预算的执行情况。

第十七条　国民经济和社会发展计划、预算经人民代表大会批准后，在执行过程中需要作部分调整的，国务院和县级以上地方各级人民政府应当将调整方案提请本级人民代表大会常务委员会审查和批准。

严格控制不同预算科目之间的资金调整。预算安排的农业、教育、科技、文化、卫生、社会保障等资金需要调减的，国务院和县级以上地方各级人民政府应当提请本级人民代表大会常务委员会审查和批准。

国务院和县级以上地方各级人民政府有关主管部门应当在本级人民代表大会常务委员会举行会议审查和批准预算调整方案的一个月前，将预算调整初步方案送交本级人民代表大会财政经济委员会进行初步审查，或者送交常务委员会有关工作机构征求意见。

第十八条　常务委员会对决算草案和预算执行情况报告，重点审查下列内容：

（一）预算收支平衡情况；

（二）重点支出的安排和资金到位情况；

（三）预算超收收入的安排和使用情况；

（四）部门预算制度建立和执行情况；

（五）向下级财政转移支付情况；

（六）本级人民代表大会关于批准预算的决议的执行情况。

除前款规定外，全国人民代表大会常务委员会还应当重点审查国债余额情况；县级以上地方各级人民代表大会常务委员会还应当重点审查上级财政补助资金的安排和使用情况。

第十九条　常务委员会每年审查和批准决算的同时，听取和审议本级人民政府提出的审计机关关于上一年度预算执行和其他财政收支的审计工作报告。

第二十条　常务委员会组成人员对国民经济和社会发展计划执行情况报告、预算执行情况报告和审计工作报告的审议意见交由本级人民政府研究处理。人民政府应当将研究处理情况向常务委员会提出书面报告。常务委员会认为必要时，可以对审计工作报告作出决议；本级人民政府应当在决议规定的期限内，将执行决议的情况向常务委员会报告。

常务委员会听取的国民经济和社会发展计划执行情况报告、预算执行情况报告和审计工作报告及审议意见，人民政府对审议意见研究处理情况或者执行决议情况的报告，向本级人民代表大会代表通报并向社会公布。

第二十一条　国民经济和社会发展五年规划经人民代表大会批准后，在实施的中期阶段，人民政府应当将规划实施情况的中期评估报告提请本级人民代表大会常务委员会审议。规划经中期评估需要调整的，人民政府应当将调整方案提请本级人民代表大会常务委员会审查和批准。

## 第四章　法律法规实施情况的检查

第二十二条　各级人民代表大会常务委员会参照本法第九条规定的途径，每年选择若干关系改革发展稳定大局和群众切身利益、社会普遍关注的重大问题，有计划地对有关法律、法规实施情况组织执法检查。

第二十三条　常务委员会年度执法检查计划，经委员长会议或者主任会议通过，印发常务委员会组成人员并向社会公布。

常务委员会执法检查工作由本级人民代表大会有关专门委员会或者常务委员会有关工作机构具体组织实施。

第二十四条　常务委员会根据年度执法检查计划，按照精干、效能的原则，组织执法检查组。

执法检查组的组成人员，从本级人民代表大会常务委员会组成人员以及本级人民代表大会有关专门委员会组成人员中确定，并可以邀请本级人民代表大会代表参加。

**第二十五条** 全国人民代表大会常务委员会和省、自治区、直辖市的人民代表大会常务委员会根据需要，可以委托下一级人民代表大会常务委员会对有关法律、法规在本行政区域内的实施情况进行检查。受委托的人民代表大会常务委员会应当将检查情况书面报送上一级人民代表大会常务委员会。

**第二十六条** 执法检查结束后，执法检查组应当及时提出执法检查报告，由委员长会议或者主任会议决定提请常务委员会审议。

执法检查报告包括下列内容：

（一）对所检查的法律、法规实施情况进行评价，提出执法中存在的问题和改进执法工作的建议；

（二）对有关法律、法规提出修改完善的建议。

**第二十七条** 常务委员会组成人员对执法检查报告的审议意见连同执法检查报告，一并交由本级人民政府、人民法院或者人民检察院研究处理。人民政府、人民法院或者人民检察院应当将研究处理情况由其办事机构送交本级人民代表大会有关专门委员会或者常务委员会有关工作机构征求意见后，向常务委员会提出报告。必要时，由委员长会议或者主任会议决定提请常务委员会审议，或者由常务委员会组织跟踪检查；常务委员会也可以委托本级人民代表大会有关专门委员会或者常务委员会有关工作机构组织跟踪检查。

常务委员会的执法检查报告及审议意见，人民政府、人民法院或者人民检察院对其研究处理情况的报告，向本级人民代表大会代表通报并向社会公布。

## 第五章　规范性文件的备案审查

**第二十八条** 行政法规、地方性法规、自治条例和单行条例、规章的备案、审查和撤销，依照立法法的有关规定办理。

第二十九条　县级以上地方各级人民代表大会常务委员会审查、撤销下一级人民代表大会及其常务委员会作出的不适当的决议、决定和本级人民政府发布的不适当的决定、命令的程序，由省、自治区、直辖市的人民代表大会常务委员会参照立法法的有关规定，作出具体规定。

第三十条　县级以上地方各级人民代表大会常务委员会对下一级人民代表大会及其常务委员会作出的决议、决定和本级人民政府发布的决定、命令，经审查，认为有下列不适当的情形之一的，有权予以撤销：

（一）超越法定权限，限制或者剥夺公民、法人和其他组织的合法权利，或者增加公民、法人和其他组织的义务的；

（二）同法律、法规规定相抵触的；

（三）有其他不适当的情形，应当予以撤销的。

第三十一条　最高人民法院、最高人民检察院作出的属于审判、检察工作中具体应用法律的解释，应当自公布之日起三十日内报全国人民代表大会常务委员会备案。

第三十二条　国务院、中央军事委员会和省、自治区、直辖市的人民代表大会常务委员会认为最高人民法院、最高人民检察院作出的具体应用法律的解释同法律规定相抵触的，最高人民法院、最高人民检察院之间认为对方作出的具体应用法律的解释同法律规定相抵触的，可以向全国人民代表大会常务委员会书面提出进行审查的要求，由常务委员会工作机构送有关专门委员会进行审查、提出意见。

前款规定以外的其他国家机关和社会团体、企业事业组织以及公民认为最高人民法院、最高人民检察院作出的具体应用法律的解释同法律规定相抵触的，可以向全国人民代表大会常务委员会书面提出进行审查的建议，由常务委员会工作机构进行研究，必要时，送有关专门委员会进行审查、提出意见。

第三十三条　全国人民代表大会法律委员会和有关专门委员会

经审查认为最高人民法院或者最高人民检察院作出的具体应用法律的解释同法律规定相抵触，而最高人民法院或者最高人民检察院不予修改或者废止的，可以提出要求最高人民法院或者最高人民检察院予以修改、废止的议案，或者提出由全国人民代表大会常务委员会作出法律解释的议案，由委员长会议决定提请常务委员会审议。

## 第六章 询问和质询

**第三十四条** 各级人民代表大会常务委员会会议审议议案和有关报告时，本级人民政府或者有关部门、人民法院或者人民检察院应当派有关负责人员到会，听取意见，回答询问。

**第三十五条** 全国人民代表大会常务委员会组成人员十人以上联名，省、自治区、直辖市、自治州、设区的市人民代表大会常务委员会组成人员五人以上联名，县级人民代表大会常务委员会组成人员三人以上联名，可以向常务委员会书面提出对本级人民政府及其部门和人民法院、人民检察院的质询案。

质询案应当写明质询对象、质询的问题和内容。

**第三十六条** 质询案由委员长会议或者主任会议决定交由受质询的机关答复。

委员长会议或者主任会议可以决定由受质询机关在常务委员会会议上或者有关专门委员会会议上口头答复，或者由受质询机关书面答复。在专门委员会会议上答复的，提质询案的常务委员会组成人员有权列席会议，发表意见。委员长会议或者主任会议认为必要时，可以将答复质询案的情况报告印发常务委员会会议。

**第三十七条** 提质询案的常务委员会组成人员的过半数对受质询机关的答复不满意的，可以提出要求，经委员长会议或者主任会议决定，由受质询机关再作答复。

第三十八条　质询案以口头答复的，由受质询机关的负责人到会答复。质询案以书面答复的，由受质询机关的负责人签署。

## 第七章　特定问题调查

第三十九条　各级人民代表大会常务委员会对属于其职权范围内的事项，需要作出决议、决定，但有关重大事实不清的，可以组织关于特定问题的调查委员会。

第四十条　委员长会议或者主任会议可以向本级人民代表大会常务委员会提议组织关于特定问题的调查委员会，提请常务委员会审议。

五分之一以上常务委员会组成人员书面联名，可以向本级人民代表大会常务委员会提议组织关于特定问题的调查委员会，由委员长会议或者主任会议决定提请常务委员会审议，或者先交有关的专门委员会审议、提出报告，再决定提请常务委员会审议。

第四十一条　调查委员会由主任委员、副主任委员和委员组成，由委员长会议或者主任会议在本级人民代表大会常务委员会组成人员和本级人民代表大会代表中提名，提请常务委员会审议通过。调查委员会可以聘请有关专家参加调查工作。

与调查的问题有利害关系的常务委员会组成人员和其他人员不得参加调查委员会。

第四十二条　调查委员会进行调查时，有关的国家机关、社会团体、企业事业组织和公民都有义务向其提供必要的材料。

提供材料的公民要求对材料来源保密的，调查委员会应当予以保密。

调查委员会在调查过程中，可以不公布调查的情况和材料。

第四十三条　调查委员会应当向产生它的常务委员会提出调查报告。常务委员会根据报告，可以作出相应的决议、决定。

## 第八章 撤职案的审议和决定

**第四十四条** 县级以上地方各级人民代表大会常务委员会在本级人民代表大会闭会期间，可以决定撤销本级人民政府个别副省长、自治区副主席、副市长、副州长、副县长、副区长的职务；可以撤销由它任命的本级人民政府其他组成人员和人民法院副院长、庭长、副庭长、审判委员会委员、审判员，人民检察院副检察长、检察委员会委员、检察员，中级人民法院院长，人民检察院分院检察长的职务。

**第四十五条** 县级以上地方各级人民政府、人民法院和人民检察院，可以向本级人民代表大会常务委员会提出对本法第四十四条所列国家机关工作人员的撤职案。

县级以上地方各级人民代表大会常务委员会主任会议，可以向常务委员会提出对本法第四十四条所列国家机关工作人员的撤职案。

县级以上地方各级人民代表大会常务委员会五分之一以上的组成人员书面联名，可以向常务委员会提出对本法第四十四条所列国家机关工作人员的撤职案，由主任会议决定是否提请常务委员会会议审议；或者由主任会议提议，经全体会议决定，组织调查委员会，由以后的常务委员会会议根据调查委员会的报告审议决定。

**第四十六条** 撤职案应当写明撤职的对象和理由，并提供有关的材料。

撤职案在提请表决前，被提出撤职的人员有权在常务委员会会议上提出申辩意见，或者书面提出申辩意见，由主任会议决定印发常务委员会会议。

撤职案的表决采用无记名投票的方式，由常务委员会全体组成人员的过半数通过。

第九章　附　　则

第四十七条　省、自治区、直辖市的人民代表大会常务委员会可以根据本法和有关法律，结合本地实际情况，制定实施办法。

第四十八条　本法自2007年1月1日起施行。

# 中华人民共和国国务院组织法

（1982年12月10日第五届全国人民代表大会第五次会议通过　1982年12月10日全国人民代表大会常务委员会委员长令第14号公布施行）

**第一条**　根据中华人民共和国宪法有关国务院的规定，制定本组织法。

**第二条**　国务院由总理、副总理、国务委员、各部部长、各委员会主任、审计长、秘书长组成。

国务院实行总理负责制。总理领导国务院的工作。副总理、国务委员协助总理工作。

**第三条**　国务院行使宪法第八十九条规定的职权。

**第四条**　国务院会议分为国务院全体会议和国务院常务会议。国务院全体会议由国务院全体成员组成。国务院常务会议由总理、副总理、国务委员、秘书长组成。总理召集和主持国务院全体会议和国务院常务会议。国务院工作中的重大问题，必须经国务院常务会议或者国务院全体会议讨论决定。

**第五条**　国务院发布的决定、命令和行政法规，向全国人民代表大会或者全国人民代表大会常务委员会提出的议案，任免人员，由总理签署。

**第六条** 国务委员受总理委托，负责某些方面的工作或者专项任务，并且可以代表国务院进行外事活动。

**第七条** 国务院秘书长在总理领导下，负责处理国务院的日常工作。

国务院设副秘书长若干人，协助秘书长工作。

国务院设立办公厅，由秘书长领导。

**第八条** 国务院各部、各委员会的设立、撤销或者合并，经总理提出，由全国人民代表大会决定；在全国人民代表大会闭会期间，由全国人民代表大会常务委员会决定。

**第九条** 各部设部长1人，副部长2至4人。各委员会设主任1人，副主任2至4人，委员5至10人。

各部、各委员会实行部长、主任负责制。各部部长、各委员会主任领导本部门的工作，召集和主持部务会议或者委员会会议、委务会议，签署上报国务院的重要请示、报告和下达的命令、指示。副部长、副主任协助部长、主任工作。

**第十条** 各部、各委员会工作中的方针、政策、计划和重大行政措施，应向国务院请示报告，由国务院决定。根据法律和国务院的决定，主管部、委员会可以在本部门的权限内发布命令、指示和规章。

**第十一条** 国务院可以根据工作需要和精简的原则，设立若干直属机构主管各项专门业务，设立若干办事机构协助总理办理专门事项。每个机构设负责人2至5人。

# 中华人民共和国地方各级人民代表大会和地方各级人民政府组织法

（1979年7月1日第五届全国人民代表大会第二次会议通过 1979年7月4日公布 自1980年1月1日起施行 根据1982年12月10日第五届全国人民代表大会第五次会议《关于修改〈中华人民共和国地方各级人民代表大会和地方各级人民政府组织法〉的若干规定的决议》第一次修正 根据1986年12月2日第六届全国人民代表大会常务委员会第十八次会议《关于修改〈中华人民共和国地方各级人民代表大会和地方各级人民政府组织法〉的决定》第二次修正 根据1995年2月28日第八届全国人民代表大会常务委员会第十二次会议《关于修改〈中华人民共和国地方各级人民代表大会和地方各级人民政府组织法〉的决定》第三次修正 根据2004年10月27日第十届全国人民代表大会常务委员会第十二次会议《关于修改〈中华人民共和国地方各级人民代表大会和地方各级人民政府组织法〉的决定》第四次修正 根据2015年8月29日第十二届全国人民代表大会常务委员会第十六次会议《关于修改〈中华人民共和国地方各级人民代表大会和地方各级人民政府组织法〉、〈中华人民共和国全国人民代表大会和地方各级人民代表大会选举法〉、〈中华人民共和国全国人民代表大会和地方各级人民代表大会代表法〉的决定》第五次修正 根据2022年3月11日第十三届全国人民代表大会第五次会议《关于修改〈中华人民共和国地方各级人民代表大会和地方各级人民政府组织法〉的决定》第六次修正）

## 第一章 总　则

**第一条** 为了健全地方各级人民代表大会和地方各级人民政府的组织和工作制度，保障和规范其行使职权，坚持和完善人民代表大会制度，保证人民当家作主，根据宪法，制定本法。

**第二条** 地方各级人民代表大会是地方国家权力机关。

县级以上的地方各级人民代表大会常务委员会是本级人民代表大会的常设机关。

地方各级人民政府是地方各级国家权力机关的执行机关，是地方各级国家行政机关。

**第三条** 地方各级人民代表大会、县级以上的地方各级人民代表大会常务委员会和地方各级人民政府坚持中国共产党的领导，坚持以马克思列宁主义、毛泽东思想、邓小平理论、"三个代表"重要思想、科学发展观、习近平新时代中国特色社会主义思想为指导，依照宪法和法律规定行使职权。

**第四条** 地方各级人民代表大会、县级以上的地方各级人民代表大会常务委员会和地方各级人民政府坚持以人民为中心，坚持和发展全过程人民民主，始终同人民保持密切联系，倾听人民的意见和建议，为人民服务，对人民负责，受人民监督。

**第五条** 地方各级人民代表大会、县级以上的地方各级人民代表大会常务委员会和地方各级人民政府遵循在中央的统一领导下、充分发挥地方的主动性积极性的原则，保证宪法、法律和行政法规在本行政区域的实施。

**第六条** 地方各级人民代表大会、县级以上的地方各级人民代表大会常务委员会和地方各级人民政府实行民主集中制原则。

地方各级人民代表大会和县级以上的地方各级人民代表大会常务委员会应当充分发扬民主，集体行使职权。

地方各级人民政府实行首长负责制。政府工作中的重大事项应当经集体讨论决定。

## 第二章 地方各级人民代表大会

### 第一节 地方各级人民代表大会的组成和任期

**第七条** 省、自治区、直辖市、自治州、县、自治县、市、市辖区、乡、民族乡、镇设立人民代表大会。

**第八条** 省、自治区、直辖市、自治州、设区的市的人民代表大会代表由下一级的人民代表大会选举；县、自治县、不设区的市、市辖区、乡、民族乡、镇的人民代表大会代表由选民直接选举。

地方各级人民代表大会代表名额和代表产生办法由选举法规定。各行政区域内的少数民族应当有适当的代表名额。

**第九条** 地方各级人民代表大会每届任期五年。

### 第二节 地方各级人民代表大会的职权

**第十条** 省、自治区、直辖市的人民代表大会根据本行政区域的具体情况和实际需要，在不同宪法、法律、行政法规相抵触的前提下，可以制定和颁布地方性法规，报全国人民代表大会常务委员会和国务院备案。

设区的市、自治州的人民代表大会根据本行政区域的具体情况和实际需要，在不同宪法、法律、行政法规和本省、自治区的地方性法规相抵触的前提下，可以依照法律规定的权限制定地方性法规，报省、自治区的人民代表大会常务委员会批准后施行，并由省、自治区的人民代表大会常务委员会报全国人民代表大会常务委员会和国务院备案。

省、自治区、直辖市以及设区的市、自治州的人民代表大会根据区域协调发展的需要，可以开展协同立法。

**第十一条** 县级以上的地方各级人民代表大会行使下列职权：

（一）在本行政区域内，保证宪法、法律、行政法规和上级人民代表大会及其常务委员会决议的遵守和执行，保证国家计划和国家预算的执行；

（二）审查和批准本行政区域内的国民经济和社会发展规划纲要、计划和预算及其执行情况的报告，审查监督政府债务，监督本级人民政府对国有资产的管理；

（三）讨论、决定本行政区域内的政治、经济、教育、科学、文化、卫生、生态环境保护、自然资源、城乡建设、民政、社会保障、民族等工作的重大事项和项目；

（四）选举本级人民代表大会常务委员会的组成人员；

（五）选举省长、副省长，自治区主席、副主席，市长、副市长，州长、副州长，县长、副县长，区长、副区长；

（六）选举本级监察委员会主任、人民法院院长和人民检察院检察长；选出的人民检察院检察长，须报经上一级人民检察院检察长提请该级人民代表大会常务委员会批准；

（七）选举上一级人民代表大会代表；

（八）听取和审议本级人民代表大会常务委员会的工作报告；

（九）听取和审议本级人民政府和人民法院、人民检察院的工作报告；

（十）改变或者撤销本级人民代表大会常务委员会的不适当的决议；

（十一）撤销本级人民政府的不适当的决定和命令；

（十二）保护社会主义的全民所有的财产和劳动群众集体所有的财产，保护公民私人所有的合法财产，维护社会秩序，保障公民的人身权利、民主权利和其他权利；

（十三）保护各种经济组织的合法权益；

（十四）铸牢中华民族共同体意识，促进各民族广泛交往交流交融，保障少数民族的合法权利和利益；

（十五）保障宪法和法律赋予妇女的男女平等、同工同酬和婚姻自由等各项权利。

**第十二条** 乡、民族乡、镇的人民代表大会行使下列职权：

（一）在本行政区域内，保证宪法、法律、行政法规和上级人民代表大会及其常务委员会决议的遵守和执行；

（二）在职权范围内通过和发布决议；

（三）根据国家计划，决定本行政区域内的经济、文化事业和公共事业的建设计划和项目；

（四）审查和批准本行政区域内的预算和预算执行情况的报告，监督本级预算的执行，审查和批准本级预算的调整方案，审查和批准本级决算；

（五）决定本行政区域内的民政工作的实施计划；

（六）选举本级人民代表大会主席、副主席；

（七）选举乡长、副乡长，镇长、副镇长；

（八）听取和审议乡、民族乡、镇的人民政府的工作报告；

（九）听取和审议乡、民族乡、镇的人民代表大会主席团的工作报告；

（十）撤销乡、民族乡、镇的人民政府的不适当的决定和命令；

（十一）保护社会主义的全民所有的财产和劳动群众集体所有的财产，保护公民私人所有的合法财产，维护社会秩序，保障公民的人身权利、民主权利和其他权利；

（十二）保护各种经济组织的合法权益；

（十三）铸牢中华民族共同体意识，促进各民族广泛交往交流交融，保障少数民族的合法权利和利益；

（十四）保障宪法和法律赋予妇女的男女平等、同工同酬和婚姻自由等各项权利。

少数民族聚居的乡、民族乡、镇的人民代表大会在行使职权的时候，可以依照法律规定的权限采取适合民族特点的具体措施。

**第十三条** 地方各级人民代表大会有权罢免本级人民政府的组成人员。县级以上的地方各级人民代表大会有权罢免本级人民代表大会常务委员会的组成人员和由它选出的监察委员会主任、人民法院院长、人民检察院检察长。罢免人民检察院检察长，须报经上一级人民检察院检察长提请该级人民代表大会常务委员会批准。

### 第三节 地方各级人民代表大会会议的举行

**第十四条** 地方各级人民代表大会会议每年至少举行一次。乡、民族乡、镇的人民代表大会会议一般每年举行两次。会议召开的日期由本级人民代表大会常务委员会或者乡、民族乡、镇的人民代表大会主席团决定，并予以公布。

遇有特殊情况，县级以上的地方各级人民代表大会常务委员会或者乡、民族乡、镇的人民代表大会主席团可以决定适当提前或者推迟召开会议。提前或者推迟召开会议的日期未能在当次会议上决定的，常务委员会或者其授权的主任会议，乡、民族乡、镇的人民代表大会主席团可以另行决定，并予以公布。

县级以上的地方各级人民代表大会常务委员会或者乡、民族乡、镇的人民代表大会主席团认为必要，或者经过五分之一以上代表提议，可以临时召集本级人民代表大会会议。

地方各级人民代表大会会议有三分之二以上的代表出席，始得举行。

**第十五条** 县级以上的地方各级人民代表大会会议由本级人民代表大会常务委员会召集。

**第十六条** 地方各级人民代表大会举行会议，应当合理安排会期和会议日程，提高议事质量和效率。

**第十七条** 县级以上的地方各级人民代表大会每次会议举行预备会议，选举本次会议的主席团和秘书长，通过本次会议的议程和其他准备事项的决定。

预备会议由本级人民代表大会常务委员会主持。每届人民代表大会第一次会议的预备会议，由上届本级人民代表大会常务委员会主持。

县级以上的地方各级人民代表大会举行会议的时候，由主席团主持会议。

县级以上的地方各级人民代表大会会议设副秘书长若干人；副秘书长的人选由主席团决定。

**第十八条** 乡、民族乡、镇的人民代表大会设主席，并可以设副主席一人至二人。主席、副主席由本级人民代表大会从代表中选出，任期同本级人民代表大会每届任期相同。

乡、民族乡、镇的人民代表大会主席、副主席不得担任国家行政机关的职务；如果担任国家行政机关的职务，必须向本级人民代表大会辞去主席、副主席的职务。

乡、民族乡、镇的人民代表大会主席、副主席在本级人民代表大会闭会期间负责联系本级人民代表大会代表，根据主席团的安排组织代表开展活动，反映代表和群众对本级人民政府工作的建议、批评和意见，并负责处理主席团的日常工作。

**第十九条** 乡、民族乡、镇的人民代表大会举行会议的时候，选举主席团。由主席团主持会议，并负责召集下一次的本级人民代表大会会议。乡、民族乡、镇的人民代表大会主席、副主席为主席团的成员。

主席团在本级人民代表大会闭会期间，每年选择若干关系本地区群众切身利益和社会普遍关注的问题，有计划地安排代表听取和讨论本级人民政府的专项工作报告，对法律、法规实施情况进行检查，开展视察、调研等活动；听取和反映代表和群众对本级人民政府工作的建议、批评和意见。主席团在闭会期间的工作，向本级人民代表大会报告。

**第二十条** 地方各级人民代表大会每届第一次会议，在本届人民代表大会代表选举完成后的两个月内，由上届本级人民代表大会

203

常务委员会或者乡、民族乡、镇的上次人民代表大会主席团召集。

第二十一条 县级以上的地方各级人民政府组成人员和监察委员会主任、人民法院院长、人民检察院检察长，乡级的人民政府领导人员，列席本级人民代表大会会议；县级以上的其他有关机关、团体负责人，经本级人民代表大会常务委员会决定，可以列席本级人民代表大会会议。

第二十二条 地方各级人民代表大会举行会议的时候，主席团、常务委员会、各专门委员会、本级人民政府，可以向本级人民代表大会提出属于本级人民代表大会职权范围内的议案，由主席团决定提交人民代表大会会议审议，或者并交有关的专门委员会审议、提出报告，再由主席团审议决定提交大会表决。

县级以上的地方各级人民代表大会代表十人以上联名，乡、民族乡、镇的人民代表大会代表五人以上联名，可以向本级人民代表大会提出属于本级人民代表大会职权范围内的议案，由主席团决定是否列入大会议程，或者先交有关的专门委员会审议，提出是否列入大会议程的意见，再由主席团决定是否列入大会议程。

列入会议议程的议案，在交付大会表决前，提案人要求撤回的，经主席团同意，会议对该项议案的审议即行终止。

第二十三条 在地方各级人民代表大会审议议案的时候，代表可以向有关地方国家机关提出询问，由有关机关派人说明。

第二十四条 地方各级人民代表大会举行会议的时候，代表十人以上联名可以书面提出对本级人民政府和它所属各工作部门以及监察委员会、人民法院、人民检察院的质询案。质询案必须写明质询对象、质询的问题和内容。

质询案由主席团决定交由受质询机关在主席团会议、大会全体会议或者有关的专门委员会会议上口头答复，或者由受质询机关书面答复。在主席团会议或者专门委员会会议上答复的，提质询案的代表有权列席会议，发表意见；主席团认为必要的时候，可以将答复质询案的情况报告印发会议。

质询案以口头答复的，应当由受质询机关的负责人到会答复；质询案以书面答复的，应当由受质询机关的负责人签署，由主席团印发会议或者印发提质询案的代表。

第二十五条 地方各级人民代表大会进行选举和通过决议，以全体代表的过半数通过。

### 第四节 地方国家机关组成人员的选举、罢免和辞职

第二十六条 县级以上的地方各级人民代表大会常务委员会的组成人员，乡、民族乡、镇的人民代表大会主席、副主席，省长、副省长，自治区主席、副主席，市长、副市长，州长、副州长，县长、副县长，区长、副区长，乡长、副乡长，镇长、副镇长，监察委员会主任，人民法院院长，人民检察院检察长的人选，由本级人民代表大会主席团或者代表依照本法规定联合提名。

省、自治区、直辖市的人民代表大会代表三十人以上书面联名，设区的市和自治州的人民代表大会代表二十人以上书面联名，县级的人民代表大会代表十人以上书面联名，可以提出本级人民代表大会常务委员会组成人员，人民政府领导人员，监察委员会主任，人民法院院长，人民检察院检察长的候选人。乡、民族乡、镇的人民代表大会代表十人以上书面联名，可以提出本级人民代表大会主席、副主席，人民政府领导人员的候选人。不同选区或者选举单位选出的代表可以酝酿、联合提出候选人。

主席团提名的候选人人数，每一代表与其他代表联合提名的候选人人数，均不得超过应选名额。

提名人应当如实介绍所提名的候选人的情况。

第二十七条 人民代表大会常务委员会主任、秘书长，乡、民族乡、镇的人民代表大会主席，人民政府正职领导人员，监察委员会主任，人民法院院长，人民检察院检察长的候选人数可以多一人，进行差额选举；如果提名的候选人只有一人，也可以等额选举。人

民代表大会常务委员会副主任，乡、民族乡、镇的人民代表大会副主席，人民政府副职领导人员的候选人数应比应选人数多一人至三人，人民代表大会常务委员会委员的候选人数应比应选人数多十分之一至五分之一，由本级人民代表大会根据应选人数在选举办法中规定具体差额数，进行差额选举。如果提名的候选人数符合选举办法规定的差额数，由主席团提交代表酝酿、讨论后，进行选举。如果提名的候选人数超过选举办法规定的差额数，由主席团提交代表酝酿、讨论后，进行预选，根据在预选中得票多少的顺序，按照选举办法规定的差额数，确定正式候选人名单，进行选举。

县级以上的地方各级人民代表大会换届选举本级国家机关领导人员时，提名、酝酿候选人的时间不得少于两天。

第二十八条 选举采用无记名投票方式。代表对于确定的候选人，可以投赞成票，可以投反对票，可以另选其他任何代表或者选民，也可以弃权。

第二十九条 地方各级人民代表大会选举本级国家机关领导人员，获得过半数选票的候选人人数超过应选名额时，以得票多的当选。如遇票数相等不能确定当选人时，应当就票数相等的人再次投票，以得票多的当选。

获得过半数选票的当选人数少于应选名额时，不足的名额另行选举。另行选举时，可以根据在第一次投票时得票多少的顺序确定候选人，也可以依照本法规定的程序另行提名、确定候选人。经本级人民代表大会决定，不足的名额的另行选举可以在本次人民代表大会会议上进行，也可以在下一次人民代表大会会议上进行。

另行选举人民代表大会常务委员会副主任、委员，乡、民族乡、镇的人民代表大会副主席，人民政府副职领导人员时，依照本法第二十七条第一款的规定，确定差额数，进行差额选举。

第三十条 地方各级人民代表大会补选常务委员会主任、副主任、秘书长、委员，乡、民族乡、镇的人民代表大会主席、副主席，省长、副省长，自治区主席、副主席，市长、副市长，州长、副州长，县长、副县长，区长、副区长，乡长、副乡长，镇长、副镇长，监察委员会主任，人民法院院长，人民检察院检察长时，候选人数可以多于应选人数，也可以同应选人数相等。选举办法由本级人民代表大会决定。

第三十一条　县级以上的地方各级人民代表大会举行会议的时候，主席团、常务委员会或者十分之一以上代表联名，可以提出对本级人民代表大会常务委员会组成人员、人民政府组成人员、监察委员会主任、人民法院院长、人民检察院检察长的罢免案，由主席团提请大会审议。

乡、民族乡、镇的人民代表大会举行会议的时候，主席团或者五分之一以上代表联名，可以提出对人民代表大会主席、副主席，乡长、副乡长，镇长、副镇长的罢免案，由主席团提请大会审议。

罢免案应当写明罢免理由。

被提出罢免的人员有权在主席团会议或者大会全体会议上提出申辩意见，或者书面提出申辩意见。在主席团会议上提出的申辩意见或者书面提出的申辩意见，由主席团印发会议。

向县级以上的地方各级人民代表大会提出的罢免案，由主席团交会议审议后，提请全体会议表决；或者由主席团提议，经全体会议决定，组织调查委员会，由本级人民代表大会下次会议根据调查委员会的报告审议决定。

第三十二条　县级以上的地方各级人民代表大会常务委员会组成人员、专门委员会组成人员和人民政府领导人员，监察委员会主任，人民法院院长，人民检察院检察长，可以向本级人民代表大会提出辞职，由大会决定是否接受辞职；大会闭会期间，可以向本级人民代表大会常务委员会提出辞职，由常务委员会决定是否接受辞职。常务委员会决定接受辞职后，报本级人民代表大会备案。人民检察院检察长的辞职，须报经上一级人民检察院检察长提请该级人民代表大会常务委员会批准。

乡、民族乡、镇的人民代表大会主席、副主席，乡长、副乡长，镇长、副镇长，可以向本级人民代表大会提出辞职，由大会决定是否接受辞职。

### 第五节　地方各级人民代表大会各委员会

**第三十三条**　省、自治区、直辖市、自治州、设区的市的人民代表大会根据需要，可以设法制委员会、财政经济委员会、教育科学文化卫生委员会、环境与资源保护委员会、社会建设委员会和其他需要设立的专门委员会；县、自治县、不设区的市、市辖区的人民代表大会根据需要，可以设法制委员会、财政经济委员会等专门委员会。

各专门委员会受本级人民代表大会领导；在大会闭会期间，受本级人民代表大会常务委员会领导。

**第三十四条**　各专门委员会的主任委员、副主任委员和委员的人选，由主席团在代表中提名，大会通过。在大会闭会期间，常务委员会可以任免专门委员会的个别副主任委员和部分委员，由主任会议提名，常务委员会会议通过。

各专门委员会每届任期同本级人民代表大会每届任期相同，履行职责到下届人民代表大会产生新的专门委员会为止。

**第三十五条**　各专门委员会在本级人民代表大会及其常务委员会领导下，开展下列工作：

（一）审议本级人民代表大会主席团或者常务委员会交付的议案；

（二）向本级人民代表大会主席团或者常务委员会提出属于本级人民代表大会或者常务委员会职权范围内同本委员会有关的议案，组织起草有关议案草案；

（三）承担本级人民代表大会常务委员会听取和审议专项工作报告、执法检查、专题询问等的具体组织实施工作；

（四）按照本级人民代表大会常务委员会工作安排，听取本级人民政府工作部门和监察委员会、人民法院、人民检察院的专题汇报，提出建议；

（五）对属于本级人民代表大会及其常务委员会职权范围内同本委员会有关的问题，进行调查研究，提出建议；

（六）研究办理代表建议、批评和意见，负责有关建议、批评和意见的督促办理工作；

（七）办理本级人民代表大会及其常务委员会交办的其他工作。

第三十六条　县级以上的地方各级人民代表大会可以组织关于特定问题的调查委员会。

主席团或者十分之一以上代表书面联名，可以向本级人民代表大会提议组织关于特定问题的调查委员会，由主席团提请全体会议决定。

调查委员会由主任委员、副主任委员和委员组成，由主席团在代表中提名，提请全体会议通过。

调查委员会应当向本级人民代表大会提出调查报告。人民代表大会根据调查委员会的报告，可以作出相应的决议。人民代表大会可以授权它的常务委员会听取调查委员会的调查报告，常务委员会可以作出相应的决议，报人民代表大会下次会议备案。

第三十七条　乡、民族乡、镇的每届人民代表大会第一次会议通过的代表资格审查委员会，行使职权至本届人民代表大会任期届满为止。

## 第六节　地方各级人民代表大会代表

第三十八条　地方各级人民代表大会代表任期，从每届本级人民代表大会举行第一次会议开始，到下届本级人民代表大会举行第一次会议为止。

第三十九条　地方各级人民代表大会代表、常务委员会组成人员，在人民代表大会和常务委员会会议上的发言和表决，不受法律追究。

**第四十条** 县级以上的地方各级人民代表大会代表,非经本级人民代表大会主席团许可,在大会闭会期间,非经本级人民代表大会常务委员会许可,不受逮捕或者刑事审判。如果因为是现行犯被拘留,执行拘留的公安机关应当立即向该级人民代表大会主席团或者常务委员会报告。

**第四十一条** 地方各级人民代表大会代表在出席人民代表大会会议和执行代表职务的时候,国家根据需要给予往返的旅费和必要的物质上的便利或者补贴。

**第四十二条** 县级以上的地方各级人民代表大会代表向本级人民代表大会及其常务委员会提出的对各方面工作的建议、批评和意见,由本级人民代表大会常务委员会的办事机构交有关机关和组织研究办理并负责答复。

乡、民族乡、镇的人民代表大会代表向本级人民代表大会提出的对各方面工作的建议、批评和意见,由本级人民代表大会主席团交有关机关和组织研究办理并负责答复。

地方各级人民代表大会代表的建议、批评和意见的办理情况,由县级以上的地方各级人民代表大会常务委员会办事机构或者乡、民族乡、镇的人民代表大会主席团向本级人民代表大会常务委员会或者乡、民族乡、镇的人民代表大会报告,并予以公开。

**第四十三条** 地方各级人民代表大会代表应当与原选区选民或者原选举单位和人民群众保持密切联系,听取和反映他们的意见和要求,充分发挥在发展全过程人民民主中的作用。

省、自治区、直辖市、自治州、设区的市的人民代表大会代表可以列席原选举单位的人民代表大会会议。

县、自治县、不设区的市、市辖区、乡、民族乡、镇的人民代表大会代表分工联系选民,有代表三人以上的居民地区或者生产单位可以组织代表小组。

地方各级人民代表大会代表应当向原选区选民或者原选举单位报告履职情况。

**第四十四条** 省、自治区、直辖市、自治州、设区的市的人民代表大会代表受原选举单位的监督；县、自治县、不设区的市、市辖区、乡、民族乡、镇的人民代表大会代表受选民的监督。

地方各级人民代表大会代表的选举单位和选民有权随时罢免自己选出的代表。代表的罢免必须由原选举单位以全体代表的过半数通过，或者由原选区以选民的过半数通过。

**第四十五条** 地方各级人民代表大会代表因故不能担任代表职务的时候，由原选举单位或者由原选区选民补选。

## 第三章　县级以上的地方各级人民代表大会常务委员会

### 第一节　常务委员会的组成和任期

**第四十六条** 省、自治区、直辖市、自治州、县、自治县、市、市辖区的人民代表大会设立常务委员会，对本级人民代表大会负责并报告工作。

**第四十七条** 省、自治区、直辖市、自治州、设区的市的人民代表大会常务委员会由本级人民代表大会在代表中选举主任、副主任若干人、秘书长、委员若干人组成。

县、自治县、不设区的市、市辖区的人民代表大会常务委员会由本级人民代表大会在代表中选举主任、副主任若干人和委员若干人组成。

常务委员会的组成人员不得担任国家行政机关、监察机关、审判机关和检察机关的职务；如果担任上述职务，必须向常务委员会辞去常务委员会的职务。

常务委员会组成人员的名额：

（一）省、自治区、直辖市四十五人至七十五人，人口超过八千万的省不超过九十五人；

（二）设区的市、自治州二十九人至五十一人，人口超过八百万的设区的市不超过六十一人；

（三）县、自治县、不设区的市、市辖区十五人至三十五人，人口超过一百万的县、自治县、不设区的市、市辖区不超过四十五人。

省、自治区、直辖市每届人民代表大会常务委员会组成人员的名额，由省、自治区、直辖市的人民代表大会依照前款规定，按人口多少并结合常务委员会组成人员结构的需要确定。自治州、县、自治县、市、市辖区每届人民代表大会常务委员会组成人员的名额，由省、自治区、直辖市的人民代表大会常务委员会依照前款规定，按人口多少并结合常务委员会组成人员结构的需要确定。每届人民代表大会常务委员会组成人员的名额经确定后，在本届人民代表大会的任期内不再变动。

**第四十八条** 县级以上的地方各级人民代表大会常务委员会每届任期同本级人民代表大会每届任期相同，它行使职权到下届本级人民代表大会选出新的常务委员会为止。

### 第二节　常务委员会的职权

**第四十九条** 省、自治区、直辖市的人民代表大会常务委员会在本级人民代表大会闭会期间，根据本行政区域的具体情况和实际需要，在不同宪法、法律、行政法规相抵触的前提下，可以制定和颁布地方性法规，报全国人民代表大会常务委员会和国务院备案。

设区的市、自治州的人民代表大会常务委员会在本级人民代表大会闭会期间，根据本行政区域的具体情况和实际需要，在不同宪法、法律、行政法规和本省、自治区的地方性法规相抵触的前提下，可以依照法律规定的权限制定地方性法规，报省、自治区的人民代表大会常务委员会批准后施行，并由省、自治区的人民代表大会常务委员会报全国人民代表大会常务委员会和国务院备案。

省、自治区、直辖市以及设区的市、自治州的人民代表大会常务委员会根据区域协调发展的需要，可以开展协同立法。

第五十条　县级以上的地方各级人民代表大会常务委员会行使下列职权：

（一）在本行政区域内，保证宪法、法律、行政法规和上级人民代表大会及其常务委员会决议的遵守和执行；

（二）领导或者主持本级人民代表大会代表的选举；

（三）召集本级人民代表大会会议；

（四）讨论、决定本行政区域内的政治、经济、教育、科学、文化、卫生、生态环境保护、自然资源、城乡建设、民政、社会保障、民族等工作的重大事项和项目；

（五）根据本级人民政府的建议，审查和批准本行政区域内的国民经济和社会发展规划纲要、计划和本级预算的调整方案；

（六）监督本行政区域内的国民经济和社会发展规划纲要、计划和预算的执行，审查和批准本级决算，监督审计查出问题整改情况，审查监督政府债务；

（七）监督本级人民政府、监察委员会、人民法院和人民检察院的工作，听取和审议有关专项工作报告，组织执法检查，开展专题询问等；联系本级人民代表大会代表，受理人民群众对上述机关和国家工作人员的申诉和意见；

（八）监督本级人民政府对国有资产的管理，听取和审议本级人民政府关于国有资产管理情况的报告；

（九）听取和审议本级人民政府关于年度环境状况和环境保护目标完成情况的报告；

（十）听取和审议备案审查工作情况报告；

（十一）撤销下一级人民代表大会及其常务委员会的不适当的决议；

（十二）撤销本级人民政府的不适当的决定和命令；

（十三）在本级人民代表大会闭会期间，决定副省长、自治区副主席、副市长、副州长、副县长、副区长的个别任免；在省长、自治区主席、市长、州长、县长、区长和监察委员会主任、人民法院院长、人民检察院检察长因故不能担任职务的时候，根据主任会议的提名，从本级人民政府、监察委员会、人民法院、人民检察院副职领导人员中决定代理的人选；决定代理检察长，须报上一级人民检察院和人民代表大会常务委员会备案；

（十四）根据省长、自治区主席、市长、州长、县长、区长的提名，决定本级人民政府秘书长、厅长、局长、委员会主任、科长的任免，报上一级人民政府备案；

（十五）根据监察委员会主任的提名，任免监察委员会副主任、委员；

（十六）按照人民法院组织法和人民检察院组织法的规定，任免人民法院副院长、庭长、副庭长、审判委员会委员、审判员，任免人民检察院副检察长、检察委员会委员、检察员，批准任免下一级人民检察院检察长；省、自治区、直辖市的人民代表大会常务委员会根据主任会议的提名，决定在省、自治区内按地区设立的和在直辖市内设立的中级人民法院院长的任免，根据省、自治区、直辖市的人民检察院检察长的提名，决定人民检察院分院检察长的任免；

（十七）在本级人民代表大会闭会期间，决定撤销个别副省长、自治区副主席、副市长、副州长、副县长、副区长的职务；决定撤销由它任命的本级人民政府其他组成人员和监察委员会副主任、委员，人民法院副院长、庭长、副庭长、审判委员会委员、审判员，人民检察院副检察长、检察委员会委员、检察员，中级人民法院院长，人民检察院分院检察长的职务；

（十八）在本级人民代表大会闭会期间，补选上一级人民代表大会出缺的代表和罢免个别代表。

常务委员会讨论前款第四项规定的本行政区域内的重大事项和项目，可以作出决定或者决议，也可以将有关意见、建议送有关地方国家机关或者单位研究办理。有关办理情况应当及时向常务委员会报告。

## 第三节 常务委员会会议的举行

**第五十一条** 常务委员会会议由主任召集并主持,每两个月至少举行一次。遇有特殊需要时,可以临时召集常务委员会会议。主任可以委托副主任主持会议。

县级以上的地方各级人民政府、监察委员会、人民法院、人民检察院的负责人,列席本级人民代表大会常务委员会会议。

常务委员会会议有常务委员会全体组成人员过半数出席,始得举行。

常务委员会的决议,由常务委员会以全体组成人员的过半数通过。

**第五十二条** 县级以上的地方各级人民代表大会常务委员会主任会议可以向本级人民代表大会常务委员会提出属于常务委员会职权范围内的议案,由常务委员会会议审议。

县级以上的地方各级人民政府、人民代表大会各专门委员会,可以向本级人民代表大会常务委员会提出属于常务委员会职权范围内的议案,由主任会议决定提请常务委员会会议审议,或者先交有关的专门委员会审议、提出报告,再提请常务委员会会议审议。

省、自治区、直辖市、自治州、设区的市的人民代表大会常务委员会组成人员五人以上联名,县级的人民代表大会常务委员会组成人员三人以上联名,可以向本级常务委员会提出属于常务委员会职权范围内的议案,由主任会议决定是否提请常务委员会会议审议,或者先交有关的专门委员会审议、提出报告,再决定是否提请常务委员会会议审议。

**第五十三条** 在常务委员会会议期间,省、自治区、直辖市、自治州、设区的市的人民代表大会常务委员会组成人员五人以上联名,县级的人民代表大会常务委员会组成人员三人以上联名,可以向常务委员会书面提出对本级人民政府及其工作部门、监察委员会、人民法院、人民检察院的质询案。质询案必须写明质询对象、质询的问题和内容。

质询案由主任会议决定交由受质询机关在常务委员会全体会议上或者有关的专门委员会会议上口头答复，或者由受质询机关书面答复。在专门委员会会议上答复的，提质询案的常务委员会组成人员有权列席会议，发表意见；主任会议认为必要的时候，可以将答复质询案的情况报告印发会议。

质询案以口头答复的，应当由受质询机关的负责人到会答复；质询案以书面答复的，应当由受质询机关的负责人签署，由主任会议印发会议或者印发提质询案的常务委员会组成人员。

**第五十四条** 省、自治区、直辖市、自治州、设区的市的人民代表大会常务委员会主任、副主任和秘书长组成主任会议；县、自治县、不设区的市、市辖区的人民代表大会常务委员会主任、副主任组成主任会议。

主任会议处理常务委员会的重要日常工作：

（一）决定常务委员会每次会议的会期，拟订会议议程草案，必要时提出调整会议议程的建议；

（二）对向常务委员会提出的议案和质询案，决定交由有关的专门委员会审议或者提请常务委员会全体会议审议；

（三）决定是否将议案和决定草案、决议草案提请常务委员会全体会议表决，对暂不交付表决的，提出下一步处理意见；

（四）通过常务委员会年度工作计划等；

（五）指导和协调专门委员会的日常工作；

（六）其他重要日常工作。

**第五十五条** 常务委员会主任因为健康情况不能工作或者缺位的时候，由常务委员会在副主任中推选一人代理主任的职务，直到主任恢复健康或者人民代表大会选出新的主任为止。

### 第四节 常务委员会各委员会和工作机构

**第五十六条** 县级以上的地方各级人民代表大会常务委员会设

立代表资格审查委员会。

代表资格审查委员会的主任委员、副主任委员和委员的人选，由常务委员会主任会议在常务委员会组成人员中提名，常务委员会任免。

**第五十七条** 代表资格审查委员会审查代表的选举是否符合法律规定。

**第五十八条** 主任会议或者五分之一以上的常务委员会组成人员书面联名，可以向本级人民代表大会常务委员会提议组织关于特定问题的调查委员会，由全体会议决定。

调查委员会由主任委员、副主任委员和委员组成，由主任会议在常务委员会组成人员和其他代表中提名，提请全体会议通过。

调查委员会应当向本级人民代表大会常务委员会提出调查报告。常务委员会根据调查委员会的报告，可以作出相应的决议。

**第五十九条** 常务委员会根据工作需要，设立办事机构和法制工作委员会、预算工作委员会、代表工作委员会等工作机构。

省、自治区的人民代表大会常务委员会可以在地区设立工作机构。

市辖区、不设区的市的人民代表大会常务委员会可以在街道设立工作机构。工作机构负责联系街道辖区内的人民代表大会代表，组织代表开展活动，反映代表和群众的建议、批评和意见，办理常务委员会交办的监督、选举以及其他工作，并向常务委员会报告工作。

县、自治县的人民代表大会常务委员会可以比照前款规定，在街道设立工作机构。

**第六十条** 县级以上的地方各级人民代表大会常务委员会和各专门委员会、工作机构应当建立健全常务委员会组成人员和各专门委员会、工作机构联系代表的工作机制，支持和保障代表依法履职，扩大代表对各项工作的参与，充分发挥代表作用。

县级以上的地方各级人民代表大会常务委员会通过建立基层联

系点、代表联络站等方式，密切同人民群众的联系，听取对立法、监督等工作的意见和建议。

## 第四章　地方各级人民政府

### 第一节　一般规定

**第六十一条**　省、自治区、直辖市、自治州、县、自治县、市、市辖区、乡、民族乡、镇设立人民政府。

**第六十二条**　地方各级人民政府应当维护宪法和法律权威，坚持依法行政，建设职能科学、权责法定、执法严明、公开公正、智能高效、廉洁诚信、人民满意的法治政府。

**第六十三条**　地方各级人民政府应当坚持以人民为中心，全心全意为人民服务，提高行政效能，建设服务型政府。

**第六十四条**　地方各级人民政府应当严格执行廉洁从政各项规定，加强廉政建设，建设廉洁政府。

**第六十五条**　地方各级人民政府应当坚持诚信原则，加强政务诚信建设，建设诚信政府。

**第六十六条**　地方各级人民政府应当坚持政务公开，全面推进决策、执行、管理、服务、结果公开，依法、及时、准确公开政府信息，推进政务数据有序共享，提高政府工作的透明度。

**第六十七条**　地方各级人民政府应当坚持科学决策、民主决策、依法决策，提高决策的质量。

**第六十八条**　地方各级人民政府应当依法接受监督，确保行政权力依法正确行使。

**第六十九条**　地方各级人民政府对本级人民代表大会和上一级国家行政机关负责并报告工作。县级以上的地方各级人民政府在本级人民代表大会闭会期间，对本级人民代表大会常务委员会负责并报告工作。

全国地方各级人民政府都是国务院统一领导下的国家行政机关，都服从国务院。

地方各级人民政府实行重大事项请示报告制度。

### 第二节　地方各级人民政府的组成和任期

**第七十条**　省、自治区、直辖市、自治州、设区的市的人民政府分别由省长、副省长，自治区主席、副主席，市长、副市长，州长、副州长和秘书长、厅长、局长、委员会主任等组成。

县、自治县、不设区的市、市辖区的人民政府分别由县长、副县长，市长、副市长，区长、副区长和局长、科长等组成。

乡、民族乡的人民政府设乡长、副乡长。民族乡的乡长由建立民族乡的少数民族公民担任。镇人民政府设镇长、副镇长。

**第七十一条**　新的一届人民政府领导人员依法选举产生后，应当在两个月内提请本级人民代表大会常务委员会任命人民政府秘书长、厅长、局长、委员会主任、科长。

**第七十二条**　地方各级人民政府每届任期五年。

### 第三节　地方各级人民政府的职权

**第七十三条**　县级以上的地方各级人民政府行使下列职权：

（一）执行本级人民代表大会及其常务委员会的决议，以及上级国家行政机关的决定和命令，规定行政措施，发布决定和命令；

（二）领导所属各工作部门和下级人民政府的工作；

（三）改变或者撤销所属各工作部门的不适当的命令、指示和下级人民政府的不适当的决定、命令；

（四）依照法律的规定任免、培训、考核和奖惩国家行政机关工作人员；

（五）编制和执行国民经济和社会发展规划纲要、计划和预算，管理本行政区域内的经济、教育、科学、文化、卫生、体育、城乡建设等事业和生态环境保护、自然资源、财政、民政、社会保障、公安、民族事务、司法行政、人口与计划生育等行政工作；

（六）保护社会主义的全民所有的财产和劳动群众集体所有的财产，保护公民私人所有的合法财产，维护社会秩序，保障公民的人身权利、民主权利和其他权利；

（七）履行国有资产管理职责；

（八）保护各种经济组织的合法权益；

（九）铸牢中华民族共同体意识，促进各民族广泛交往交流交融，保障少数民族的合法权利和利益，保障少数民族保持或者改革自己的风俗习惯的自由，帮助本行政区域内的民族自治地方依照宪法和法律实行区域自治，帮助各少数民族发展政治、经济和文化的建设事业；

（十）保障宪法和法律赋予妇女的男女平等、同工同酬和婚姻自由等各项权利；

（十一）办理上级国家行政机关交办的其他事项。

**第七十四条** 省、自治区、直辖市的人民政府可以根据法律、行政法规和本省、自治区、直辖市的地方性法规，制定规章，报国务院和本级人民代表大会常务委员会备案。设区的市、自治州的人民政府可以根据法律、行政法规和本省、自治区的地方性法规，依照法律规定的权限制定规章，报国务院和省、自治区的人民代表大会常务委员会、人民政府以及本级人民代表大会常务委员会备案。

依照前款规定制定规章，须经各该级政府常务会议或者全体会议讨论决定。

**第七十五条** 县级以上的地方各级人民政府制定涉及个人、组织权利义务的规范性文件，应当依照法定权限和程序，进行评估论证、公开征求意见、合法性审查、集体讨论决定，并予以公布和备案。

第七十六条　乡、民族乡、镇的人民政府行使下列职权：

（一）执行本级人民代表大会的决议和上级国家行政机关的决定和命令，发布决定和命令；

（二）执行本行政区域内的经济和社会发展计划、预算，管理本行政区域内的经济、教育、科学、文化、卫生、体育等事业和生态环境保护、财政、民政、社会保障、公安、司法行政、人口与计划生育等行政工作；

（三）保护社会主义的全民所有的财产和劳动群众集体所有的财产，保护公民私人所有的合法财产，维护社会秩序，保障公民的人身权利、民主权利和其他权利；

（四）保护各种经济组织的合法权益；

（五）铸牢中华民族共同体意识，促进各民族广泛交往交流交融，保障少数民族的合法权利和利益，保障少数民族保持或者改革自己的风俗习惯的自由；

（六）保障宪法和法律赋予妇女的男女平等、同工同酬和婚姻自由等各项权利；

（七）办理上级人民政府交办的其他事项。

第七十七条　地方各级人民政府分别实行省长、自治区主席、市长、州长、县长、区长、乡长、镇长负责制。

省长、自治区主席、市长、州长、县长、区长、乡长、镇长分别主持地方各级人民政府的工作。

第七十八条　县级以上的地方各级人民政府会议分为全体会议和常务会议。全体会议由本级人民政府全体成员组成。省、自治区、直辖市、自治州、设区的市的人民政府常务会议，分别由省长、副省长，自治区主席、副主席，市长、副市长，州长、副州长和秘书长组成。县、自治县、不设区的市、市辖区的人民政府常务会议，分别由县长、副县长，市长、副市长，区长、副区长组成。省长、自治区主席、市长、州长、县长、区长召集和主持本级人民政府全体会议和常务会议。政府工作中的重大问题，须经政府常务会议或者全体会议讨论决定。

### 第四节　地方各级人民政府的机构设置

**第七十九条**　地方各级人民政府根据工作需要和优化协同高效以及精干的原则，设立必要的工作部门。

县级以上的地方各级人民政府设立审计机关。地方各级审计机关依照法律规定独立行使审计监督权，对本级人民政府和上一级审计机关负责。

省、自治区、直辖市的人民政府的厅、局、委员会等工作部门和自治州、县、自治县、市、市辖区的人民政府的局、科等工作部门的设立、增加、减少或者合并，按照规定程序报请批准，并报本级人民代表大会常务委员会备案。

**第八十条**　县级以上的地方各级人民政府根据国家区域发展战略，结合地方实际需要，可以共同建立跨行政区划的区域协同发展工作机制，加强区域合作。

上级人民政府应当对下级人民政府的区域合作工作进行指导、协调和监督。

**第八十一条**　县级以上的地方各级人民政府根据应对重大突发事件的需要，可以建立跨部门指挥协调机制。

**第八十二条**　各厅、局、委员会、科分别设厅长、局长、主任、科长，在必要的时候可以设副职。

办公厅、办公室设主任，在必要的时候可以设副主任。

省、自治区、直辖市、自治州、设区的市的人民政府设秘书长一人，副秘书长若干人。

**第八十三条**　省、自治区、直辖市的人民政府的各工作部门受人民政府统一领导，并且依照法律或者行政法规的规定受国务院主管部门的业务指导或者领导。

自治州、县、自治县、市、市辖区的人民政府的各工作部门受人民政府统一领导,并且依照法律或者行政法规的规定受上级人民政府主管部门的业务指导或者领导。

第八十四条 省、自治区、直辖市、自治州、县、自治县、市、市辖区的人民政府应当协助设立在本行政区域内不属于自己管理的国家机关、企业、事业单位进行工作,并且监督它们遵守和执行法律和政策。

第八十五条 省、自治区的人民政府在必要的时候,经国务院批准,可以设立若干派出机关。

县、自治县的人民政府在必要的时候,经省、自治区、直辖市的人民政府批准,可以设立若干区公所,作为它的派出机关。

市辖区、不设区的市的人民政府,经上一级人民政府批准,可以设立若干街道办事处,作为它的派出机关。

第八十六条 街道办事处在本辖区内办理派出它的人民政府交办的公共服务、公共管理、公共安全等工作,依法履行综合管理、统筹协调、应急处置和行政执法等职责,反映居民的意见和要求。

第八十七条 乡、民族乡、镇的人民政府和市辖区、不设区的市的人民政府或者街道办事处对基层群众性自治组织的工作给予指导、支持和帮助。基层群众性自治组织协助乡、民族乡、镇的人民政府和市辖区、不设区的市的人民政府或者街道办事处开展工作。

第八十八条 乡、民族乡、镇的人民政府和街道办事处可以根据实际情况建立居民列席有关会议的制度。

## 第五章 附 则

第八十九条 自治区、自治州、自治县的自治机关除行使本法规定的职权外,同时依照宪法、民族区域自治法和其他法律规定的权限行使自治权。

**第九十条** 省、自治区、直辖市的人民代表大会及其常务委员会可以根据本法和实际情况，对执行中的问题作具体规定。

# 全国人民代表大会常务委员会关于设立国家宪法日的决定

(2014年11月1日第十二届全国人民代表大会常务委员会第十一次会议通过)

1982年12月4日，第五届全国人民代表大会第五次会议通过了现行的《中华人民共和国宪法》。现行宪法是对1954年制定的新中国第一部宪法的继承和发展。宪法是国家的根本法，是治国安邦的总章程，具有最高的法律地位、法律权威、法律效力。全面贯彻实施宪法，是全面推进依法治国、建设社会主义法治国家的首要任务和基础性工作。全国各族人民、一切国家机关和武装力量、各政党和各社会团体、各企业事业组织，都必须以宪法为根本的活动准则，并且负有维护宪法尊严、保证宪法实施的职责。任何组织或者个人都不得有超越宪法和法律的特权，一切违反宪法和法律的行为都必须予以追究。为了增强全社会的宪法意识，弘扬宪法精神，加强宪法实施，全面推进依法治国，第十二届全国人民代表大会常务委员会第十一次会议决定：

将12月4日设立为国家宪法日。国家通过多种形式开展宪法宣传教育活动。

# 全国人民代表大会常务委员会
# 关于实行宪法宣誓制度的决定

(2015年7月1日第十二届全国人民代表大会常务委员会第十五次会议通过 2018年2月24日第十二届全国人民代表大会常务委员会第三十三次会议修订)

宪法是国家的根本法，是治国安邦的总章程，具有最高的法律地位、法律权威、法律效力。国家工作人员必须树立宪法意识，恪守宪法原则，弘扬宪法精神，履行宪法使命。为彰显宪法权威，激励和教育国家工作人员忠于宪法、遵守宪法、维护宪法，加强宪法实施，全国人民代表大会常务委员会决定：

一、各级人民代表大会及县级以上各级人民代表大会常务委员会选举或者决定任命的国家工作人员，以及各级人民政府、监察委员会、人民法院、人民检察院任命的国家工作人员，在就职时应当公开进行宪法宣誓。

二、宣誓誓词如下：

我宣誓：忠于中华人民共和国宪法，维护宪法权威，履行法定职责，忠于祖国、忠于人民，恪尽职守、廉洁奉公，接受人民监督，为建设富强民主文明和谐美丽的社会主义现代化强国努力奋斗！

三、全国人民代表大会选举或者决定任命的中华人民共和国主席、副主席，全国人民代表大会常务委员会委员长、副委员长、秘书长、委员，国务院总理、副总理、国务委员、各部部长、各委员会主任、中国人民银行行长、审计长、秘书长，中华人民共和国中央军事委员会主席、副主席、委员，国家监察委员会主任，最高人民法院院长，最高人民检察院检察长，以及全国人民代表大会专门委员会主任委员、副主任委员、委员等，在依照法定程序产生后,进行宪法宣誓。宣誓仪式由全国人民代表大会会议主席团组织。

四、在全国人民代表大会闭会期间,全国人民代表大会常务委员会任命或者决定任命的全国人民代表大会专门委员会个别副主任委员、委员,国务院部长、委员会主任、中国人民银行行长、审计长、秘书长,中华人民共和国中央军事委员会副主席、委员,在依照法定程序产生后,进行宪法宣誓。宣誓仪式由全国人民代表大会常务委员会委员长会议组织。

五、全国人民代表大会常务委员会任命的全国人民代表大会常务委员会副秘书长,全国人民代表大会常务委员会工作委员会主任、副主任、委员,全国人民代表大会常务委员会代表资格审查委员会主任委员、副主任委员、委员等,在依照法定程序产生后,进行宪法宣誓。宣誓仪式由全国人民代表大会常务委员会委员长会议组织。

六、全国人民代表大会常务委员会任命或者决定任命的国家监察委员会副主任、委员,最高人民法院副院长、审判委员会委员、庭长、副庭长、审判员和军事法院院长,最高人民检察院副检察长、检察委员会委员、检察员和军事检察院检察长,中华人民共和国驻外全权代表,在依照法定程序产生后,进行宪法宣誓。宣誓仪式由国家监察委员会、最高人民法院、最高人民检察院、外交部分别组织。

七、国务院及其各部门、国家监察委员会、最高人民法院、最高人民检察院任命的国家工作人员,在就职时进行宪法宣誓。宣誓仪式由任命机关组织。

八、宣誓仪式根据情况,可以采取单独宣誓或者集体宣誓的形式。单独宣誓时,宣誓人应当左手抚按《中华人民共和国宪法》,右手举拳,诵读誓词。集体宣誓时,由一人领誓,领誓人左手抚按《中华人民共和国宪法》,右手举拳,领诵誓词;其他宣誓人整齐排列,右手举拳,跟诵誓词。

宣誓场所应当庄重、严肃，悬挂中华人民共和国国旗或者国徽。宣誓仪式应当奏唱中华人民共和国国歌。

负责组织宣誓仪式的机关，可以根据本决定并结合实际情况，对宣誓的具体事项作出规定。

九、地方各级人民代表大会及县级以上地方各级人民代表大会常务委员会选举或者决定任命的国家工作人员，以及地方各级人民政府、监察委员会、人民法院、人民检察院任命的国家工作人员，在依照法定程序产生后，进行宪法宣誓。宣誓的具体组织办法由省、自治区、直辖市人民代表大会常务委员会参照本决定制定，报全国人民代表大会常务委员会备案。

十、本决定自2018年3月12日起施行。

# 中华人民共和国香港特别行政区基本法

（1990年4月4日第七届全国人民代表大会第三次会议通过　1990年4月4日中华人民共和国主席令第26号公布　自1997年7月1日起实施）

## 序　　言

香港自古以来就是中国的领土，一八四〇年鸦片战争以后被英国占领。一九八四年十二月十九日，中英两国政府签署了关于香港问题的联合声明，确认中华人民共和国政府于一九九七年七月一日恢复对香港行使主权，从而实现了长期以来中国人民收回香港的共同愿望。

为了维护国家的统一和领土完整，保持香港的繁荣和稳定，并考虑到香港的历史和现实情况，国家决定，在对香港恢复行使主权时，根据中华人民共和国宪法第三十一条的规定，设立香港特别行政区，并按照"一个国家，两种制度"的方针，不在香港实行社会主义的制度和政策。国家对香港的基本方针政策，已由中国政府在中英联合声明中予以阐明。

根据中华人民共和国宪法，全国人民代表大会特制定中华人民共和国香港特别行政区基本法，规定香港特别行政区实行的制度，以保障国家对香港的基本方针政策的实施。

## 第一章 总 则

**第一条** 香港特别行政区是中华人民共和国不可分离的部分。

**第二条** 全国人民代表大会授权香港特别行政区依照本法的规定实行高度自治，享有行政管理权、立法权、独立的司法权和终审权。

**第三条** 香港特别行政区的行政机关和立法机关由香港永久性居民依照本法有关规定组成。

**第四条** 香港特别行政区依法保障香港特别行政区居民和其他人的权利和自由。

**第五条** 香港特别行政区不实行社会主义制度和政策，保持原有的资本主义制度和生活方式，五十年不变。

**第六条** 香港特别行政区依法保护私有财产权。

**第七条** 香港特别行政区境内的土地和自然资源属于国家所有，由香港特别行政区政府负责管理、使用、开发、出租或批给个人、法人或团体使用或开发，其收入全归香港特别行政区政府支配。

**第八条** 香港原有法律，即普通法、衡平法、条例、附属立法和习惯法，除同本法相抵触或经香港特别行政区的立法机关作出修改者外，予以保留。

**第九条** 香港特别行政区的行政机关、立法机关和司法机关，除使用中文外，还可使用英文，英文也是正式语文。

**第十条** 香港特别行政区除悬挂中华人民共和国国旗和国徽外，还可使用香港特别行政区区旗和区徽。

香港特别行政区的区旗是五星花蕊的紫荆花红旗。

香港特别行政区的区徽，中间是五星花蕊的紫荆花，周围写有"中华人民共和国香港特别行政区"和英文"香港"。

**第十一条** 根据中华人民共和国宪法第三十一条，香港特别行政区的制度和政策，包括社会、经济制度，有关保障居民的基本权利和自由的制度，行政管理、立法和司法方面的制度，以及有关政策，均以本法的规定为依据。

香港特别行政区立法机关制定的任何法律，均不得同本法相抵触。

## 第二章 中央和香港特别行政区的关系

**第十二条** 香港特别行政区是中华人民共和国的一个享有高度自治权的地方行政区域，直辖于中央人民政府。

**第十三条** 中央人民政府负责管理与香港特别行政区有关的外交事务。

中华人民共和国外交部在香港设立机构处理外交事务。

中央人民政府授权香港特别行政区依照本法自行处理有关的对外事务。

**第十四条** 中央人民政府负责管理香港特别行政区的防务。

香港特别行政区政府负责维持香港特别行政区的社会治安。

中央人民政府派驻香港特别行政区负责防务的军队不干预香港特别行政区的地方事务。香港特别行政区政府在必要时，可向中央人民政府请求驻军协助维持社会治安和救助灾害。

驻军人员除须遵守全国性的法律外，还须遵守香港特别行政区的法律。

驻军费用由中央人民政府负担。

**第十五条** 中央人民政府依照本法第四章的规定任命香港特别行政区行政长官和行政机关的主要官员。

**第十六条** 香港特别行政区享有行政管理权,依照本法的有关规定自行处理香港特别行政区的行政事务。

**第十七条** 香港特别行政区享有立法权。

香港特别行政区的立法机关制定的法律须报全国人民代表大会常务委员会备案。备案不影响该法律的生效。

全国人民代表大会常务委员会在征询其所属的香港特别行政区基本法委员会后,如认为香港特别行政区立法机关制定的任何法律不符合本法关于中央管理的事务及中央和香港特别行政区的关系的条款,可将有关法律发回,但不作修改。经全国人民代表大会常务委员会发回的法律立即失效。该法律的失效,除香港特别行政区的法律另有规定外,无溯及力。

**第十八条** 在香港特别行政区实行的法律为本法以及本法第八条规定的香港原有法律和香港特别行政区立法机关制定的法律。

全国性法律除列于本法附件三者外,不在香港特别行政区实施。凡列于本法附件三之法律,由香港特别行政区在当地公布或立法实施。

全国人民代表大会常务委员会在征询其所属的香港特别行政区基本法委员会和香港特别行政区政府的意见后,可对列于本法附件三的法律作出增减,任何列入附件三的法律,限于有关国防、外交和其他按本法规定不属于香港特别行政区自治范围的法律。

全国人民代表大会常务委员会决定宣布战争状态或因香港特别行政区内发生香港特别行政区政府不能控制的危及国家统一或安全的动乱而决定香港特别行政区进入紧急状态,中央人民政府可发布命令将有关全国性法律在香港特别行政区实施。

**第十九条** 香港特别行政区享有独立的司法权和终审权。

香港特别行政区法院除继续保持香港原有法律制度和原则对法

院审判权所作的限制外,对香港特别行政区所有的案件均有审判权。

香港特别行政区法院对国防、外交等国家行为无管辖权。香港特别行政区法院在审理案件中遇有涉及国防、外交等国家行为的事实问题,应取得行政长官就该等问题发出的证明文件,上述文件对法院有约束力。行政长官在发出证明文件前,须取得中央人民政府的证明书。

第二十条 香港特别行政区可享有全国人民代表大会和全国人民代表大会常务委员会及中央人民政府授予的其他权力。

第二十一条 香港特别行政区居民中的中国公民依法参与国家事务的管理。

根据全国人民代表大会确定的名额和代表产生办法,由香港特别行政区居民中的中国公民在香港选出香港特别行政区的全国人民代表大会代表,参加最高国家权力机关的工作。

第二十二条 中央人民政府所属各部门、各省、自治区、直辖市均不得干预香港特别行政区根据本法自行管理的事务。

中央各部门、各省、自治区、直辖市如需在香港特别行政区设立机构,须征得香港特别行政区政府同意并经中央人民政府批准。

中央各部门、各省、自治区、直辖市在香港特别行政区设立的一切机构及其人员均须遵守香港特别行政区的法律。

中国其他地区的人进入香港特别行政区须办理批准手续,其中进入香港特别行政区定居的人数由中央人民政府主管部门征求香港特别行政区政府的意见后确定。

香港特别行政区可在北京设立办事机构。

第二十三条 香港特别行政区应自行立法禁止任何叛国、分裂国家、煽动叛乱、颠覆中央人民政府及窃取国家机密的行为,禁止外国的政治性组织或团体在香港特别行政区进行政治活动,禁止香港特别行政区的政治性组织或团体与外国的政治性组织或团体建立联系。

## 第三章 居民的基本权利和义务

**第二十四条** 香港特别行政区居民,简称香港居民,包括永久性居民和非永久性居民。

香港特别行政区永久性居民为:

(一)在香港特别行政区成立以前或以后在香港出生的中国公民;

(二)在香港特别行政区成立以前或以后在香港通常居住连续七年以上的中国公民;

(三)第(一)、(二)两项所列居民在香港以外所生的中国籍子女;

(四)在香港特别行政区成立以前或以后持有效旅行证件进入香港、在香港通常居住连续七年以上并以香港为永久居住地的非中国籍的人;

(五)在香港特别行政区成立以前或以后第(四)项所列居民在香港所生的未满二十一周岁的子女;

(六)第(一)至(五)项所列居民以外在香港特别行政区成立以前只在香港有居留权的人。

以上居民在香港特别行政区享有居留权和有资格依照香港特别行政区法律取得载明其居留权的永久性居民身份证。

香港特别行政区非永久性居民为:有资格依照香港特别行政区法律取得香港居民身份证,但没有居留权的人。

**第二十五条** 香港居民在法律面前一律平等。

**第二十六条** 香港特别行政区永久性居民依法享有选举权和被选举权。

**第二十七条** 香港居民享有言论、新闻、出版的自由,结社、集会、游行、示威的自由,组织和参加工会、罢工的权利和自由。

**第二十八条** 香港居民的人身自由不受侵犯。

香港居民不受任意或非法逮捕、拘留、监禁。禁止任意或非法搜查居民的身体、剥夺或限制居民的人身自由。禁止对居民施行酷刑、任意或非法剥夺居民的生命。

**第二十九条** 香港居民的住宅和其他房屋不受侵犯。禁止任意或非法搜查、侵入居民的住宅和其他房屋。

**第三十条** 香港居民的通讯自由和通讯秘密受法律的保护。除因公共安全和追查刑事犯罪的需要,由有关机关依照法律程序对通讯进行检查外,任何部门或个人不得以任何理由侵犯居民的通讯自由和通讯秘密。

**第三十一条** 香港居民有在香港特别行政区境内迁徙的自由,有移居其他国家和地区的自由。香港居民有旅行和出入境的自由。有效旅行证件的持有人,除非受到法律制止,可自由离开香港特别行政区,无需特别批准。

**第三十二条** 香港居民有信仰的自由。

香港居民有宗教信仰的自由,有公开传教和举行、参加宗教活动的自由。

**第三十三条** 香港居民有选择职业的自由。

**第三十四条** 香港居民有进行学术研究、文学艺术创作和其他文化活动的自由。

**第三十五条** 香港居民有权得到秘密法律咨询、向法院提起诉讼、选择律师及时保护自己的合法权益或在法庭上为其代理和获得司法补救。

香港居民有权对行政部门和行政人员的行为向法院提起诉讼。

**第三十六条** 香港居民有依法享受社会福利的权利。劳工的福利待遇和退休保障受法律保护。

**第三十七条** 香港居民的婚姻自由和自愿生育的权利受法律保护。

**第三十八条** 香港居民享有香港特别行政区法律保障的其他权

利和自由。

第三十九条  《公民权利和政治权利国际公约》、《经济、社会与文化权利的国际公约》和国际劳工公约适用于香港的有关规定继续有效，通过香港特别行政区的法律予以实施。

香港居民享有的权利和自由，除依法规定外不得限制，此种限制不得与本条第一款规定抵触。

第四十条  "新界"原居民的合法传统权益受香港特别行政区的保护。

第四十一条  在香港特别行政区境内的香港居民以外的其他人，依法享有本章规定的香港居民的权利和自由。

第四十二条  香港居民和在香港的其他人有遵守香港特别行政区实行的法律的义务。

## 第四章 政治体制

### 第一节 行政长官

第四十三条  香港特别行政区行政长官是香港特别行政区的首长，代表香港特别行政区。

香港特别行政区行政长官依照本法的规定对中央人民政府和香港特别行政区负责。

第四十四条  香港特别行政区行政长官由年满四十周岁，在香港通常居住连续满二十年并在外国无居留权的香港特别行政区永久性居民中的中国公民担任。

第四十五条  香港特别行政区行政长官在当地通过选举或协商产生，由中央人民政府任命。

行政长官的产生办法根据香港特别行政区的实际情况和循序渐进的原则而规定，最终达至由一个有广泛代表性的提名委员会按民主程序提名后普选产生的目标。

行政长官产生的具体办法由附件一《香港特别行政区行政长官的产生办法》规定。

**第四十六条** 香港特别行政区行政长官任期五年，可连任一次。

**第四十七条** 香港特别行政区行政长官必须廉洁奉公、尽忠职守。

行政长官就任时应向香港特别行政区终审法院首席法官申报财产，记录在案。

**第四十八条** 香港特别行政区行政长官行使下列职权：

（一）领导香港特别行政区政府；

（二）负责执行本法和依照本法适用于香港特别行政区的其他法律；

（三）签署立法会通过的法案，公布法律；

签署立法会通过的财政预算案，将财政预算、决算报中央人民政府备案；

（四）决定政府政策和发布行政命令；

（五）提名并报请中央人民政府任命下列主要官员：各司司长、副司长，各局局长，廉政专员，审计署署长，警务处处长，入境事务处处长，海关关长；建议中央人民政府免除上述官员职务；

（六）依照法定程序任免各级法院法官；

（七）依照法定程序任免公职人员；

（八）执行中央人民政府就本法规定的有关事务发出的指令；

（九）代表香港特别行政区政府处理中央授权的对外事务和其他事务；

（十）批准向立法会提出有关财政收入或支出的动议；

（十一）根据安全和重大公共利益的考虑，决定政府官员或其他负责政府公务的人员是否向立法会或其属下的委员会作证和提供证据；

（十二）赦免或减轻刑事罪犯的刑罚；

（十三）处理请愿、申诉事项。

第四十九条　香港特别行政区行政长官如认为立法会通过的法案不符合香港特别行政区的整体利益，可在三个月内将法案发回立法会重议，立法会如以不少于全体议员三分之二多数再次通过原案，行政长官必须在一个月内签署公布或按本法第五十条的规定处理。

第五十条　香港特别行政区行政长官如拒绝签署立法会再次通过的法案或立法会拒绝通过政府提出的财政预算案或其他重要法案，经协商仍不能取得一致意见，行政长官可解散立法会。

行政长官在解散立法会前，须征询行政会议的意见。行政长官在其一任任期内只能解散立法会一次。

第五十一条　香港特别行政区立法会如拒绝批准政府提出的财政预算案，行政长官可向立法会申请临时拨款。如果由于立法会已被解散而不能批准拨款，行政长官可在选出新的立法会前的一段时期内，按上一财政年度的开支标准，批准临时短期拨款。

第五十二条　香港特别行政区行政长官如有下列情况之一者必须辞职：

（一）因严重疾病或其他原因无力履行职务；

（二）因两次拒绝签署立法会通过的法案而解散立法会，重选的立法会仍以全体议员三分之二多数通过所争议的原案，而行政长官仍拒绝签署；

（三）因立法会拒绝通过财政预算案或其他重要法案而解散立法会，重选的立法会继续拒绝通过所争议的原案。

第五十三条　香港特别行政区行政长官短期不能履行职务时，由政务司长、财政司长、律政司长依次临时代理其职务。

行政长官缺位时，应在六个月内依本法第四十五条的规定产生新的行政长官。行政长官缺位期间的职务代理，依照上款规定办理。

第五十四条　香港特别行政区行政会议是协助行政长官决策的机构。

第五十五条　香港特别行政区行政会议的成员由行政长官从行政机关的主要官员、立法会议员和社会人士中委任，其任免由行政长官决定。行政会议成员的任期应不超过委任他的行政长官的任期。

香港特别行政区行政会议成员由在外国无居留权的香港特别行政区永久性居民中的中国公民担任。

行政长官认为必要时可邀请有关人士列席会议。

第五十六条　香港特别行政区行政会议由行政长官主持。

行政长官在作出重要决策、向立法会提交法案、制定附属法规和解散立法会前，须征询行政会议的意见，但人事任免、纪律制裁和紧急情况下采取的措施除外。

行政长官如不采纳行政会议多数成员的意见，应将具体理由记录在案。

第五十七条　香港特别行政区设立廉政公署，独立工作，对行政长官负责。

第五十八条　香港特别行政区设立审计署，独立工作，对行政长官负责。

## 第二节　行政机关

第五十九条　香港特别行政区政府是香港特别行政区行政机关。

第六十条　香港特别行政区政府的首长是香港特别行政区行政长官。

香港特别行政区政府设政务司、财政司、律政司和各局、处、署。

第六十一条　香港特别行政区的主要官员由在香港通常居住连续满十五年并在外国无居留权的香港特别行政区永久性居民中的中国公民担任。

第六十二条　香港特别行政区政府行使下列职权：

（一）制定并执行政策；

（二）管理各项行政事务；

（三）办理本法规定的中央人民政府授权的对外事务；

（四）编制并提出财政预算、决算；

（五）拟定并提出法案、议案、附属法规；

（六）委派官员列席立法会并代表政府发言。

**第六十三条** 香港特别行政区律政司主管刑事检察工作，不受任何干涉。

**第六十四条** 香港特别行政区政府必须遵守法律，对香港特别行政区立法会负责：执行立法会通过并已生效的法律；定期向立法会作施政报告；答复立法会议员的质询；征税和公共开支须经立法会批准。

**第六十五条** 原由行政机关设立咨询组织的制度继续保留。

### 第三节 立 法 机 关

**第六十六条** 香港特别行政区立法会是香港特别行政区的立法机关。

**第六十七条** 香港特别行政区立法会由在外国无居留权的香港特别行政区永久性居民中的中国公民组成。但非中国籍的香港特别行政区永久性居民和在外国有居留权的香港特别行政区永久性居民也可以当选为香港特别行政区立法会议员，其所占比例不得超过立法会全体议员的百分之二十。

**第六十八条** 香港特别行政区立法会由选举产生。

立法会的产生办法根据香港特别行政区的实际情况和循序渐进的原则而规定，最终达至全部议员由普选产生的目标。

立法会产生的具体办法和法案、议案的表决程序由附件二《香港特别行政区立法会的产生办法和表决程序》规定。

**第六十九条** 香港特别行政区立法会除第一届任期为两年外，

每届任期四年。

**第七十条** 香港特别行政区立法会如经行政长官依本法规定解散,须于三个月内依本法第六十八条的规定,重行选举产生。

**第七十一条** 香港特别行政区立法会主席由立法会议员互选产生。

香港特别行政区立法会主席由年满四十周岁,在香港通常居住连续满二十年并在外国无居留权的香港特别行政区永久性居民中的中国公民担任。

**第七十二条** 香港特别行政区立法会主席行使下列职权:

(一)主持会议;

(二)决定议程,政府提出的议案须优先列入议程;

(三)决定开会时间;

(四)在休会期间可召开特别会议;

(五)应行政长官的要求召开紧急会议;

(六)立法会议事规则所规定的其他职权。

**第七十三条** 香港特别行政区立法会行使下列职权:

(一)根据本法规定并依照法定程序制定、修改和废除法律;

(二)根据政府的提案,审核、通过财政预算;

(三)批准税收和公共开支;

(四)听取行政长官的施政报告并进行辩论;

(五)对政府的工作提出质询;

(六)就任何有关公共利益问题进行辩论;

(七)同意终审法院法官和高等法院首席法官的任免;

(八)接受香港居民申诉并作出处理;

(九)如立法会全体议员的四分之一联合动议,指控行政长官有严重违法或渎职行为而不辞职,经立法会通过进行调查,立法会可委托终审法院首席法官负责组成独立的调查委员会,并担任主席。调查委员会负责进行调查,并向立法会提出报告。如该调查委员会认为有足够证据构成上述指控,立法会以全体议员三分之二多数通过，可提出弹劾案，报请中央人民政府决定。

（十）在行使上述各项职权时，如有需要，可传召有关人士出席作证和提供证据。

**第七十四条** 香港特别行政区立法会议员根据本法规定并依照法定程序提出法律草案，凡不涉及公共开支或政治体制或政府运作者，可由立法会议员个别或联名提出。凡涉及政府政策者，在提出前必须得到行政长官的书面同意。

**第七十五条** 香港特别行政区立法会举行会议的法定人数为不少于全体议员的二分之一。

立法会议事规则由立法会自行制定，但不得与本法相抵触。

**第七十六条** 香港特别行政区立法会通过的法案，须经行政长官签署、公布，方能生效。

**第七十七条** 香港特别行政区立法会议员在立法会的会议上发言，不受法律追究。

**第七十八条** 香港特别行政区立法会议员在出席会议时和赴会途中不受逮捕。

**第七十九条** 香港特别行政区立法会议员如有下列情况之一，由立法会主席宣告其丧失立法会议员的资格：

（一）因严重疾病或其他情况无力履行职务；

（二）未得到立法会主席的同意，连续三个月不出席会议而无合理解释者；

（三）丧失或放弃香港特别行政区永久性居民的身份；

（四）接受政府的委任而出任公务人员；

（五）破产或经法庭裁定偿还债务而不履行；

（六）在香港特别行政区区内或区外被判犯有刑事罪行，判处监禁一个月以上，并经立法会出席会议的议员三分之二通过解除其职务；

（七）行为不检或违反誓言而经立法会出席会议的议员三分之二通过谴责。

### 第四节　司　法　机　关

**第八十条**　香港特别行政区各级法院是香港特别行政区的司法机关，行使香港特别行政区的审判权。

**第八十一条**　香港特别行政区设立终审法院、高等法院、区域法院、裁判署法庭和其他专门法庭。高等法院设上诉法庭和原讼法庭。

原在香港实行的司法体制，除因设立香港特别行政区终审法院而产生变化外，予以保留。

**第八十二条**　香港特别行政区的终审权属于香港特别行政区终审法院。终审法院可根据需要邀请其他普通法适用地区的法官参加审判。

**第八十三条**　香港特别行政区各级法院的组织和职权由法律规定。

**第八十四条**　香港特别行政区法院依照本法第十八条所规定的适用于香港特别行政区的法律审判案件，其他普通法适用地区的司法判例可作参考。

**第八十五条**　香港特别行政区法院独立进行审判，不受任何干涉，司法人员履行审判职责的行为不受法律追究。

**第八十六条**　原在香港实行的陪审制度的原则予以保留。

**第八十七条**　香港特别行政区的刑事诉讼和民事诉讼中保留原在香港适用的原则和当事人享有的权利。

任何人在被合法拘捕后，享有尽早接受司法机关公正审判的权利，未经司法机关判罪之前均假定无罪。

**第八十八条**　香港特别行政区法院的法官，根据当地法官和法律界及其他方面知名人士组成的独立委员会推荐，由行政长官任命。

**第八十九条**　香港特别行政区法院的法官只有在无力履行职责或行为不检的情况下，行政长官才可根据终审法院首席法官任命的不少于三名当地法官组成的审议庭的建议，予以免职。

香港特别行政区终审法院的首席法官只有在无力履行职责或行为不检的情况下，行政长官才可任命不少于五名当地法官组成的审议庭进行审议，并可根据其建议，依照本法规定的程序，予以免职。

第九十条　香港特别行政区终审法院和高等法院的首席法官，应由在外国无居留权的香港特别行政区永久性居民中的中国公民担任。

除本法第八十八条和第八十九条规定的程序外，香港特别行政区终审法院的法官和高等法院首席法官的任命或免职，还须由行政长官征得立法会同意，并报全国人民代表大会常务委员会备案。

第九十一条　香港特别行政区法官以外的其他司法人员原有的任免制度继续保持。

第九十二条　香港特别行政区的法官和其他司法人员，应根据其本人的司法和专业才能选用，并可从其他普通法适用地区聘用。

第九十三条　香港特别行政区成立前在香港任职的法官和其他司法人员均可留用，其年资予以保留，薪金、津贴、福利待遇和服务条件不低于原来的标准。

对退休或符合规定离职的法官和其他司法人员，包括香港特别行政区成立前已退休或离职者，不论其所属国籍或居住地点，香港特别行政区政府按不低于原来的标准，向他们或其家属支付应得的退休金、酬金、津贴和福利费。

第九十四条　香港特别行政区政府可参照原在香港实行的办法，作出有关当地和外来的律师在香港特别行政区工作和执业的规定。

第九十五条　香港特别行政区可与全国其他地区的司法机关通过协商依法进行司法方面的联系和相互提供协助。

第九十六条　在中央人民政府协助或授权下，香港特别行政区政府可与外国就司法互助关系作出适当安排。

### 第五节　区域组织

**第九十七条**　香港特别行政区可设立非政权性的区域组织，接受香港特别行政区政府就有关地区管理和其他事务的咨询，或负责提供文化、康乐、环境卫生等服务。

**第九十八条**　区域组织的职权和组成方法由法律规定。

### 第六节　公务人员

**第九十九条**　在香港特别行政区政府各部门任职的公务人员必须是香港特别行政区永久性居民。本法第一百零一条对外籍公务人员另有规定者或法律规定某一职级以下者不在此限。

公务人员必须尽忠职守，对香港特别行政区政府负责。

**第一百条**　香港特别行政区成立前在香港政府各部门，包括警察部门任职的公务人员均可留用，其年资予以保留，薪金、津贴、福利待遇和服务条件不低于原来的标准。

**第一百零一条**　香港特别行政区政府可任用原香港公务人员中的或持有香港特别行政区永久性居民身份证的英籍和其他外籍人士担任政府部门的各级公务人员，但下列各职级的官员必须由在外国无居留权的香港特别行政区永久性居民中的中国公民担任：各司司长、副司长，各局局长，廉政专员，审计署署长，警务处处长，入境事务处处长，海关关长。

香港特别行政区政府还可聘请英籍和其他外籍人士担任政府部门的顾问，必要时并可从香港特别行政区以外聘请合格人员担任政府部门的专门和技术职务。上述外籍人士只能以个人身份受聘，对香港特别行政区政府负责。

**第一百零二条**　对退休或符合规定离职的公务人员，包括香港特别行政区成立前退休或符合规定离职的公务人员，不论其所属国籍或居住地点，香港特别行政区政府按不低于原来的标准向他们或其家属支付应得的退休金、酬金、津贴和福利费。

第一百零三条 公务人员应根据其本人的资格、经验和才能予以任用和提升,香港原有关于公务人员的招聘、雇用、考核、纪律、培训和管理的制度,包括负责公务人员的任用、薪金、服务条件的专门机构,除有关给予外籍人员特权待遇的规定外,予以保留。

第一百零四条 香港特别行政区行政长官、主要官员、行政会议成员、立法会议员、各级法院法官和其他司法人员在就职时必须依法宣誓拥护中华人民共和国香港特别行政区基本法,效忠中华人民共和国香港特别行政区。

## 第五章 经 济

### 第一节 财政、金融、贸易和工商业

第一百零五条 香港特别行政区依法保护私人和法人财产的取得、使用、处置和继承的权利,以及依法征用私人和法人财产时被征用财产的所有人得到补偿的权利。

征用财产的补偿应相当于该财产当时的实际价值,可自由兑换,不得无故迟延支付。

企业所有权和外来投资均受法律保护。

第一百零六条 香港特别行政区保持财政独立。

香港特别行政区的财政收入全部用于自身需要,不上缴中央人民政府。

中央人民政府不在香港特别行政区征税。

第一百零七条 香港特别行政区的财政预算以量入为出为原则,力求收支平衡,避免赤字,并与本地生产总值的增长率相适应。

第一百零八条 香港特别行政区实行独立的税收制度。

香港特别行政区参照原在香港实行的低税政策,自行立法规定

税种、税率、税收宽免和其他税务事项。

**第一百零九条** 香港特别行政区政府提供适当的经济和法律环境，以保持香港的国际金融中心地位。

**第一百一十条** 香港特别行政区的货币金融制度由法律规定。

香港特别行政区政府自行制定货币金融政策，保障金融企业和金融市场的经营自由，并依法进行管理和监督。

**第一百一十一条** 港元为香港特别行政区法定货币，继续流通。

港币的发行权属于香港特别行政区政府。港币的发行须有百分之百的准备金。港币的发行制度和准备金制度，由法律规定。

香港特别行政区政府，在确知港币的发行基础健全和发行安排符合保持港币稳定的目的的条件下，可授权指定银行根据法定权限发行或继续发行港币。

**第一百一十二条** 香港特别行政区不实行外汇管制政策。港币自由兑换。继续开放外汇、黄金、证券、期货等市场。

香港特别行政区政府保障资金的流动和进出自由。

**第一百一十三条** 香港特别行政区的外汇基金，由香港特别行政区政府管理和支配，主要用于调节港元汇价。

**第一百一十四条** 香港特别行政区保持自由港地位，除法律另有规定外，不征收关税。

**第一百一十五条** 香港特别行政区实行自由贸易政策，保障货物、无形财产和资本的流动自由。

**第一百一十六条** 香港特别行政区为单独的关税地区。

香港特别行政区可以"中国香港"的名义参加《关税和贸易总协定》、关于国际纺织品贸易安排等有关国际组织和国际贸易协定，包括优惠贸易安排。

香港特别行政区所取得的和以前取得仍继续有效的出口配额、关税优惠和达成的其他类似安排，全由香港特别行政区享有。

**第一百一十七条** 香港特别行政区根据当时的产地规则，可对产品签发产地来源证。

第一百一十八条　香港特别行政区政府提供经济和法律环境，鼓励各项投资、技术进步并开发新兴产业。

第一百一十九条　香港特别行政区政府制定适当政策，促进和协调制造业、商业、旅游业、房地产业、运输业、公用事业、服务性行业、渔农业等各行业的发展，并注意环境保护。

## 第二节　土地契约

第一百二十条　香港特别行政区成立以前已批出、决定、或续期的超越一九九七年六月三十日年期的所有土地契约和与土地契约有关的一切权利，均按香港特别行政区的法律继续予以承认和保护。

第一百二十一条　从一九八五年五月二十七日至一九九七年六月三十日期间批出的，或原没有续期权利而获得续期的，超出一九九七年六月三十日年期而不超过二零四七年六月三十日的一切土地契约，承租人从一九九七年七月一日起不补地价，但需每年缴纳相当于当日该土地应课差饷租值百分之三的租金。此后，随应课差饷租值的改变而调整租金。

第一百二十二条　原旧批约地段、乡村屋地、丁屋地和类似的农村土地，如该土地在一九八四年六月三十日的承租人，或在该日以后批出的丁屋地承租人，其父系为一八九八年在香港的原有乡村居民，只要该土地的承租人仍为该人或其合法父系继承人，原定租金维持不变。

第一百二十三条　香港特别行政区成立以后满期而没有续期权利的土地契约，由香港特别行政区自行制定法律和政策处理。

## 第三节　航　运

第一百二十四条　香港特别行政区保持原在香港实行的航运经营和管理体制，包括有关海员的管理制度。

香港特别行政区政府自行规定在航运方面的具体职能和责任。

**第一百二十五条** 香港特别行政区经中央人民政府授权继续进行船舶登记，并根据香港特别行政区的法律以"中国香港"的名义颁发有关证件。

**第一百二十六条** 除外国军用船只进入香港特别行政区须经中央人民政府特别许可外，其他船舶可根据香港特别行政区法律进出其港口。

**第一百二十七条** 香港特别行政区的私营航运及与航运有关的企业和私营集装箱码头，可继续自由经营。

## 第四节 民 用 航 空

**第一百二十八条** 香港特别行政区政府应提供条件和采取措施，以保持香港的国际和区域航空中心的地位。

**第一百二十九条** 香港特别行政区继续实行原在香港实行的民用航空管理制度，并按中央人民政府关于飞机国籍标志和登记标志的规定，设置自己的飞机登记册。

外国国家航空器进入香港特别行政区须经中央人民政府特别许可。

**第一百三十条** 香港特别行政区自行负责民用航空的日常业务和技术管理，包括机场管理，在香港特别行政区飞行情报区内提供空中交通服务，和履行国际民用航空组织的区域性航行规划程序所规定的其他职责。

**第一百三十一条** 中央人民政府经同香港特别行政区政府磋商作出安排，为在香港特别行政区注册并以香港为主要营业地的航空公司和中华人民共和国的其他航空公司，提供香港特别行政区和中华人民共和国其他地区之间的往返航班。

**第一百三十二条** 凡涉及中华人民共和国其他地区同其他国家和地区的往返并经停香港特别行政区的航班，和涉及香港特别行政区同其他国家和地区的往返并经停中华人民共和国其他地区航班的民用航空运输协定，由中央人民政府签订。

中央人民政府在签订本条第一款所指民用航空运输协定时，应考虑香港特别行政区的特殊情况和经济利益，并同香港特别行政区政府磋商。

中央人民政府在同外国政府商谈有关本条第一款所指航班的安排时，香港特别行政区政府的代表可作为中华人民共和国政府代表团的成员参加。

**第一百三十三条** 香港特别行政区政府经中央人民政府具体授权可：

（一）续签或修改原有的民用航空运输协定和协议；

（二）谈判签订新的民用航空运输协定，为在香港特别行政区注册并以香港为主要营业地的航空公司提供航线，以及过境和技术停降权利；

（三）同没有签订民用航空运输协定的外国或地区谈判签订临时协议。

不涉及往返、经停中国内地而只往返、经停香港的定期航班，均由本条所指的民用航空运输协定或临时协议予以规定。

**第一百三十四条** 中央人民政府授权香港特别行政区政府：

（一）同其他当局商谈并签订有关执行本法第一百三十三条所指民用航空运输协定和临时协议的各项安排；

（二）对在香港特别行政区注册并以香港为主要营业地的航空公司签发执照；

（三）依照本法第一百三十三条所指民用航空运输协定和临时协议指定航空公司；

（四）对外国航空公司除往返、经停中国内地的航班以外的其他航班签发许可证。

**第一百三十五条** 香港特别行政区成立前在香港注册并以香港为主要营业地的航空公司和与民用航空有关的行业，可继续经营。

# 第六章　教育、科学、文化、体育、宗教、劳工和社会服务

**第一百三十六条**　香港特别行政区政府在原有教育制度的基础上，自行制定有关教育的发展和改进的政策，包括教育体制和管理、教学语言、经费分配、考试制度、学位制度和承认学历等政策。

社会团体和私人可依法在香港特别行政区兴办各种教育事业。

**第一百三十七条**　各类院校均可保留其自主性并享有学术自由，可继续从香港特别行政区以外招聘教职员和选用教材。宗教组织所办的学校可继续提供宗教教育，包括开设宗教课程。

学生享有选择院校和在香港特别行政区以外求学的自由。

**第一百三十八条**　香港特别行政区政府自行制定发展中西医药和促进医疗卫生服务的政策。社会团体和私人可依法提供各种医疗卫生服务。

**第一百三十九条**　香港特别行政区政府自行制定科学技术政策，以法律保护科学技术的研究成果、专利和发明创造。

香港特别行政区政府自行确定适用于香港的各类科学、技术标准和规格。

**第一百四十条**　香港特别行政区政府自行制定文化政策，以法律保护作者在文学艺术创作中所获得的成果和合法权益。

**第一百四十一条**　香港特别行政区政府不限制宗教信仰自由，不干预宗教组织的内部事务，不限制与香港特别行政区法律没有抵触的宗教活动。

宗教组织依法享有财产的取得、使用、处置、继承以及接受资助的权利。财产方面的原有权益仍予保持和保护。

宗教组织可按原有办法继续兴办宗教院校、其他学校、医院和福利机构以及提供其他社会服务。

香港特别行政区的宗教组织和教徒可与其他地方的宗教组织和教徒保持和发展关系。

**第一百四十二条** 香港特别行政区政府在保留原有的专业制度的基础上，自行制定有关评审各种专业的执业资格的办法。

在香港特别行政区成立前已取得专业和执业资格者，可依据有关规定和专业守则保留原有的资格。

香港特别行政区政府继续承认在特别行政区成立前已承认的专业和专业团体，所承认的专业团体可自行审核和颁授专业资格。

香港特别行政区政府可根据社会发展需要并咨询有关方面的意见，承认新的专业和专业团体。

**第一百四十三条** 香港特别行政区政府自行制定体育政策。民间体育团体可依法继续存在和发展。

**第一百四十四条** 香港特别行政区政府保持原在香港实行的对教育、医疗卫生、文化、艺术、康乐、体育、社会福利、社会工作等方面的民间团体机构的资助政策。原在香港各资助机构任职的人员均可根据原有制度继续受聘。

**第一百四十五条** 香港特别行政区政府在原有社会福利制度的基础上，根据经济条件和社会需要，自行制定其发展、改进的政策。

**第一百四十六条** 香港特别行政区从事社会服务的志愿团体在不抵触法律的情况下可自行决定其服务方式。

**第一百四十七条** 香港特别行政区自行制定有关劳工的法律和政策。

**第一百四十八条** 香港特别行政区的教育、科学、技术、文化、艺术、体育、专业、医疗卫生、劳工、社会福利、社会工作等方面的民间团体和宗教组织同内地相应的团体和组织的关系，应以互不隶属、互不干涉和互相尊重的原则为基础。

**第一百四十九条** 香港特别行政区的教育、科学、技术、文化、艺术、体育、专业、医疗卫生、劳工、社会福利、社会工作等方面的民间团体和宗教组织可同世界各国、各地区及国际的有关团体和组织保持和发展关系,各该团体和组织可根据需要冠用"中国香港"的名义,参与有关活动。

## 第七章　对外事务

**第一百五十条**　香港特别行政区政府的代表,可作为中华人民共和国政府代表团的成员,参加由中央人民政府进行的同香港特别行政区直接有关的外交谈判。

**第一百五十一条**　香港特别行政区可在经济、贸易、金融、航运、通讯、旅游、文化、体育等领域以"中国香港"的名义,单独地同世界各国、各地区及有关国际组织保持和发展关系,签订和履行有关协议。

**第一百五十二条**　对以国家为单位参加的、同香港特别行政区有关的、适当领域的国际组织和国际会议,香港特别行政区政府可派遣代表作为中华人民共和国代表团的成员或以中央人民政府和上述有关国际组织或国际会议允许的身份参加,并以"中国香港"的名义发表意见。

香港特别行政区可以"中国香港"的名义参加不以国家为单位参加的国际组织和国际会议。

对中华人民共和国已参加而香港也以某种形式参加了的国际组织,中央人民政府将采取必要措施使香港特别行政区以适当形式继续保持在这些组织中的地位。

对中华人民共和国尚未参加而香港已以某种形式参加的国际组织,中央人民政府将根据需要使香港特别行政区以适当形式继续参加这些组织。

**第一百五十三条**　中华人民共和国缔结的国际协议,中央人民政府可根据香港特别行政区的情况和需要,在征询香港特别行政区政府的意见后,决定是否适用于香港特别行政区。

中华人民共和国尚未参加但已适用于香港的国际协议仍可继续适用。中央人民政府根据需要授权或协助香港特别行政区政府作出适当安排,使其他有关国际协议适用于香港特别行政区。

**第一百五十四条** 中央人民政府授权香港特别行政区政府依照法律给持有香港特别行政区永久性居民身份证的中国公民签发中华人民共和国香港特别行政区护照,给在香港特别行政区的其他合法居留者签发中华人民共和国香港特别行政区的其他旅行证件。上述护照和证件,前往各国和各地区有效,并载明持有人有返回香港特别行政区的权利。

对世界各国或各地区的人入境、逗留和离境,香港特别行政区政府可实行出入境管制。

**第一百五十五条** 中央人民政府协助或授权香港特别行政区政府与各国或各地区缔结互免签证协议。

**第一百五十六条** 香港特别行政区可根据需要在外国设立官方或半官方的经济和贸易机构,报中央人民政府备案。

**第一百五十七条** 外国在香港特别行政区设立领事机构或其他官方、半官方机构,须经中央人民政府批准。

已同中华人民共和国建立正式外交关系的国家在香港设立的领事机构和其他官方机构,可予保留。

尚未同中华人民共和国建立正式外交关系的国家在香港设立的领事机构和其他官方机构,可根据情况允许保留或改为半官方机构。

尚未为中华人民共和国承认的国家,只能在香港特别行政区设立民间机构。

## 第八章　本法的解释和修改

**第一百五十八条** 本法的解释权属于全国人民代表大会常务委员会。

全国人民代表大会常务委员会授权香港特别行政区法院在审理案件时对本法关于香港特别行政区自治范围内的条款自行解释。

香港特别行政区法院在审理案件时对本法的其他条款也可解释。但如香港特别行政区法院在审理案件时需要对本法关于中央人民政府管理的事务或中央和香港特别行政区关系的条款进行解释，而该条款的解释又影响到案件的判决，在对该案件作出不可上诉的终局判决前，应由香港特别行政区终审法院请全国人民代表大会常务委员会对有关条款作出解释。如全国人民代表大会常务委员会作出解释，香港特别行政区法院在引用该条款时，应以全国人民代表大会常务委员会的解释为准。但在此以前作出的判决不受影响。

全国人民代表大会常务委员会在对本法进行解释前，征询其所属的香港特别行政区基本法委员会的意见。

**第一百五十九条** 本法的修改权属于全国人民代表大会。

本法的修改提案权属于全国人民代表大会常务委员会、国务院和香港特别行政区。香港特别行政区的修改议案，须经香港特别行政区的全国人民代表大会代表三分之二多数、香港特别行政区立法会全体议员三分之二多数和香港特别行政区行政长官同意后，交由香港特别行政区出席全国人民代表大会的代表团向全国人民代表大会提出。

本法的修改议案在列入全国人民代表大会的议程前，先由香港特别行政区基本法委员会研究并提出意见。

本法的任何修改，均不得同中华人民共和国对香港既定的基本方针政策相抵触。

## 第九章　附　　则

**第一百六十条** 香港特别行政区成立时，香港原有法律除由全国人民代表大会常务委员会宣布为同本法抵触者外，采用为香港特别行政区法律，如以后发现有的法律与本法抵触，可依照本法规定的程序修改或停止生效。

在香港原有法律下有效的文件、证件、契约和权利义务，在不抵触本法的前提下继续有效，受香港特别行政区的承认和保护。

附件一

# 香港特别行政区行政长官的产生办法

（1990年4月4日第七届全国人民代表大会第三次会议通过 2010年8月28日第十一届全国人民代表大会常务委员会第十六次会议批准修正 2021年3月30日第十三届全国人民代表大会常务委员会第二十七次会议修订）

一、行政长官由一个具有广泛代表性、符合香港特别行政区实际情况、体现社会整体利益的选举委员会根据本法选出，由中央人民政府任命。

二、选举委员会委员共1500人，由下列各界人士组成：

| | |
|---|---|
| 第一界别：工商、金融界 | 300人 |
| 第二界别：专业界 | 300人 |
| 第三界别：基层、劳工和宗教等界 | 300人 |
| 第四界别：立法会议员、地区组织代表等界 | 300人 |
| 第五界别：香港特别行政区全国人大代表、香港特别行政区全国政协委员和有关全国性团体香港成员的代表界 | 300人 |

选举委员会委员必须由香港特别行政区永久性居民担任。

选举委员会每届任期五年。

三、选举委员会各个界别的划分及名额如下：

第一界别设十八个界别分组：工业界（第一）（17席）、工业界

（第二）（17席）、纺织及制衣界（17席）、商界（第一）（17席）、商界（第二）（17席）、商界（第三）（17席）、金融界（17席）、金融服务界（17席）、保险界（17席）、地产及建造界（17席）、航运交通界（17席）、进出口界（17席）、旅游界（17席）、酒店界（16席）、饮食界（16席）、批发及零售界（17席）、香港雇主联合会（15席）、中小企业界（15席）。

第二界别设十个界别分组：科技创新界（30席）、工程界（30席）、建筑测量都市规划及园境界（30席）、会计界（30席）、法律界（30席）、教育界（30席）、体育演艺文化及出版界（30席）、医学及卫生服务界（30席）、中医界（30席）、社会福利界（30席）。

第三界别设五个界别分组：渔农界（60席）、劳工界（60席）、基层社团（60席）、同乡社团（60席）、宗教界（60席）。

第四界别设五个界别分组：立法会议员（90席）、乡议局（27席）、港九分区委员会及地区扑灭罪行委员会、地区防火委员会委员的代表（76席）、"新界"分区委员会及地区扑灭罪行委员会、地区防火委员会委员的代表（80席）、内地港人团体的代表（27席）。

第五界别设两个界别分组：香港特别行政区全国人大代表和香港特别行政区全国政协委员（190席）、有关全国性团体香港成员的代表（110席）。

**四、选举委员会以下列方式产生：**

（一）香港特别行政区全国人大代表、香港特别行政区全国政协委员、全国人民代表大会常务委员会香港特别行政区基本法委员会香港委员、立法会议员、大学校长或者学校董事会或者校务委员会主席，以及工程界（15席）、建筑测量都市规划及园境界（15席）、教育界（5席）、医学及卫生服务界（15席）、社会福利界（15席）等界别分组的法定机构、咨询组织及相关团体负责人，是相应界别分组的选举委员会委员。

除第五界别外，香港特别行政区全国人大代表和香港特别行政区全国政协委员也可以在其有密切联系的选举委员会其他界别分组登记为委员。如果香港特别行政区全国人大代表或者香港特别行政区全国政协委员登记为选举委员会其他界别分组的委员，则其计入相应界别分组的名额，该界别分组按照本款第三项规定产生的选举委员会委员的名额相应减少。香港特别行政区全国人大代表和香港特别行政区全国政协委员登记为选举委员会有关界别分组的委员后，在该届选举委员会任期内，根据上述规定确定的选举委员会各界别分组按照本款第一、二、三项规定产生的委员的名额维持不变。

（二）宗教界界别分组的选举委员会委员由提名产生；科技创新界界别分组的部分委员（15席）在中国科学院、中国工程院香港院士中提名产生；会计界界别分组的部分委员（15席）在国家财政部聘任的香港会计咨询专家中提名产生；法律界界别分组的部分委员（9席）在中国法学会香港理事中提名产生；体育演艺文化及出版界界别分组的部分委员（15席）由中国香港体育协会暨奥林匹克委员会、中国文学艺术界联合会香港会员总会和香港出版总会分别提名产生；中医界界别分组的部分委员（15席）在世界中医药学会联合会香港理事中提名产生；内地港人团体的代表界别分组的委员（27席）由各内地港人团体提名产生。

（三）除本款第一、二项规定的选举委员会委员外，其他委员由相应界别分组的合资格团体选民选出。各界别分组的合资格团体选民由法律规定的具有代表性的机构、组织、团体或企业构成。除香港特别行政区选举法列明者外，有关团体和企业须获得其所在界别分组相应资格后持续运作三年以上方可成为该界别分组选民。第四界别的乡议局、港九分区委员会及地区扑灭罪行委员会、地区防火委员会委员的代表、"新界"分区委员会及地区扑灭罪行委员会、地区防火委员会委员的代表和第五界别的有关全国性团体香港成员的代表等界别分组的选举委员会委员，可由个人选民选出。选举委员会委员候选人须获得其所在界别分组5个选民的提名。每个选民可提名不超过其所在界别分组选举委员会委员名额的候选人。选举委员会各界别分组选民根据提名的名单，以无记名投票选举产生该界别分组的选举委员会委员。

上款规定涉及的选举委员会委员的具体产生办法，包括有关界别分组的法定机构、咨询组织、相关团体和合资格团体选民的界定、候选人提名办法、投票办法等，由香港特别行政区以选举法规定。

五、选举委员会设召集人制度，负责必要时召集选举委员会会议，办理有关事宜。总召集人由担任国家领导职务的选举委员会委员担任，总召集人在选举委员会每个界别各指定若干名召集人。

六、行政长官候选人须获得不少于188名选举委员会委员的提名，且上述五个界别中每个界别参与提名的委员须不少于15名。每名选举委员会委员只可提出一名候选人。

七、选举委员会根据提名的名单，经一人一票无记名投票选出行政长官候任人，行政长官候任人须获得超过750票。具体选举办法由香港特别行政区以选举法规定。

八、香港特别行政区候选人资格审查委员会负责审查并确认选举委员会委员候选人和行政长官候选人的资格。香港特别行政区维护国家安全委员会根据香港特别行政区政府警务处维护国家安全部门的审查情况，就选举委员会委员候选人和行政长官候选人是否符合拥护中华人民共和国香港特别行政区基本法、效忠中华人民共和国香港特别行政区的法定要求和条件作出判断，并就不符合上述法定要求和条件者向香港特别行政区候选人资格审查委员会出具审查意见书。

对香港特别行政区候选人资格审查委员会根据香港特别行政区维护国家安全委员会的审查意见书作出的选举委员会委员候选人和行政长官候选人资格确认的决定，不得提起诉讼。

九、香港特别行政区应当采取措施，依法规管操纵、破坏选举的行为。

十、全国人民代表大会常务委员会依法行使本办法的修改权。

全国人民代表大会常务委员会作出修改前，以适当形式听取香港社会各界意见。

十一、依据本办法产生的选举委员会任期开始时，依据原办法产生的选举委员会任期即告终止。

十二、本办法自 2021 年 3 月 31 日起施行。原附件一及有关修正案不再施行。

附件二

## 香港特别行政区立法会的产生办法和表决程序

（1990 年 4 月 4 日第七届全国人民代表大会第三次会议通过　2010 年 8 月 28 日第十一届全国人民代表大会常务委员会第十六次会议备案修正　2021 年 3 月 30 日第十三届全国人民代表大会常务委员会第二十七次会议修订）

一、香港特别行政区立法会议员每届 90 人，组成如下：
选举委员会选举的议员　　　　　　　　　　　　　40 人
功能团体选举的议员　　　　　　　　　　　　　　30 人
分区直接选举的议员　　　　　　　　　　　　　　20 人
上述选举委员会即本法附件一规定的选举委员会。

二、选举委员会选举的议员候选人须获得不少于 10 名、不多于 20 名选举委员会委员的提名，且每个界别参与提名的委员不少于 2 名、不多于 4 名。任何合资格选民均可被提名为候选人。每名选举委员会委员只可提出一名候选人。

选举委员会根据提名的名单进行无记名投票，每一选票所选的人数等于应选议员名额的有效，得票多的 40 名候选人当选。

三、功能团体选举设以下二十八个界别：渔农界、乡议局、工业界（第一）、工业界（第二）、纺织及制衣界、商界（第一）、商界（第二）、商界（第三）、金融界、金融服务界、保险界、地产及建造界、航运交通界、进出口界、旅游界、饮食界、批发及零售界、科技创新界、工程界、建筑测量都市规划及园境界、会计界、法律界、教育界、体育演艺文化及出版界、医疗卫生界、社会福利界、劳工界、香港特别行政区全国人大代表香港特别行政区全国政协委员及有关全国性团体代表界。其中，劳工界选举产生三名议员，其他界别各选举产生一名议员。

乡议局、工程界、建筑测量都市规划及园境界、会计界、法律界、教育界、医疗卫生界、社会福利界、香港特别行政区全国人大代表香港特别行政区全国政协委员及有关全国性团体代表界等界别的议员，由个人选民选出。其他界别的议员由合资格团体选民选举产生，各界别的合资格团体选民由法律规定的具有代表性的机构、组织、团体或企业构成。除香港特别行政区选举法列明者外，有关团体和企业须获得其所在界别相应资格后持续运作三年以上方可成为该界别选民。

候选人须获得所在界别不少于10个、不多于20个选民和选举委员会每个界别不少于2名、不多于4名委员的提名。每名选举委员会委员在功能团体选举中只可提出一名候选人。

各界别选民根据提名的名单，以无记名投票选举产生该界别立法会议员。

各界别有关法定团体的划分、合资格团体选民的界定、选举办法由香港特别行政区以选举法规定。

**四、**分区直接选举设立十个选区，每个选区选举产生两名议员。

候选人须获得所在选区不少于100个、不多于200个选民和选举委员会每个界别不少于2名、不多于4名委员的提名。每名选举委员会委员在分区直接选举中只可提出一名候选人。

选民根据提名的名单以无记名投票选择一名候选人，得票多的两名候选人当选。

选区划分、投票办法由香港特别行政区以选举法规定。

**五、**香港特别行政区候选人资格审查委员会负责审查并确认立法会议员候选人的资格。香港特别行政区维护国家安全委员会根据香港特别行政区政府警务处维护国家安全部门的审查情况，就立法会议员候选人是否符合拥护中华人民共和国香港特别行政区基本法、效忠中华人民共和国香港特别行政区的法定要求和条件作出判断，并就不符合上述法定要求和条件者向香港特别行政区候选人资格审查委员会出具审查意见书。

对香港特别行政区候选人资格审查委员会根据香港特别行政区维护国家安全委员会的审查意见书作出的立法会议员候选人资格确认的决定，不得提起诉讼。

**六、**香港特别行政区应当采取措施，依法规管操纵、破坏选举的行为。

**七、**除本法另有规定外，香港特别行政区立法会对法案和议案的表决采取下列程序：

政府提出的法案，如获得出席会议的全体议员的过半数票，即为通过。

立法会议员个人提出的议案、法案和对政府法案的修正案均须分别经选举委员会选举产生的议员和功能团体选举、分区直接选举产生的议员两部分出席会议议员各过半数通过。

**八、**全国人民代表大会常务委员会依法行使本办法和法案、议案的表决程序的修改权。全国人民代表大会常务委员会作出修改前，以适当形式听取香港社会各界意见。

**九、**本办法和法案、议案的表决程序自2021年3月31日起施行。原附件二及有关修正案不再施行。

附件三

# 在香港特别行政区实施的全国性法律①

下列全国性法律,自一九九七年七月一日起由香港特别行政区在当地公布或立法实施。

一、《关于中华人民共和国国都、纪年、国歌、国旗的决议》
二、《关于中华人民共和国国庆日的决议》
三、《中华人民共和国政府关于领海的声明》
四、《中华人民共和国国籍法》
五、《中华人民共和国外交特权与豁免条例》
六、《中华人民共和国国旗法》
七、《中华人民共和国领事特权与豁免条例》
八、《中华人民共和国国徽法》
九、《中华人民共和国领海及毗连区法》
十、《中华人民共和国香港特别行政区驻军法》
十一、《中华人民共和国专属经济区和大陆架法》
十二、《中华人民共和国外国中央银行财产司法强制措施豁免法》
十三、《中华人民共和国国歌法》
十四、《中华人民共和国香港特别行政区维护国家安全法》

**香港特别行政区区旗、区徽图案（略）**

---

① 根据1997年7月1日《全国人民代表大会常务委员会关于〈中华人民共和国香港特别行政区基本法〉附件三所列全国性法律增减的决定》、1998年11月4日《全国人民代表大会常务委员会关于增加〈中华人民共和国香港特别行政区基本法〉附件三所列全国性法律的决定》、2005年10月27日《全国人民代表大会常务委员会关于增加〈中华人民共和国香港特别行政区基本法〉附件三所列全国性法律的决定》、2017年11月4日《全国人民代表大会常务委员会关于增加〈中华人民共和国香港特别行政区基本法〉附件三所列全国性法律的决定》、2020年6月30日《全国人民代表大会常务委员会关于增加〈中华人民共和国香港特别行政区基本法〉附件三所列全国性法律的决定》修正。所列法律的排列顺序以历次增减的时间顺序为准。——编者注

# 中华人民共和国澳门特别行政区基本法

(1993年3月31日第八届全国人民代表大会第一次会议通过 1993年3月31日中华人民共和国主席令第3号公布 自1999年12月20日起实施)

## 序　　言

澳门，包括澳门半岛、氹仔岛和路环岛，自古以来就是中国的领土，十六世纪中叶以后被葡萄牙逐步占领。一九八七年四月十三日，中葡两国政府签署了关于澳门问题的联合声明，确认中华人民共和国政府于一九九九年十二月二十日恢复对澳门行使主权，从而实现了长期以来中国人民收回澳门的共同愿望。

为了维护国家的统一和领土完整，有利于澳门的社会稳定和经济发展，考虑到澳门的历史和现实情况，国家决定，在对澳门恢复行使主权时，根据中华人民共和国宪法第三十一条的规定，设立澳门特别行政区，并按照"一个国家，两种制度"的方针，不在澳门实行社会主义的制度和政策。国家对澳门的基本方针政策，已由中国政府在中葡联合声明中予以阐明。

根据中华人民共和国宪法，全国人民代表大会特制定中华人民共和国澳门特别行政区基本法，规定澳门特别行政区实行的制度，以保障国家对澳门的基本方针政策的实施。

## 第一章　总　　则

**第一条**　澳门特别行政区是中华人民共和国不可分离的部分。

**第二条**　中华人民共和国全国人民代表大会授权澳门特别行政区依照本法的规定实行高度自治，享有行政管理权、立法权、独立的司法权和终审权。

**第三条**　澳门特别行政区的行政机关和立法机关由澳门特别行政区永久性居民依照本法有关规定组成。

**第四条**　澳门特别行政区依法保障澳门特别行政区居民和其他人的权利和自由。

**第五条**　澳门特别行政区不实行社会主义的制度和政策，保持原有的资本主义制度和生活方式，五十年不变。

**第六条**　澳门特别行政区以法律保护私有财产权。

**第七条**　澳门特别行政区境内的土地和自然资源，除在澳门特别行政区成立前已依法确认的私有土地外，属于国家所有，由澳门特别行政区政府负责管理、使用、开发、出租或批给个人、法人使用或开发，其收入全部归澳门特别行政区政府支配。

**第八条**　澳门原有的法律、法令、行政法规和其他规范性文件，除同本法相抵触或经澳门特别行政区的立法机关或其他有关机关依照法定程序作出修改者外，予以保留。

**第九条**　澳门特别行政区的行政机关、立法机关和司法机关，除使用中文外，还可使用葡文，葡文也是正式语文。

**第十条**　澳门特别行政区除悬挂和使用中华人民共和国国旗和国徽外，还可悬挂和使用澳门特别行政区区旗和区徽。

澳门特别行政区的区旗是绘有五星、莲花、大桥、海水图案的绿色旗帜。

澳门特别行政区的区徽，中间是五星、莲花、大桥、海水，周围写有"中华人民共和国澳门特别行政区"和葡文"澳门"。

**第十一条**　根据中华人民共和国宪法第三十一条，澳门特别行政区的制度和政策，包括社会、经济制度，有关保障居民的基本权利和自由的制度，行政管理、立法和司法方面的制度，以及有关政策，均以本法的规定为依据。

澳门特别行政区的任何法律、法令、行政法规和其他规范性文件均不得同本法相抵触。

## 第二章 中央和澳门特别行政区的关系

**第十二条** 澳门特别行政区是中华人民共和国的一个享有高度自治权的地方行政区域，直辖于中央人民政府。

**第十三条** 中央人民政府负责管理与澳门特别行政区有关的外交事务。

中华人民共和国外交部在澳门设立机构处理外交事务。

中央人民政府授权澳门特别行政区依照本法自行处理有关的对外事务。

**第十四条** 中央人民政府负责管理澳门特别行政区的防务。

澳门特别行政区政府负责维持澳门特别行政区的社会治安。

**第十五条** 中央人民政府依照本法有关规定任免澳门特别行政区行政长官、政府主要官员和检察长。

**第十六条** 澳门特别行政区享有行政管理权，依照本法有关规定自行处理澳门特别行政区的行政事务。

**第十七条** 澳门特别行政区享有立法权。

澳门特别行政区的立法机关制定的法律须报全国人民代表大会常务委员会备案。备案不影响该法律的生效。

全国人民代表大会常务委员会在征询其所属的澳门特别行政区基本法委员会的意见后，如认为澳门特别行政区立法机关制定的任何法律不符合本法关于中央管理的事务及中央和澳门特别行政区关系的条款，可将有关法律发回，但不作修改。经全国人民代表大会常务委员会发回的法律立即失效。该法律的失效，除澳门特别行政区的法律另有规定外，无溯及力。

**第十八条** 在澳门特别行政区实行的法律为本法以及本法第八

条规定的澳门原有法律和澳门特别行政区立法机关制定的法律。

全国性法律除列于本法附件三者外，不在澳门特别行政区实施。凡列于本法附件三的法律，由澳门特别行政区在当地公布或立法实施。

全国人民代表大会常务委员会在征询其所属的澳门特别行政区基本法委员会和澳门特别行政区政府的意见后，可对列于本法附件三的法律作出增减。列入附件三的法律应限于有关国防、外交和其他依照本法规定不属于澳门特别行政区自治范围的法律。

在全国人民代表大会常务委员会决定宣布战争状态或因澳门特别行政区内发生澳门特别行政区政府不能控制的危及国家统一或安全的动乱而决定澳门特别行政区进入紧急状态时，中央人民政府可发布命令将有关全国性法律在澳门特别行政区实施。

**第十九条** 澳门特别行政区享有独立的司法权和终审权。

澳门特别行政区法院除继续保持澳门原有法律制度和原则对法院审判权所作的限制外，对澳门特别行政区所有的案件均有审判权。

澳门特别行政区法院对国防、外交等国家行为无管辖权。澳门特别行政区法院在审理案件中遇有涉及国防、外交等国家行为的事实问题，应取得行政长官就该等问题发出的证明文件，上述文件对法院有约束力。行政长官在发出证明文件前，须取得中央人民政府的证明书。

**第二十条** 澳门特别行政区可享有全国人民代表大会、全国人民代表大会常务委员会或中央人民政府授予的其他权力。

**第二十一条** 澳门特别行政区居民中的中国公民依法参与国家事务的管理。

根据全国人民代表大会确定的代表名额和代表产生办法，由澳门特别行政区居民中的中国公民在澳门选出澳门特别行政区的全国人民代表大会代表，参加最高国家权力机关的工作。

**第二十二条** 中央人民政府所属各部门、各省、自治区、直辖市均不得干预澳门特别行政区依照本法自行管理的事务。

中央各部门、各省、自治区、直辖市如需在澳门特别行政区设立机构，须征得澳门特别行政区政府同意并经中央人民政府批准。

中央各部门、各省、自治区、直辖市在澳门特别行政区设立的一切机构及其人员均须遵守澳门特别行政区的法律。

各省、自治区、直辖市的人进入澳门特别行政区须办理批准手续，其中进入澳门特别行政区定居的人数由中央人民政府主管部门征求澳门特别行政区政府的意见后确定。

澳门特别行政区可在北京设立办事机构。

第二十三条　澳门特别行政区应自行立法禁止任何叛国、分裂国家、煽动叛乱、颠覆中央人民政府及窃取国家机密的行为，禁止外国的政治性组织或团体在澳门特别行政区进行政治活动，禁止澳门特别行政区的政治性组织或团体与外国的政治性组织或团体建立联系。

## 第三章　居民的基本权利和义务

第二十四条　澳门特别行政区居民，简称澳门居民，包括永久性居民和非永久性居民。

澳门特别行政区永久性居民为：

（一）在澳门特别行政区成立以前或以后在澳门出生的中国公民及其在澳门以外所生的中国籍子女；

（二）在澳门特别行政区成立以前或以后在澳门通常居住连续七年以上的中国公民及在其成为永久性居民后在澳门以外所生的中国籍子女；

（三）在澳门特别行政区成立以前或以后在澳门出生并以澳门为永久居住地的葡萄牙人；

（四）在澳门特别行政区成立以前或以后在澳门通常居住连续七年以上并以澳门为永久居住地的葡萄牙人；

（五）在澳门特别行政区成立以前或以后在澳门通常居住连续七年以上并以澳门为永久居住地的其他人；

（六）第（五）项所列永久性居民在澳门特别行政区成立以前或以后在澳门出生的未满十八周岁的子女。

以上居民在澳门特别行政区享有居留权并有资格领取澳门特别行政区永久性居民身份证。

澳门特别行政区非永久性居民为：有资格依照澳门特别行政区法律领取澳门居民身份证，但没有居留权的人。

第二十五条　澳门居民在法律面前一律平等，不因国籍、血统、种族、性别、语言、宗教、政治或思想信仰、文化程度、经济状况或社会条件而受到歧视。

第二十六条　澳门特别行政区永久性居民依法享有选举权和被选举权。

第二十七条　澳门居民享有言论、新闻、出版的自由，结社、集会、游行、示威的自由，组织和参加工会、罢工的权利和自由。

第二十八条　澳门居民的人身自由不受侵犯。

澳门居民不受任意或非法的逮捕、拘留、监禁。对任意或非法的拘留、监禁，居民有权向法院申请颁发人身保护令。

禁止非法搜查居民的身体、剥夺或者限制居民的人身自由。

禁止对居民施行酷刑或予以非人道的对待。

第二十九条　澳门居民除其行为依照当时法律明文规定为犯罪和应受惩处外，不受刑罚处罚。

澳门居民在被指控犯罪时，享有尽早接受法院审判的权利，在法院判罪之前均假定无罪。

第三十条　澳门居民的人格尊严不受侵犯。禁止用任何方法对居民进行侮辱、诽谤和诬告陷害。

澳门居民享有个人的名誉权、私人生活和家庭生活的隐私权。

第三十一条　澳门居民的住宅和其他房屋不受侵犯。禁止任意或非法搜查、侵入居民的住宅和其他房屋。

**第三十二条** 澳门居民的通讯自由和通讯秘密受法律保护。除因公共安全和追查刑事犯罪的需要，由有关机关依照法律规定对通讯进行检查外，任何部门或个人不得以任何理由侵犯居民的通讯自由和通讯秘密。

**第三十三条** 澳门居民有在澳门特别行政区境内迁徙的自由，有移居其他国家和地区的自由。澳门居民有旅行和出入境的自由，有依照法律取得各种旅行证件的权利。有效旅行证件持有人，除非受到法律制止，可自由离开澳门特别行政区，无需特别批准。

**第三十四条** 澳门居民有信仰的自由。

澳门居民有宗教信仰的自由，有公开传教和举行、参加宗教活动的自由。

**第三十五条** 澳门居民有选择职业和工作的自由。

**第三十六条** 澳门居民有权诉诸法律，向法院提起诉讼，得到律师的帮助以保护自己的合法权益，以及获得司法补救。

澳门居民有权对行政部门和行政人员的行为向法院提起诉讼。

**第三十七条** 澳门居民有从事教育、学术研究、文学艺术创作和其他文化活动的自由。

**第三十八条** 澳门居民的婚姻自由、成立家庭和自愿生育的权利受法律保护。

妇女的合法权益受澳门特别行政区的保护。

未成年人、老年人和残疾人受澳门特别行政区的关怀和保护。

**第三十九条** 澳门居民有依法享受社会福利的权利。劳工的福利待遇和退休保障受法律保护。

**第四十条** 《公民权利和政治权利国际公约》、《经济、社会与文化权利的国际公约》和国际劳工公约适用于澳门的有关规定继续有效，通过澳门特别行政区的法律予以实施。

澳门居民享有的权利和自由，除依法规定外不得限制，此种限制不得与本条第一款规定抵触。

**第四十一条** 澳门居民享有澳门特别行政区法律保障的其他权

利和自由。

**第四十二条** 在澳门的葡萄牙后裔居民的利益依法受澳门特别行政区的保护，他们的习俗和文化传统应受尊重。

**第四十三条** 在澳门特别行政区境内的澳门居民以外的其他人，依法享有本章规定的澳门居民的权利和自由。

**第四十四条** 澳门居民和在澳门的其他人有遵守澳门特别行政区实行的法律的义务。

## 第四章 政治体制

### 第一节 行政长官

**第四十五条** 澳门特别行政区行政长官是澳门特别行政区的首长，代表澳门特别行政区。

澳门特别行政区行政长官依照本法规定对中央人民政府和澳门特别行政区负责。

**第四十六条** 澳门特别行政区行政长官由年满四十周岁，在澳门通常居住连续满二十年的澳门特别行政区永久性居民中的中国公民担任。

**第四十七条** 澳门特别行政区行政长官在当地通过选举或协商产生，由中央人民政府任命。

行政长官的产生办法由附件一《澳门特别行政区行政长官的产生办法》规定。

**第四十八条** 澳门特别行政区行政长官任期五年，可连任一次。

**第四十九条** 澳门特别行政区行政长官在任职期内不得具有外国居留权，不得从事私人赢利活动。行政长官就任时应向澳门特别行政区终审法院院长申报财产，记录在案。

**第五十条** 澳门特别行政区行政长官行使下列职权：

（一）领导澳门特别行政区政府；

（二）负责执行本法和依照本法适用于澳门特别行政区的其他法律；

（三）签署立法会通过的法案，公布法律；

签署立法会通过的财政预算案，将财政预算、决算报中央人民政府备案；

（四）决定政府政策，发布行政命令；

（五）制定行政法规并颁布执行；

（六）提名并报请中央人民政府任命下列主要官员：各司司长、廉政专员、审计长、警察部门主要负责人和海关主要负责人；建议中央人民政府免除上述官员职务；

（七）委任部分立法会议员；

（八）任免行政会委员；

（九）依照法定程序任免各级法院院长和法官，任免检察官；

（十）依照法定程序提名并报请中央人民政府任命检察长，建议中央人民政府免除检察长的职务；

（十一）依照法定程序任免公职人员；

（十二）执行中央人民政府就本法规定的有关事务发出的指令；

（十三）代表澳门特别行政区政府处理中央授权的对外事务和其他事务；

（十四）批准向立法会提出有关财政收入或支出的动议；

（十五）根据国家和澳门特别行政区的安全或重大公共利益的需要，决定政府官员或其他负责政府公务的人员是否向立法会或其所属的委员会作证和提供证据；

（十六）依法颁授澳门特别行政区奖章和荣誉称号；

（十七）依法赦免或减轻刑事罪犯的刑罚；

（十八）处理请愿、申诉事项。

**第五十一条** 澳门特别行政区行政长官如认为立法会通过的法案不符合澳门特别行政区的整体利益，可在九十日内提出书面理由并将法案发回立法会重议。立法会如以不少于全体议员三分之二多数再次通过原案,行政长官必须在三十日内签署公布或依照本法第五十二条的规定处理。

第五十二条　澳门特别行政区行政长官遇有下列情况之一时,可解散立法会:

(一) 行政长官拒绝签署立法会再次通过的法案;

(二) 立法会拒绝通过政府提出的财政预算案或行政长官认为关系到澳门特别行政区整体利益的法案,经协商仍不能取得一致意见。

行政长官在解散立法会前,须征询行政会的意见,解散时应向公众说明理由。

行政长官在其一任任期内只能解散立法会一次。

第五十三条　澳门特别行政区行政长官在立法会未通过政府提出的财政预算案时,可按上一财政年度的开支标准批准临时短期拨款。

第五十四条　澳门特别行政区行政长官如有下列情况之一者必须辞职:

(一) 因严重疾病或其他原因无力履行职务;

(二) 因两次拒绝签署立法会通过的法案而解散立法会,重选的立法会仍以全体议员三分之二多数通过所争议的原案,而行政长官在三十日内拒绝签署;

(三) 因立法会拒绝通过财政预算案或关系到澳门特别行政区整体利益的法案而解散立法会,重选的立法会仍拒绝通过所争议的原案。

第五十五条　澳门特别行政区行政长官短期不能履行职务时,由各司司长按各司的排列顺序临时代理其职务。各司的排列顺序由法律规定。

行政长官出缺时,应在一百二十日内依照本法第四十七条的规定产生新的行政长官。行政长官出缺期间的职务代理,依照本条第一款规定办理,并报中央人民政府批准。代理行政长官应遵守本法

第四十九条的规定。

**第五十六条** 澳门特别行政区行政会是协助行政长官决策的机构。

**第五十七条** 澳门特别行政区行政会的委员由行政长官从政府主要官员、立法会议员和社会人士中委任，其任免由行政长官决定。行政会委员的任期不超过委任他的行政长官的任期，但在新的行政长官就任前，原行政会委员暂时留任。

澳门特别行政区行政会委员由澳门特别行政区永久性居民中的中国公民担任。

行政会委员的人数为七至十一人。行政长官认为必要时可邀请有关人士列席行政会会议。

**第五十八条** 澳门特别行政区行政会由行政长官主持。行政会的会议每月至少举行一次。行政长官在作出重要决策、向立法会提交法案、制定行政法规和解散立法会前，须征询行政会的意见，但人事任免、纪律制裁和紧急情况下采取的措施除外。

行政长官如不采纳行政会多数委员的意见，应将具体理由记录在案。

**第五十九条** 澳门特别行政区设立廉政公署，独立工作。廉政专员对行政长官负责。

**第六十条** 澳门特别行政区设立审计署，独立工作。审计长对行政长官负责。

## 第二节 行政机关

**第六十一条** 澳门特别行政区政府是澳门特别行政区的行政机关。

**第六十二条** 澳门特别行政区政府的首长是澳门特别行政区行政长官。澳门特别行政区政府设司、局、厅、处。

**第六十三条** 澳门特别行政区政府的主要官员由在澳门通常居住连续满十五年的澳门特别行政区永久性居民中的中国公民担任。

澳门特别行政区主要官员就任时应向澳门特别行政区终审法院院长申报财产，记录在案。

第六十四条　澳门特别行政区政府行使下列职权：

（一）制定并执行政策；

（二）管理各项行政事务；

（三）办理本法规定的中央人民政府授权的对外事务；

（四）编制并提出财政预算、决算；

（五）提出法案、议案，草拟行政法规；

（六）委派官员列席立法会会议听取意见或代表政府发言。

第六十五条　澳门特别行政区政府必须遵守法律，对澳门特别行政区立法会负责：执行立法会通过并已生效的法律；定期向立法会作施政报告；答复立法会议员的质询。

第六十六条　澳门特别行政区行政机关可根据需要设立咨询组织。

### 第三节　立法机关

第六十七条　澳门特别行政区立法会是澳门特别行政区的立法机关。

第六十八条　澳门特别行政区立法会议员由澳门特别行政区永久性居民担任。

立法会多数议员由选举产生。

立法会的产生办法由附件二《澳门特别行政区立法会的产生办法》规定。

立法会议员就任时应依法申报经济状况。

第六十九条　澳门特别行政区立法会除第一届另有规定外，每届任期四年。

第七十条　澳门特别行政区立法会如经行政长官依照本法规定解散，须于九十日内依照本法第六十八条的规定重新产生。

**第七十一条** 澳门特别行政区立法会行使下列职权：

（一）依照本法规定和法定程序制定、修改、暂停实施和废除法律；

（二）审核、通过政府提出的财政预算案；审议政府提出的预算执行情况报告；

（三）根据政府提案决定税收，批准由政府承担的债务；

（四）听取行政长官的施政报告并进行辩论；

（五）就公共利益问题进行辩论；

（六）接受澳门居民申诉并作出处理；

（七）如立法会全体议员三分之一联合动议，指控行政长官有严重违法或渎职行为而不辞职，经立法会通过决议，可委托终审法院院长负责组成独立的调查委员会进行调查。调查委员会如认为有足够证据构成上述指控，立法会以全体议员三分之二多数通过，可提出弹劾案，报请中央人民政府决定；

（八）在行使上述各项职权时，如有需要，可传召和要求有关人士作证和提供证据。

**第七十二条** 澳门特别行政区立法会设主席、副主席各一人。主席、副主席由立法会议员互选产生。

澳门特别行政区立法会主席、副主席由在澳门通常居住连续满十五年的澳门特别行政区永久性居民中的中国公民担任。

**第七十三条** 澳门特别行政区立法会主席缺席时由副主席代理。

澳门特别行政区立法会主席或副主席出缺时，另行选举。

**第七十四条** 澳门特别行政区立法会主席行使下列职权：

（一）主持会议；

（二）决定议程，应行政长官的要求将政府提出的议案优先列入议程；

（三）决定开会日期；

（四）在休会期间可召开特别会议；

（五）召开紧急会议或应行政长官的要求召开紧急会议；

（六）立法会议事规则所规定的其他职权。

第七十五条　澳门特别行政区立法会议员依照本法规定和法定程序提出议案。凡不涉及公共收支、政治体制或政府运作的议案，可由立法会议员个别或联名提出。凡涉及政府政策的议案，在提出前必须得到行政长官的书面同意。

第七十六条　澳门特别行政区立法会议员有权依照法定程序对政府的工作提出质询。

第七十七条　澳门特别行政区立法会举行会议的法定人数为不少于全体议员的二分之一。除本法另有规定外，立法会的法案、议案由全体议员过半数通过。

立法会议事规则由立法会自行制定，但不得与本法相抵触。

第七十八条　澳门特别行政区立法会通过的法案，须经行政长官签署、公布，方能生效。

第七十九条　澳门特别行政区立法会议员在立法会会议上的发言和表决，不受法律追究。

第八十条　澳门特别行政区立法会议员非经立法会许可不受逮捕，但现行犯不在此限。

第八十一条　澳门特别行政区立法会议员如有下列情况之一，经立法会决定，即丧失其立法会议员的资格：

（一）因严重疾病或其他原因无力履行职务；

（二）担任法律规定不得兼任的职务；

（三）未得到立法会主席同意，连续五次或间断十五次缺席会议而无合理解释；

（四）违反立法会议员誓言；

（五）在澳门特别行政区区内或区外犯有刑事罪行，被判处监禁三十日以上。

### 第四节　司 法 机 关

第八十二条　澳门特别行政区法院行使审判权。

第八十三条　澳门特别行政区法院独立进行审判，只服从法律，不受任何干涉。

第八十四条　澳门特别行政区设立初级法院、中级法院和终审法院。

澳门特别行政区终审权属于澳门特别行政区终审法院。

澳门特别行政区法院的组织、职权和运作由法律规定。

第八十五条　澳门特别行政区初级法院可根据需要设立若干专门法庭。

原刑事起诉法庭的制度继续保留。

第八十六条　澳门特别行政区设立行政法院。行政法院是管辖行政诉讼和税务诉讼的法院。不服行政法院裁决者，可向中级法院上诉。

第八十七条　澳门特别行政区各级法院的法官，根据当地法官、律师和知名人士组成的独立委员会的推荐，由行政长官任命。法官的选用以其专业资格为标准，符合标准的外籍法官也可聘用。

法官只有在无力履行其职责或行为与其所任职务不相称的情况下，行政长官才可根据终审法院院长任命的不少于三名当地法官组成的审议庭的建议，予以免职。

终审法院法官的免职由行政长官根据澳门特别行政区立法会议员组成的审议委员会的建议决定。

终审法院法官的任命和免职须报全国人民代表大会常务委员会备案。

第八十八条　澳门特别行政区各级法院的院长由行政长官从法官中选任。

终审法院院长由澳门特别行政区永久性居民中的中国公民担任。

终审法院院长的任命和免职须报全国人民代表大会常务委员会备案。

第八十九条　澳门特别行政区法官依法进行审判，不听从任何命令或指示，但本法第十九条第三款规定的情况除外。

法官履行审判职责的行为不受法律追究。

法官在任职期间,不得兼任其他公职或任何私人职务,也不得在政治性团体中担任任何职务。

**第九十条** 澳门特别行政区检察院独立行使法律赋予的检察职能,不受任何干涉。

澳门特别行政区检察长由澳门特别行政区永久性居民中的中国公民担任,由行政长官提名,报中央人民政府任命。

检察官经检察长提名,由行政长官任命。

检察院的组织、职权和运作由法律规定。

**第九十一条** 原在澳门实行的司法辅助人员的任免制度予以保留。

**第九十二条** 澳门特别行政区政府可参照原在澳门实行的办法,作出有关当地和外来的律师在澳门特别行政区执业的规定。

**第九十三条** 澳门特别行政区可与全国其他地区的司法机关通过协商依法进行司法方面的联系和相互提供协助。

**第九十四条** 在中央人民政府协助和授权下,澳门特别行政区可与外国就司法互助关系作出适当安排。

## 第五节 市 政 机 构

**第九十五条** 澳门特别行政区可设立非政权性的市政机构。市政机构受政府委托为居民提供文化、康乐、环境卫生等方面的服务,并就有关上述事务向澳门特别行政区政府提供咨询意见。

**第九十六条** 市政机构的职权和组成由法律规定。

## 第六节 公务人员

**第九十七条** 澳门特别行政区的公务人员必须是澳门特别行政区永久性居民。本法第九十八条和九十九条规定的公务人员,以及澳门特别行政区聘用的某些专业技术人员和初级公务人员除外。

**第九十八条** 澳门特别行政区成立时，原在澳门任职的公务人员，包括警务人员和司法辅助人员，均可留用，继续工作，其薪金、津贴、福利待遇不低于原来的标准，原来享有的年资予以保留。

依照澳门原有法律享有退休金和赡养费待遇的留用公务人员，在澳门特别行政区成立后退休的，不论其所属国籍或居住地点，澳门特别行政区向他们或其家属支付不低于原来标准的应得的退休金和赡养费。

**第九十九条** 澳门特别行政区可任用原澳门公务人员中的或持有澳门特别行政区永久性居民身份证的葡籍和其他外籍人士担任各级公务人员，但本法另有规定者除外。

澳门特别行政区有关部门还可聘请葡籍和其他外籍人士担任顾问和专业技术职务。

上述人员只能以个人身份受聘，并对澳门特别行政区负责。

**第一百条** 公务人员应根据其本人的资格、经验和才能予以任用和提升。澳门原有关于公务人员的录用、纪律、提升和正常晋级制度基本不变，但得根据澳门社会的发展加以改进。

## 第七节 宣誓效忠

**第一百零一条** 澳门特别行政区行政长官、主要官员、行政会委员、立法会议员、法官和检察官，必须拥护中华人民共和国澳门特别行政区基本法，尽忠职守，廉洁奉公，效忠中华人民共和国澳门特别行政区，并依法宣誓。

**第一百零二条** 澳门特别行政区行政长官、主要官员、立法会主席、终审法院院长、检察长在就职时，除按本法第一百零一条的规定宣誓外，还必须宣誓效忠中华人民共和国。

## 第五章 经 济

**第一百零三条** 澳门特别行政区依法保护私人和法人财产的取

得、使用、处置和继承的权利，以及依法征用私人和法人财产时被征用财产的所有人得到补偿的权利。

征用财产的补偿应相当于该财产当时的实际价值，可自由兑换，不得无故迟延支付。

企业所有权和外来投资均受法律保护。

**第一百零四条** 澳门特别行政区保持财政独立。

澳门特别行政区财政收入全部由澳门特别行政区自行支配，不上缴中央人民政府。

中央人民政府不在澳门特别行政区征税。

**第一百零五条** 澳门特别行政区的财政预算以量入为出为原则，力求收支平衡，避免赤字，并与本地生产总值的增长率相适应。

**第一百零六条** 澳门特别行政区实行独立的税收制度。

澳门特别行政区参照原在澳门实行的低税政策，自行立法规定税种、税率、税收宽免和其他税务事项。专营税制由法律另作规定。

**第一百零七条** 澳门特别行政区的货币金融制度由法律规定。

澳门特别行政区政府自行制定货币金融政策，保障金融市场和各种金融机构的经营自由，并依法进行管理和监督。

**第一百零八条** 澳门元为澳门特别行政区的法定货币，继续流通。

澳门货币发行权属于澳门特别行政区政府。澳门货币的发行须有百分之百的准备金。澳门货币的发行制度和准备金制度，由法律规定。

澳门特别行政区政府可授权指定银行行使或继续行使发行澳门货币的代理职能。

**第一百零九条** 澳门特别行政区不实行外汇管制政策。澳门元自由兑换。

澳门特别行政区的外汇储备由澳门特别行政区政府依法管理和支配。

澳门特别行政区政府保障资金的流动和进出自由。

**第一百一十条** 澳门特别行政区保持自由港地位，除法律另有规定外，不征收关税。

**第一百一十一条** 澳门特别行政区实行自由贸易政策，保障货物、无形财产和资本的流动自由。

**第一百一十二条** 澳门特别行政区为单独的关税地区。

澳门特别行政区可以"中国澳门"的名义参加《关税和贸易总协定》、关于国际纺织品贸易安排等有关国际组织和国际贸易协定，包括优惠贸易安排。

澳门特别行政区取得的和以前取得仍继续有效的出口配额、关税优惠和其他类似安排，全由澳门特别行政区享有。

**第一百一十三条** 澳门特别行政区根据当时的产地规则，可对产品签发产地来源证。

**第一百一十四条** 澳门特别行政区依法保护工商企业的自由经营，自行制定工商业的发展政策。

澳门特别行政区改善经济环境和提供法律保障，以促进工商业的发展，鼓励投资和技术进步，并开发新产业和新市场。

**第一百一十五条** 澳门特别行政区根据经济发展的情况，自行制定劳工政策，完善劳工法律。

澳门特别行政区设立由政府、雇主团体、雇员团体的代表组成的咨询性的协调组织。

**第一百一十六条** 澳门特别行政区保持和完善原在澳门实行的航运经营和管理体制，自行制定航运政策。

澳门特别行政区经中央人民政府授权可进行船舶登记，并依照澳门特别行政区的法律以"中国澳门"的名义颁发有关证件。

除外国军用船只进入澳门特别行政区须经中央人民政府特别许可外，其他船舶可依照澳门特别行政区的法律进出其港口。

澳门特别行政区的私营的航运及与航运有关的企业和码头可继续自由经营。

第一百一十七条  澳门特别行政区政府经中央人民政府具体授权可自行制定民用航空的各项管理制度。

第一百一十八条  澳门特别行政区根据本地整体利益自行制定旅游娱乐业的政策。

第一百一十九条  澳门特别行政区政府依法实行环境保护。

第一百二十条  澳门特别行政区依法承认和保护澳门特别行政区成立前已批出或决定的年期超过一九九九年十二月十九日的合法土地契约和与土地契约有关的一切权利。

澳门特别行政区成立后新批或续批土地,按照澳门特别行政区有关的土地法律及政策处理。

## 第六章  文化和社会事务

第一百二十一条  澳门特别行政区政府自行制定教育政策,包括教育体制和管理、教学语言、经费分配、考试制度、承认学历和学位等政策,推动教育的发展。

澳门特别行政区政府依法推行义务教育。

社会团体和私人可依法举办各种教育事业。

第一百二十二条  澳门原有各类学校均可继续开办。澳门特别行政区各类学校均有办学的自主性,依法享有教学自由和学术自由。

各类学校可以继续从澳门特别行政区以外招聘教职员和选用教材。学生享有选择院校和在澳门特别行政区以外求学的自由。

第一百二十三条  澳门特别行政区政府自行制定促进医疗卫生服务和发展中西医药的政策。社会团体和私人可依法提供各种医疗卫生服务。

第一百二十四条  澳门特别行政区政府自行制定科学技术政策,依法保护科学技术的研究成果、专利和发明创造。

澳门特别行政区政府自行确定适用于澳门的各类科学技术标准

和规格。

第一百二十五条　澳门特别行政区政府自行制定文化政策，包括文学艺术、广播、电影、电视等政策。

澳门特别行政区政府依法保护作者的文学艺术及其他的创作成果和合法权益。

澳门特别行政区政府依法保护名胜、古迹和其他历史文物，并保护文物所有者的合法权益。

第一百二十六条　澳门特别行政区政府自行制定新闻、出版政策。

第一百二十七条　澳门特别行政区政府自行制定体育政策。民间体育团体可依法继续存在和发展。

第一百二十八条　澳门特别行政区政府根据宗教信仰自由的原则，不干预宗教组织的内部事务，不干预宗教组织和教徒同澳门以外地区的宗教组织和教徒保持及发展关系，不限制与澳门特别行政区法律没有抵触的宗教活动。

宗教组织可依法开办宗教院校和其他学校、医院和福利机构以及提供其他社会服务。宗教组织开办的学校可以继续提供宗教教育，包括开设宗教课程。

宗教组织依法享有财产的取得、使用、处置、继承以及接受捐献的权利。宗教组织在财产方面的原有权益依法受到保护。

第一百二十九条　澳门特别行政区政府自行确定专业制度，根据公平合理的原则，制定有关评审和颁授各种专业和执业资格的办法。

在澳门特别行政区成立以前已经取得专业资格和执业资格者，根据澳门特别行政区的有关规定可保留原有的资格。

澳门特别行政区政府根据有关规定承认在澳门特别行政区成立以前已被承认的专业和专业团体，并可根据社会发展需要，经咨询有关方面的意见，承认新的专业和专业团体。

第一百三十条　澳门特别行政区政府在原有社会福利制度的基

础上，根据经济条件和社会需要自行制定有关社会福利的发展和改进的政策。

**第一百三十一条** 澳门特别行政区的社会服务团体，在不抵触法律的情况下，可以自行决定其服务方式。

**第一百三十二条** 澳门特别行政区政府根据需要和可能逐步改善原在澳门实行的对教育、科学、技术、文化、体育、康乐、医疗卫生、社会福利、社会工作等方面的民间组织的资助政策。

**第一百三十三条** 澳门特别行政区的教育、科学、技术、文化、新闻、出版、体育、康乐、专业、医疗卫生、劳工、妇女、青年、归侨、社会福利、社会工作等方面的民间团体和宗教组织同全国其他地区相应的团体和组织的关系，以互不隶属、互不干涉、互相尊重的原则为基础。

**第一百三十四条** 澳门特别行政区的教育、科学、技术、文化、新闻、出版、体育、康乐、专业、医疗卫生、劳工、妇女、青年、归侨、社会福利、社会工作等方面的民间团体和宗教组织可同世界各国、各地区及国际的有关团体和组织保持和发展关系，各该团体和组织可根据需要冠用"中国澳门"的名义，参与有关活动。

## 第七章 对外事务

**第一百三十五条** 澳门特别行政区政府的代表，可作为中华人民共和国政府代表团的成员，参加由中央人民政府进行的同澳门特别行政区直接有关的外交谈判。

**第一百三十六条** 澳门特别行政区可在经济、贸易、金融、航运、通讯、旅游、文化、科技、体育等适当领域以"中国澳门"的名义，单独地同世界各国、各地区及有关国际组织保持和发展关系，签订和履行有关协议。

**第一百三十七条** 对以国家为单位参加的、同澳门特别行政区有关的、适当领域的国际组织和国际会议，澳门特别行政区政府可派遣代表作为中华人民共和国代表团的成员或以中央人民政府和上述有关国际组织或国际会议允许的身份参加，并以"中国澳门"的名义发表意见。

澳门特别行政区可以"中国澳门"的名义参加不以国家为单位参加的国际组织和国际会议。

对中华人民共和国已参加而澳门也以某种形式参加的国际组织，中央人民政府将根据情况和澳门特别行政区的需要采取措施，使澳门特别行政区以适当形式继续保持在这些组织中的地位。

对中华人民共和国尚未参加而澳门已以某种形式参加的国际组织，中央人民政府将根据情况和需要使澳门特别行政区以适当形式继续参加这些组织。

第一百三十八条　中华人民共和国缔结的国际协议，中央人民政府可根据情况和澳门特别行政区的需要，在征询澳门特别行政区政府的意见后，决定是否适用于澳门特别行政区。

中华人民共和国尚未参加但已适用于澳门的国际协议仍可继续适用。中央人民政府根据情况和需要授权或协助澳门特别行政区政府作出适当安排，使其他与其有关的国际协议适用于澳门特别行政区。

第一百三十九条　中央人民政府授权澳门特别行政区政府依照法律给持有澳门特别行政区永久性居民身份证的中国公民签发中华人民共和国澳门特别行政区护照，给在澳门特别行政区的其他合法居留者签发中华人民共和国澳门特别行政区的其他旅行证件。上述护照和旅行证件，前往各国和各地区有效，并载明持有人有返回澳门特别行政区的权利。

对世界各国或各地区的人入境、逗留和离境，澳门特别行政区政府可实行出入境管制。

第一百四十条　中央人民政府协助或授权澳门特别行政区政府同有关国家和地区谈判和签订互免签证协议。

**第一百四十一条** 澳门特别行政区可根据需要在外国设立官方或半官方的经济和贸易机构，报中央人民政府备案。

**第一百四十二条** 外国在澳门特别行政区设立领事机构或其他官方、半官方机构，须经中央人民政府批准。

已同中华人民共和国建立正式外交关系的国家在澳门设立的领事机构和其他官方机构，可予保留。

尚未同中华人民共和国建立正式外交关系的国家在澳门设立的领事机构和其他官方机构，可根据情况予以保留或改为半官方机构。

尚未为中华人民共和国承认的国家，只能在澳门特别行政区设立民间机构。

## 第八章　本法的解释和修改

**第一百四十三条** 本法的解释权属于全国人民代表大会常务委员会。

全国人民代表大会常务委员会授权澳门特别行政区法院在审理案件时对本法关于澳门特别行政区自治范围内的条款自行解释。

澳门特别行政区法院在审理案件时对本法的其他条款也可解释。但如澳门特别行政区法院在审理案件时需要对本法关于中央人民政府管理的事务或中央和澳门特别行政区关系的条款进行解释，而该条款的解释又影响到案件的判决，在对该案件作出不可上诉的终局判决前，应由澳门特别行政区终审法院提请全国人民代表大会常务委员会对有关条款作出解释。如全国人民代表大会常务委员会作出解释，澳门特别行政区法院在引用该条款时，应以全国人民代表大会常务委员会的解释为准。但在此以前作出的判决不受影响。

全国人民代表大会常务委员会在对本法进行解释前，征询其所属的澳门特别行政区基本法委员会的意见。

**第一百四十四条** 本法的修改权属于全国人民代表大会。

本法的修改提案权属于全国人民代表大会常务委员会、国务院和澳门特别行政区。澳门特别行政区的修改议案，须经澳门特别行政区的全国人民代表大会代表三分之二多数、澳门特别行政区立法会全体议员三分之二多数和澳门特别行政区行政长官同意后，交由澳门特别行政区出席全国人民代表大会的代表团向全国人民代表大会提出。

本法的修改议案在列入全国人民代表大会的议程前，先由澳门特别行政区基本法委员会研究并提出意见。

本法的任何修改，均不得同中华人民共和国对澳门既定的基本方针政策相抵触。

## 第九章　附　　则

**第一百四十五条**　澳门特别行政区成立时，澳门原有法律除由全国人民代表大会常务委员会宣布为同本法抵触者外，采用为澳门特别行政区法律，如以后发现有的法律与本法抵触，可依照本法规定和法定程序修改或停止生效。

根据澳门原有法律取得效力的文件、证件、契约及其所包含的权利和义务，在不抵触本法的前提下继续有效，受澳门特别行政区的承认和保护。

原澳门政府所签订的有效期超过一九九九年十二月十九日的契约，除中央人民政府授权的机构已公开宣布为不符合中葡联合声明关于过渡时期安排的规定，须经澳门特别行政区政府重新审查者外，继续有效。

附件一：

## 澳门特别行政区行政长官的产生办法

一、行政长官由一个具有广泛代表性的选举委员会依照本法选出，由中央人民政府任命。

二、选举委员会委员共400人，由下列各界人士组成：

| | |
|---|---|
| 工商、金融界 | 120人 |
| 文化、教育、专业等界 | 115人 |
| 劳工、社会服务、宗教等界 | 115人 |
| 立法会议员的代表、市政机构成员的代表、澳门地区全国人大代表、澳门地区全国政协委员的代表 | 50人 |

选举委员会每届任期五年。

三、各个界别的划分，以及每个界别中何种组织可以产生选举委员会委员的名额，由澳门特别行政区根据民主、开放的原则制定选举法加以规定。

各界别法定团体根据选举法规定的分配名额和选举办法自行选出选举委员会委员。

选举委员会委员以个人身份投票。

四、不少于66名的选举委员会委员可联合提名行政长官候选人。每名委员只可提出一名候选人。

五、选举委员会根据提名的名单，经一人一票无记名投票选出行政长官候任人。具体选举办法由选举法规定。

六、第一任行政长官按照《全国人民代表大会关于澳门特别行政区第一届政府、立法会和司法机关产生办法的决定》产生。

七、二〇〇九年及以后行政长官的产生办法如需修改，须经立法会全体议员三分之二多数通过，行政长官同意，并报全国人民代表大会常务委员会批准。

（第五任及以后各任行政长官产生办法，在依照法定程序作出进一步修改前，按本修正案的规定执行。）

附件二：

## 澳门特别行政区立法会的产生办法

一、澳门特别行政区第一届立法会按照《全国人民代表大会关于澳门特别行政区第一届政府、立法会和司法机关产生办法的决定》产生。

第二届立法会由27人组成，其中：

| | |
|---|---|
| 直接选举的议员 | 10人 |
| 间接选举的议员 | 10人 |
| 委任的议员 | 7人 |

第三届及以后各届立法会由29人组成，其中：

| | |
|---|---|
| 直接选举的议员 | 12人 |
| 间接选举的议员 | 10人 |
| 委任的议员 | 7人 |

2013年第五届立法会由33人组成，其中：

| | |
|---|---|
| 直接选举的议员 | 14人 |
| 间接选举的议员 | 12人 |
| 委任的议员 | 7人 |

二、议员的具体选举办法，由澳门特别行政区政府提出并经立法会通过的选举法加以规定。

三、二〇〇九年及以后澳门特别行政区立法会的产生办法如需修改，须经立法会全体议员三分之二多数通过，行政长官同意，并报全国人民代表大会常务委员会备案。

（第六届及以后各届立法会的产生办法，在依照法定程序作出进一步修改前，按本修正案的规定执行。）

附件三：

## 在澳门特别行政区实施的全国性法律*

下列全国性法律，自一九九九年十二月二十日起由澳门特别行政区在当地公布或立法实施。

一、《关于中华人民共和国国都、纪年、国歌、国旗的决议》

二、《关于中华人民共和国国庆日的决议》

三、《中华人民共和国国籍法》

四、《中华人民共和国外交特权与豁免条例》

五、《中华人民共和国领事特权与豁免条例》

六、《中华人民共和国国旗法》

七、《中华人民共和国国徽法》

八、《中华人民共和国领海及毗连区法》

九、《中华人民共和国专属经济区和大陆架法》

十、《中华人民共和国澳门特别行政区驻军法》

十一、《中华人民共和国外国中央银行财产司法强制措施豁免法》

十二、《中华人民共和国国歌法》

**澳门特别行政区区旗、区徽图案（略）**

---

\* 根据1999年12月20日《全国人民代表大会常务委员会关于增加〈中华人民共和国澳门特别行政区基本法〉附件三所列全国性法律的决定》、2005年10月27日《全国人民代表大会常务委员会关于增加〈中华人民共和国澳门特别行政区基本法〉附件三所列全国性法律的决定》、2017年11月4日《全国人民代表大会常务委员会关于增加〈中华人民共和国澳门特别行政区基本法〉附件三所列全国性法律的决定》修正。所列法律的排列顺序以历次增减的时间顺序为准。——编者注

# 中华人民共和国国旗法

(1990年6月28日第七届全国人民代表大会常务委员会第十四次会议通过 根据2009年8月27日第十一届全国人民代表大会常务委员会第十次会议《关于修改部分法律的决定》第一次修正 根据2020年10月17日第十三届全国人民代表大会常务委员会第二十二次会议《关于修改〈中华人民共和国国旗法〉的决定》第二次修正)

**第一条** 为了维护国旗的尊严,规范国旗的使用,增强公民的国家观念,弘扬爱国主义精神,培育和践行社会主义核心价值观,根据宪法,制定本法。

**第二条** 中华人民共和国国旗是五星红旗。

中华人民共和国国旗按照中国人民政治协商会议第一届全体会议主席团公布的国旗制法说明制作。

**第三条** 国旗的通用尺度为国旗制法说明中所列明的五种尺度。特殊情况使用其他尺度的国旗,应当按照通用尺度成比例适当放大或者缩小。

国旗、旗杆的尺度比例应当适当,并与使用目的、周围建筑、周边环境相适应。

**第四条** 中华人民共和国国旗是中华人民共和国的象征和标志。每个公民和组织,都应当尊重和爱护国旗。

**第五条** 下列场所或者机构所在地,应当每日升挂国旗:

(一)北京天安门广场、新华门;

(二)中国共产党中央委员会,全国人民代表大会常务委员会,国务院,中央军事委员会,中国共产党中央纪律检查委员会、国家监察委员会,最高人民法院,最高人民检察院;

中国人民政治协商会议全国委员会；

（三）外交部；

（四）出境入境的机场、港口、火车站和其他边境口岸，边防海防哨所。

**第六条** 下列机构所在地应当在工作日升挂国旗：

（一）中国共产党中央各部门和地方各级委员会；

（二）国务院各部门；

（三）地方各级人民代表大会常务委员会；

（四）地方各级人民政府；

（五）中国共产党地方各级纪律检查委员会、地方各级监察委员会；

（六）地方各级人民法院和专门人民法院；

（七）地方各级人民检察院和专门人民检察院；

（八）中国人民政治协商会议地方各级委员会；

（九）各民主党派、各人民团体；

（十）中央人民政府驻香港特别行政区有关机构、中央人民政府驻澳门特别行政区有关机构。

学校除寒假、暑假和休息日外，应当每日升挂国旗。有条件的幼儿园参照学校的规定升挂国旗。

图书馆、博物馆、文化馆、美术馆、科技馆、纪念馆、展览馆、体育馆、青少年宫等公共文化体育设施应当在开放日升挂、悬挂国旗。

**第七条** 国庆节、国际劳动节、元旦、春节和国家宪法日等重要节日、纪念日，各级国家机关、各人民团体以及大型广场、公园等公共活动场所应当升挂国旗；企业事业组织，村民委员会、居民委员会、居民院（楼、小区）有条件的应当升挂国旗。

民族自治地方在民族自治地方成立纪念日和主要传统民族节日应当升挂国旗。

举行宪法宣誓仪式时，应当在宣誓场所悬挂国旗。

**第八条** 举行重大庆祝、纪念活动，大型文化、体育活动，大型展览会，可以升挂国旗。

**第九条** 国家倡导公民和组织在适宜的场合使用国旗及其图案，表达爱国情感。

公民和组织在网络中使用国旗图案，应当遵守相关网络管理规定，不得损害国旗尊严。

网络使用的国旗图案标准版本在中国人大网和中国政府网上发布。

**第十条** 外交活动以及国家驻外使馆领馆和其他外交代表机构升挂、使用国旗的办法，由外交部规定。

**第十一条** 中国人民解放军和中国人民武装警察部队升挂、使用国旗的办法，由中央军事委员会规定。

**第十二条** 民用船舶和进入中国领水的外国船舶升挂国旗的办法，由国务院交通主管部门规定。

执行出入境边防检查、边境管理、治安任务的船舶升挂国旗的办法，由国务院公安部门规定。

国家综合性消防救援队伍的船舶升挂国旗的办法，由国务院应急管理部门规定。

**第十三条** 依照本法第五条、第六条、第七条的规定升挂国旗的，应当早晨升起，傍晚降下。

依照本法规定应当升挂国旗的，遇有恶劣天气，可以不升挂。

**第十四条** 升挂国旗时，可以举行升旗仪式。

举行升旗仪式时，应当奏唱国歌。在国旗升起的过程中，在场人员应当面向国旗肃立，行注目礼或者按照规定要求敬礼，不得有损害国旗尊严的行为。

北京天安门广场每日举行升旗仪式。

学校除假期外，每周举行一次升旗仪式。

**第十五条** 下列人士逝世，下半旗志哀：

（一）中华人民共和国主席、全国人民代表大会常务委员会委员长、国务院总理、中央军事委员会主席；

（二）中国人民政治协商会议全国委员会主席；

（三）对中华人民共和国作出杰出贡献的人；

（四）对世界和平或者人类进步事业作出杰出贡献的人。

举行国家公祭仪式或者发生严重自然灾害、突发公共卫生事件以及其他不幸事件造成特别重大伤亡的，可以在全国范围内下半旗志哀，也可以在部分地区或者特定场所下半旗志哀。

依照本条第一款第三项、第四项和第二款的规定下半旗，由国务院有关部门或者省、自治区、直辖市人民政府报国务院决定。

依照本条规定下半旗的日期和场所，由国家成立的治丧机构或者国务院决定。

**第十六条** 下列人士逝世，举行哀悼仪式时，其遗体、灵柩或者骨灰盒可以覆盖国旗：

（一）本法第十五条第一款第一项至第三项规定的人士；

（二）烈士；

（三）国家规定的其他人士。

覆盖国旗时，国旗不得触及地面，仪式结束后应当将国旗收回保存。

**第十七条** 升挂国旗，应当将国旗置于显著的位置。

列队举持国旗和其他旗帜行进时，国旗应当在其他旗帜之前。

国旗与其他旗帜同时升挂时，应当将国旗置于中心、较高或者突出的位置。

在外事活动中同时升挂两个以上国家的国旗时，应当按照外交部的规定或者国际惯例升挂。

**第十八条** 在直立的旗杆上升降国旗，应当徐徐升降。升起时，必须将国旗升至杆顶；降下时，不得使国旗落地。

下半旗时，应当先将国旗升至杆顶，然后降至旗顶与杆顶之间的距离为旗杆全长的三分之一处；降下时，应当先将国旗升至杆顶，然后再降下。

**第十九条** 不得升挂或者使用破损、污损、褪色或者不合规格的国旗，不得倒挂、倒插或者以其他有损国旗尊严的方式升挂、使用国旗。

不得随意丢弃国旗。破损、污损、褪色或者不合规格的国旗应当按照国家有关规定收回、处置。大型群众性活动结束后，活动主办方应当收回或者妥善处置活动现场使用的国旗。

**第二十条** 国旗及其图案不得用作商标、授予专利权的外观设计和商业广告，不得用于私人丧事活动等不适宜的情形。

**第二十一条** 国旗应当作为爱国主义教育的重要内容。

中小学应当教育学生了解国旗的历史和精神内涵、遵守国旗升挂使用规范和升旗仪式礼仪。

新闻媒体应当积极宣传国旗知识，引导公民和组织正确使用国旗及其图案。

**第二十二条** 国务院办公厅统筹协调全国范围内国旗管理有关工作。地方各级人民政府统筹协调本行政区域内国旗管理有关工作。

各级人民政府市场监督管理部门对国旗的制作和销售实施监督管理。

县级人民政府确定的部门对本行政区域内国旗的升挂、使用和收回实施监督管理。

外交部、国务院交通主管部门、中央军事委员会有关部门对各自管辖范围内国旗的升挂、使用和收回实施监督管理。

**第二十三条** 在公众场合故意以焚烧、毁损、涂划、玷污、践踏等方式侮辱中华人民共和国国旗的，依法追究刑事责任；情节较轻的，由公安机关处以十五日以下拘留。

**第二十四条** 本法自1990年10月1日起施行。

附：

## 国旗制法说明

(1949年9月28日中国人民政治协商会议第一届全体会议主席团公布)

国旗的形状、颜色两面相同，旗上五星两面相对。为便利计，本件仅以旗杆在左之一面为说明之标准。对于旗杆在右之一面，凡本件所称左均应改右，所称右均应改左。

（一）旗面为红色，长方形，其长与高为三与二之比，旗面左上方缀黄色五角星五颗。一星较大，其外接圆直径为旗高十分之三，居左；四星较小，其外接圆直径为旗高十分之一，环拱于大星之右。旗杆套为白色。

（二）五星之位置与画法如下：

甲、为便于确定五星之位置，先将旗面对分为四个相等的长方形，将左上方之长方形上下划为十等分，左右划为十五等分。

乙、大五角星的中心点，在该长方形上五下五、左五右十之处。其画法为：以此点为圆心，以三等分为半径作一圆。在此圆周上，定出五个等距离的点，其一点须位于圆之正上方。然后将此五点中各相隔的两点相联，使各成一直线。此五直线所构成之外轮廓线，即为所需之大五角星。五角星之一个角尖正向上方。

丙、四颗小五角星的中心点，第一点在该长方形上二下八、左十右五之处，第二点在上四下六、左十二右三之处，第三点在上七下三、左十二右三之处，第四点在上九下一、左十右五之处。其画法为：以以上四点为圆心，各以一等分为半径，分别作四个圆。在每个圆上各定出五个等距离的点，其中均须各有一点位于大五角星中心点与以上四个圆心的各联结线上。然后用构成大五角星的同样方法，构成小五角星。此四颗小五角星均各有一个角尖正对大五角星的中心点。

（三）国旗之通用尺度定为如下五种，各界酌情选用：

甲、长 288 公分，高 192 公分。

乙、长 240 公分，高 160 公分。

丙、长 192 公分，高 128 公分。

丁、长 144 公分，高 96 公分。

戊、长 96 公分，高 64 公分。

（国旗制法图案略）

# 中华人民共和国国歌法

（2017 年 9 月 1 日第十二届全国人民代表大会常务委员会第二十九次会议通过　2017 年 9 月 1 日中华人民共和国主席令第 75 号公布　自 2017 年 10 月 1 日起施行）

**第一条**　为了维护国歌的尊严，规范国歌的奏唱、播放和使用，增强公民的国家观念，弘扬爱国主义精神，培育和践行社会主义核心价值观，根据宪法，制定本法。

**第二条**　中华人民共和国国歌是《义勇军进行曲》。

**第三条**　中华人民共和国国歌是中华人民共和国的象征和标志。一切公民和组织都应当尊重国歌，维护国歌的尊严。

**第四条**　在下列场合，应当奏唱国歌：

（一）全国人民代表大会会议和地方各级人民代表大会会议的开幕、闭幕；

中国人民政治协商会议全国委员会会议和地方各级委员会会议的开幕、闭幕；

（二）各政党、各人民团体的各级代表大会等；

（三）宪法宣誓仪式；

（四）升国旗仪式；

（五）各级机关举行或者组织的重大庆典、表彰、纪念仪式等；

（六）国家公祭仪式；

（七）重大外交活动；

（八）重大体育赛事；

（九）其他应当奏唱国歌的场合。

**第五条** 国家倡导公民和组织在适宜的场合奏唱国歌，表达爱国情感。

**第六条** 奏唱国歌，应当按照本法附件所载国歌的歌词和曲谱，不得采取有损国歌尊严的奏唱形式。

**第七条** 奏唱国歌时，在场人员应当肃立，举止庄重，不得有不尊重国歌的行为。

**第八条** 国歌不得用于或者变相用于商标、商业广告，不得在私人丧事活动等不适宜的场合使用，不得作为公共场所的背景音乐等。

**第九条** 外交活动中奏唱国歌的场合和礼仪，由外交部规定。

军队奏唱国歌的场合和礼仪，由中央军事委员会规定。

**第十条** 在本法第四条规定的场合奏唱国歌，应当使用国歌标准演奏曲谱或者国歌官方录音版本。

外交部及驻外外交机构应当向有关国家外交部门和有关国际组织提供国歌标准演奏曲谱和国歌官方录音版本，供外交活动中使用。

国务院体育行政部门应当向有关国际体育组织和赛会主办方提供国歌标准演奏曲谱和国歌官方录音版本，供国际体育赛会使用。

国歌标准演奏曲谱、国歌官方录音版本由国务院确定的部门组织审定、录制，并在中国人大网和中国政府网上发布。

**第十一条** 国歌纳入中小学教育。

中小学应当将国歌作为爱国主义教育的重要内容，组织学生学唱国歌，教育学生了解国歌的历史和精神内涵、遵守国歌奏唱礼仪。

**第十二条** 新闻媒体应当积极开展对国歌的宣传，普及国歌奏唱礼仪知识。

**第十三条** 国庆节、国际劳动节等重要的国家法定节日、纪念日，中央和省、自治区、直辖市的广播电台、电视台应当按照国务院广播电视主管部门规定的时点播放国歌。

**第十四条** 县级以上各级人民政府及其有关部门在各自职责范围内，对国歌的奏唱、播放和使用进行监督管理。

**第十五条** 在公共场合，故意篡改国歌歌词、曲谱，以歪曲、贬损方式奏唱国歌，或者以其他方式侮辱国歌的，由公安机关处以警告或者十五日以下拘留；构成犯罪的，依法追究刑事责任。

**第十六条** 本法自 2017 年 10 月 1 日起施行。

附件：中华人民共和国国歌（五线谱版、简谱版）

# 中华人民共和国国歌

（义勇军进行曲）

田 汉作词
聂 耳作曲

进行曲速度

起来！不愿做奴隶的人们！把我们的血肉，筑成我们新的长城！中华民族到了最危险的时候，每个人被迫着发出最后的吼声。起来！起来！起来！我们万众一心，冒着敌人的炮火前进！冒着敌人的炮火前进！前进！前进！进！

# 中华人民共和国国歌

（义勇军进行曲）

1=G 2/4
进行曲速度

田　汉作词
聂　耳作曲

（1.3 5 5 | 6 5 | 3.1 5 5 5 | 3 1 | 5 5 5 5 5 5 | 1）0 5 |
　　　　　　　　　　　　　　　　　　　　　　　　　　　　　　起

1. 1 | 1. 1 5 6 7 | 1 1 | 0 3 1 2 3 | 5 5 |
来！　不　愿做奴隶的人　们！　把我们的　血　肉，

3. 3 1. 3 | 5. 3 2 | 2 - | 6 5 | 2 3 |
筑成我们新的长　　城！　　中　华　民　族

5 3 0 5 | 3 2 3 1 | 3 0 | 5. 6 1 1 | 3. 3 5 5 |
到了　最危险的时　候，　每个人被迫着发出

2 2 2 6 | 2. 5 | 1. 1 | 3. 3 | 5 - |
最后的吼　声。　起　来！　起　来！　起　来！

1. 3 5 5 | 6 5 | 3. 1 5 5 5 | 3 0 1 0 | 5 1 |
我们万众一　心，　冒着敌人的　炮　火　前　进！

3. 1 5 5 5 | 3 0 1 0 | 5 1 | 5 1 | 5 1 | 1 0 ‖
冒着敌人的　炮　火　前进！　前进！　前进！　进！

# 中华人民共和国国徽法

（1991年3月2日第七届全国人民代表大会常务委员会第十八次会议通过 根据2009年8月27日第十一届全国人民代表大会常务委员会第十次会议《关于修改部分法律的决定》第一次修正 根据2020年10月17日第十三届全国人民代表大会常务委员会第二十二次会议《关于修改〈中华人民共和国国徽法〉的决定》第二次修正）

**第一条** 为了维护国徽的尊严，正确使用国徽，增强公民的国家观念，弘扬爱国主义精神，培育和践行社会主义核心价值观，根据宪法，制定本法。

**第二条** 中华人民共和国国徽，中间是五星照耀下的天安门，周围是谷穗和齿轮。

中华人民共和国国徽按照1950年中央人民政府委员会通过的《中华人民共和国国徽图案》和中央人民政府委员会办公厅公布的《中华人民共和国国徽图案制作说明》制作。

**第三条** 中华人民共和国国徽是中华人民共和国的象征和标志。

一切组织和公民，都应当尊重和爱护国徽。

**第四条** 下列机构应当悬挂国徽：

（一）各级人民代表大会常务委员会；

（二）各级人民政府；

（三）中央军事委员会；

（四）各级监察委员会；

（五）各级人民法院和专门人民法院；

（六）各级人民检察院和专门人民检察院；

（七）外交部；

（八）国家驻外使馆、领馆和其他外交代表机构；

（九）中央人民政府驻香港特别行政区有关机构、中央人民政府驻澳门特别行政区有关机构。

国徽应当悬挂在机关正门上方正中处。

**第五条** 下列场所应当悬挂国徽：

（一）北京天安门城楼、人民大会堂；

（二）县级以上各级人民代表大会及其常务委员会会议厅，乡、民族乡、镇的人民代表大会会场；

（三）各级人民法院和专门人民法院的审判庭；

（四）宪法宣誓场所；

（五）出境入境口岸的适当场所。

**第六条** 下列机构的印章应当刻有国徽图案：

（一）全国人民代表大会常务委员会，国务院，中央军事委员会，国家监察委员会，最高人民法院，最高人民检察院；

（二）全国人民代表大会各专门委员会和全国人民代表大会常务委员会办公厅、工作委员会，国务院各部、各委员会、各直属机构，国务院办公厅以及国务院规定应当使用刻有国徽图案印章的办事机构，中央军事委员会办公厅以及中央军事委员会规定应当使用刻有国徽图案印章的其他机构；

（三）县级以上地方各级人民代表大会常务委员会、人民政府、监察委员会、人民法院、人民检察院，专门人民法院，专门人民检察院；

（四）国家驻外使馆、领馆和其他外交代表机构。

**第七条** 本法第六条规定的机构应当在其网站首页显著位置使用国徽图案。

网站使用的国徽图案标准版本在中国人大网和中国政府网上发布。

**第八条** 下列文书、出版物等应当印有国徽图案：

（一）全国人民代表大会常务委员会、中华人民共和国主席和国

务院颁发的荣誉证书、任命书、外交文书;

(二)中华人民共和国主席、副主席,全国人民代表大会常务委员会委员长、副委员长,国务院总理、副总理、国务委员,中央军事委员会主席、副主席,国家监察委员会主任,最高人民法院院长和最高人民检察院检察长以职务名义对外使用的信封、信笺、请柬等;

(三)全国人民代表大会常务委员会公报、国务院公报、最高人民法院公报和最高人民检察院公报的封面;

(四)国家出版的法律、法规正式版本的封面。

**第九条** 标示国界线的界桩、界碑和标示领海基点方位的标志碑以及其他用于显示国家主权的标志物可以使用国徽图案。

中国人民银行发行的法定货币可以使用国徽图案。

**第十条** 下列证件、证照可以使用国徽图案:

(一)国家机关工作人员的工作证件、执法证件等;

(二)国家机关颁发的营业执照、许可证书、批准证书、资格证书、权利证书等;

(三)居民身份证,中华人民共和国护照等法定出入境证件。

国家机关和武装力量的徽章可以将国徽图案作为核心图案。

公民在庄重的场合可以佩戴国徽徽章,表达爱国情感。

**第十一条** 外事活动和国家驻外使馆、领馆以及其他外交代表机构对外使用国徽图案的办法,由外交部规定,报国务院批准后施行。

**第十二条** 在本法规定的范围以外需要悬挂国徽或者使用国徽图案的,由全国人民代表大会常务委员会办公厅或者国务院办公厅会同有关主管部门规定。

**第十三条** 国徽及其图案不得用于:

(一)商标、授予专利权的外观设计、商业广告;

(二)日常用品、日常生活的陈设布置;

(三)私人庆吊活动;

（四）国务院办公厅规定不得使用国徽及其图案的其他场合。

**第十四条** 不得悬挂破损、污损或者不合规格的国徽。

**第十五条** 国徽应当作为爱国主义教育的重要内容。

中小学应当教育学生了解国徽的历史和精神内涵。

新闻媒体应当积极宣传国徽知识，引导公民和组织正确使用国徽及其图案。

**第十六条** 悬挂的国徽由国家指定的企业统一制作，其直径的通用尺度为下列三种：

（一）一百厘米；

（二）八十厘米；

（三）六十厘米。

需要悬挂非通用尺度国徽的，应当按照通用尺度成比例适当放大或者缩小，并与使用目的、所在建筑物、周边环境相适应。

**第十七条** 国务院办公厅统筹协调全国范围内国徽管理有关工作。地方各级人民政府统筹协调本行政区域内国徽管理有关工作。

各级人民政府市场监督管理部门对国徽的制作和销售实施监督管理。

县级人民政府确定的部门对本行政区域内国徽的悬挂、使用和收回实施监督管理。

**第十八条** 在公共场合故意以焚烧、毁损、涂划、玷污、践踏等方式侮辱中华人民共和国国徽的，依法追究刑事责任；情节较轻的，由公安机关处以十五日以下拘留。

**第十九条** 本法自1991年10月1日起施行。


附件：（中华人民共和国国徽图案略）

# 中华人民共和国国徽图案制作说明

(1950年9月20日中央人民政府委员会办公厅公布)

一、两把麦稻组成正圆形的环。齿轮安在下方麦稻杆的交叉点上。齿轮的中心交结着红绶。红绶向左右绾住麦稻而下垂,把齿轮分成上下两部。

二、从图案正中垂直画一直线,其左右两部分,完全对称。

三、图案各部分之地位、尺寸,可根据方格墨线图之比例,放大或缩小。

四、如制作浮雕,其各部位之高低,可根据断面图之比例放大或缩小。

五、国徽之涂色为金红二色:麦稻、五星、天安门、齿轮为金色,圆环内之底子及垂绶为红色;红为正红(同于国旗),金为大赤金(淡色而有光泽之金)。

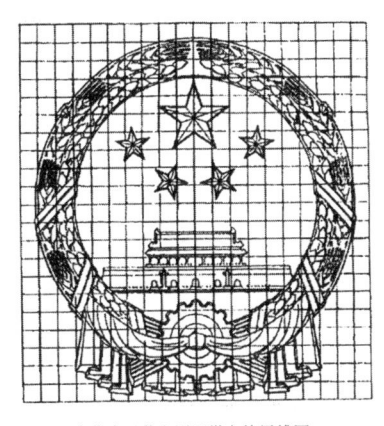

中华人民共和国国徽方格墨线图

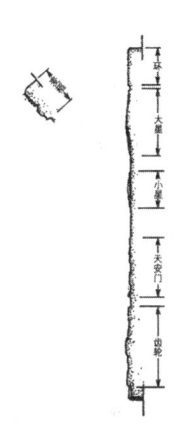

中华人民共和国国徽纵断面图

## 图书在版编目（CIP）数据

中华人民共和国宪法注解与配套/中国法制出版社编．—北京：中国法制出版社，2023.9
（法律注解与配套丛书）
ISBN 978-7-5216-3735-9

Ⅰ．①中⋯ Ⅱ．①中⋯ Ⅲ．①中华人民共和国宪法-法律解释 Ⅳ．①D921.05

中国国家版本馆 CIP 数据核字（2023）第 121063 号

策划编辑：袁笋冰　　　　　责任编辑：李璞娜　　　　　封面设计：杨泽江

### 中华人民共和国宪法注解与配套
ZHONGHUA RENMIN GONGHEGUO XIANFA ZHUJIE YU PEITAO

经销/新华书店
印刷/三河市紫恒印装有限公司

| 开本/850 毫米×1168 毫米　32 开 | 印张/ 10.25　字数/ 239 千 |
| --- | --- |
| 版次/2023 年 9 月第 1 版 | 2023 年 9 月第 1 次印刷 |

中国法制出版社出版

书号 ISBN 978-7-5216-3735-9　　　　　　　　　　　　定价：30.00 元

北京市西城区西便门西里甲 16 号西便门办公区
邮政编码：100053　　　　　　　　　传真：010-63141600
网址：http://www.zgfzs.com　　　　编辑部电话：010-63141670
市场营销部电话：010-63141612　　　印务部电话：010-63141606

（如有印装质量问题，请与本社印务部联系。）